U0857010

江苏师范大学哲学社会科学文库

股票、期货价格波动趋势分析

——弹性系统模型

刘永新　著

中国社会科学出版社

图书在版编目（CIP）数据

股票、期货价格波动趋势分析：弹性系统模型/刘永新著.
—北京：中国社会科学出版社，2018.3
ISBN 978－7－5203－1405－3

Ⅰ.①股…　Ⅱ.①刘…　Ⅲ.①期货—价格波动—市场分析
②股票价格—价格波动—市场分析　Ⅳ.①F713.35②F830.91

中国版本图书馆CIP数据核字(2017)第273395号

出 版 人　赵剑英
责任编辑　卢小生
责任校对　周晓东
责任印制　王　超

出　　版　中国社会科学出版社
社　　址　北京鼓楼西大街甲158号
邮　　编　100720
网　　址　http://www.csspw.cn
发 行 部　010－84083685
门 市 部　010－84029450
经　　销　新华书店及其他书店

印刷装订　北京君升印刷有限公司
版　　次　2018年3月第1版
印　　次　2018年3月第1次印刷

开　　本　710×1000　1/16
印　　张　17.5
插　　页　2
字　　数　259千字
定　　价　75.00元

在创新语境中努力引领先锋学术
（总序）

任　平*

2013 年江苏师范大学文库即将问世，校社科处的同志建议以原序为基础略做修改，我欣然同意。文库虽三年，但她作为江苏师大学术的创新之声，已名播于世。任何真正的创新学术都是时代精神的精华、文明的活的灵魂。大学是传承文明、创新思想、引领社会的文化先锋，江苏师大更肩负着培育大批“学高身正”的师德精英的重责，因此，植根于逾两千年悠久历史的两汉文化沃土，在全球化思想撞击、文明对话的语境中，与科学发展的创新时代同行，我们的人文学科应当是高端的，我们的学者应当是优秀的，我们的学术视阈应当是先锋的，我们的研究成果应当是创新的。作为这一切综合结果的文化表达，本文库每年择精品力作数种而成集出版，更应当具有独特的学术风格和高雅的学术品位，有用理论穿透时代、思想表达人生的大境界和大情怀。

我真诚地希望本文库能够成为江苏师大底蕴深厚、学养深沉的人文传统的学术象征。江苏师大是苏北大地上第一所本科大学，文理兼容，犹文见长。学校 1956 年创始于江苏无锡，1958 年迁址徐州，1959 年招收本科生，为苏北大地最高学府。60 年代初，全国高校布

---

* 任平，江苏师范大学校长。

局调整，敬爱的周恩来总理指示："徐州地区地域辽阔，要有大学。"学校不仅因此得以保留，而且以此为强大的精神动力得到迅速发展。在50多年办学历史上，学校人才辈出，群星灿烂，先后涌现出著名的汉语言学家廖序东教授，著名诗人、中国现代文学研究专家吴奔星教授，戏剧家、中国古代文学史家王进珊教授，中国古代文学研究专家吴汝煜教授，教育家刘百川教授，心理学家张焕庭教授，历史学家臧云浦教授等一批国内外知名人文学者。50多年来，全校师生秉承先辈们创立的"崇德厚学、励志敏行"的校训，发扬"厚重笃实，艰苦创业"的校园精神，经过不懈努力，江苏师大成为省重点建设的高水平大学。2012年，经过教育部批准，学校更名并开启了江苏师范大学的新征程。作为全国首批硕士学位授予单位、全国首批有资格接收外国留学生的高校，目前有87个本科专业，覆盖十大学科门类。有26个一级学科硕士点和150多个二级学科硕士点，并具有教育、体育、对外汉语、翻译等5个专业学位授予权和以同等学力申请硕士学位授予权，以优异建设水平通过江苏省博士学位立项建设单位验收。学校拥有一期4个省优势学科和9个重点学科。语言研究所、淮海发展研究院、汉文化研究院等成为省人文社会科学重点研究基地；以文化创意为特色的省级大学科技园通过省级验收并积极申报国家大学科技园；包括国家社科基金重大、重点项目在内的一批国家级项目数量大幅度增长，获得教育部和江苏省哲学社会科学优秀成果一等奖多项。拥有院士、长江学者、千人计划、杰出青年基金获得者等一批高端人才。现有在校研究生近3000人，普通全日制本科生26000余人。学校与美国、英国、日本、韩国、澳大利亚、俄罗斯、白俄罗斯、乌兹别克斯坦等国的20余所高校建立了校际友好合作关系，以举办国际课程实验班和互认学分等方式开展中外合作办学，接收17个国家和地区的留学生来校学习。学校在美国、澳大利亚建立了两个孔子学院。半个世纪以来，学校已向社会输送了十万余名毕业生，一大批做出突出成就的江苏师范大学校友活跃在政治、经济、文化、科技、教育等各个领域。今日江苏师大呈现人文学科、社会学科交相辉映，基础研究、文化产业双向繁荣的良好格局。扎根于这一文化沃土，本着推出理论精品、塑造学术品牌的精神，文库将在多层次、多向度上集中表现和反映学校的人文精神与学术成就，展示师大学者风采。本书库的宗旨之一：既是我校学者研究成果自然表达的平台，更是读者理解我校学科和学术状况的一个重要窗口。

努力与时代同行、穿透时代问题、表征时代情感、成为时代精神的精华，是本文库选编的基本努力方向。大学不仅需要文化传承，更需要创新学术，用心灵感悟现实，用思想击中时代。任何思想都应当成为时代的思想，任何学术都应当寻找自己时代的出场语境。我们的时代是全球资本、科技、经济和文化激烈竞争的时代，是我国大力实施科学发展、创新发展、走向中国新现代化的时代，更是中华民族走向伟大复兴、推动更加公正、生态和安全的全球秩序建立和完善的时代。从以工业资本为主导走向以知识资本为主导，新旧全球化时代历史图景的大转换需要我们去深度描述和理论反思；在全球化背景下，中国遭遇时空倒错，前现代、现代和后现代共时出场，因而中国现代性命运既不同于欧美和本土“五四”时期的经典现代性，也不同于后现代，甚至不同于吉登斯、贝克和哈贝马斯所说的西方（反思）的新现代性，而是中国新现代性。在这一阶段，中国模式的新阶段新特征就不同于“华盛顿共识”、“欧洲共识”甚至“圣地亚哥共识”，而是以科学发展、创新发展、生态发展、和谐发展、和平发展为主要特征的新发展道路。深度阐释这一道路、这一模式的世界意义，需要整个世界学界共同努力，当然，需要本土大学的学者的加倍努力。中国正站在历史的大转折点上，向前追溯，五千年中国史、百余年近现代史、六十余年共和国史和三十余年改革开放史的无数经验教训需要再总结、再反思；深析社会，多元利益、差异社会、种种矛盾需要我们去科学把握；未来展望，有众多前景和蓝图需要我们有选择地绘就。历史、当代、未来将多维地展开我们的研究思绪、批判地反思各种问题，建设性地提出若干创新理论和方案，文库无疑应当成为当代人的文化智库、未来人的精神家园。

我也希望：文库在全球文明对话、思想撞击的开放语境中努力成为创新学术的平台。开放的中国不仅让物象的世界走进中国、物象的中国走向世界，而且也以“海纳百川、有容乃大”的宽阔胸襟让文化的世界走进中国，让中国精神走向世界。今天，在新全球化时代，在新科技革命和知识经济强力推动下，全球核心竞争领域已经逐步从物质生产力的角逐渐次转向文化力的比拼。民族的文化精神与核心价值从竞争的边缘走向中心。发现、培育和完善一个民族、一个国家、一个地区的优秀的思想观念、文化精神和价值体系，成为各个民族、国家和地区自立、自强、自为于世界民族之林的重要路径和精神保障。文化力是一种软实力，更是一种持久影响世界的力量或权力（power）。本文库弘扬的中国汉代精神与文化，就是培育、弘扬这种有深厚民族文化底蕴、对世界有巨大穿透力和影响力的本土文化。

新全球化具有“全球结构的本土化”（glaocalization）效应。就全球来看，发展模式、道路始终与一种精神文化内在关联。昨天的发展模式必然在今天展现出它的文化价值维度，而今天的文化价值体系必然成为明天的发展模式。因此，发展模式的博弈和比拼，说到底就必然包含着价值取向的对话和思想的撞击。20世纪90年代以来，世界上出现了三种发展模式，分别发生在拉美国家、俄罗斯与中国，具体的道路均不相同，结果也大不一样。以新自由主义为理论基础的“华盛顿共识”是新自由主义价值观支撑下的发展模式，它给拉美和俄罗斯的改革带来了严重后果，替代性发展价值观层出不穷。2008年爆发的全球金融危机更证明了这一模式的破产。1998年4月，在智利首都圣地亚哥举行的美洲国家首脑会议，明确提出了以“圣地亚哥共识”替代“华盛顿共识”的主张。但是，“拉美社会主义”至今依然还没有把南美洲从“拉美陷阱”中完全拔出。从欧洲社会民主主义价值理论出发的“欧洲价值观”，在强调经济增长的同时，倡导人权、环保、社会保障和公平分配；但是，这一价值并没有成为抵御全球金融危机的有效防火墙。改革开放以来，中国是世界上经济增长最快的国家。因此，约瑟夫·斯蒂格利茨指出，中国经济发展形成“中国模式”，堪称很好的经济学教材。[①] 美国高盛公司高级顾问、清华大学兼职教授乔舒亚·库珀·拉莫（Joshua Cooper Ramo）在2004年5月发表的论文中，把中国改革开放的经验概括为“北京共识”。通过这种发展模式，人们看到了中国崛起的力量源泉[②]。不管后金融危机时代作为“G2”之一的中国如何，人们不可否认“中国经验”实质上就是中国作为一个发展中国家在新全球化背景下实现现代化的一种战略选择，它必然包含着中华民族自主的社会主义核心价值——和合发展的共同体主义。而它的文化脉络和源泉，就是“中国精神”这一理想境界和精神价值，与努力创造自己风范的汉文化精神有着不解之缘。文库陆续推出的相关著作，将在认真挖掘中华民族文化精神、与世界各种文化对话中努力秉持一种影响全球的文化力，为中国文化走向世界增添一个窗口。

文库也是扶持青年学者成长的阶梯。出版专著是一个青年人文学者学术思想出场的主要方式之一，也是他学问人生的主要符码。学者与著作，不仅是作者与作品、思想与文本的关系，而且是有机互动、相互造就的关系。学者不是天生的，都有一个学术思想成长的过程。而在成长过程中，都得到过来自许许多多资助出版作品机构的支持、鼓励、帮助甚至提携和推崇，“一举成名天下知”。大学培育自己的青年理论团队，打造学术创新平台，需要有这样一种文库。从我的学术人生经历可以体会：每个青年深铭于心、没齿难忘的，肯定是当年那些敢于提携后学、热荐新人，出版作为一个稚嫩学子无名小辈处女作的著作的出版社和文库；慧眼识才，资助出版奠定青年学者一生学术路向的成名作，以及具有前沿学术眼光、发表能够影响甚至引领学界学术发展的创新之作。我相信，文库应当热情地帮助那些读书种子破土发芽，细心地呵护他们茁壮成长，极力地推崇他们长成参天大树。文库不断发力助威，在他们的学问人生中，成为学术成长的人梯，学

---

① 《香港商报》2003年9月18日。

② 《参考消息》2004年6月10日。

人贴心的圣坛，学者心中的精神家园。

是为序。

2011 年 2 月 28 日原序

2013 年 11 月 5 日修改

目　　录

第二篇　弹性系统模型的主要参数分析

第三篇　弹性系统模型的应用

第一篇　理论基础与弹性系统模型构建

第一章　绪论

第一节　中国期货、股票市场发展状况

一　期货市场经过 20 多年发展，日趋成熟

（一）期货市场已经成为中国商品交易的重要交易场所

中国加入世界贸易组织以来，期货市场也开始逐渐走出整顿的低谷，迎来了快速发展时期，特别是 2004 年 1 月底，国务院发布了《国务院关于推进资本市场改革开放和稳定发展的若干意见》①，明确了稳步发展期货市场。在严格控制风险的前提下，逐步推出为大宗商品生产者和消费者提供发现价格及套期保值功能的商品期货品种，把证券、期货公司建设成为具有竞争力的现代金融企业。把期货市场正式纳入整个资本市场体系，成为中国资本市场和期货市场改革开放、稳步发展的纲领性文件，从此拉开了期货市场更快的发展阶段。如图 1－1 所示，自 1993 年期货市场启动和几年快速发展之后，1996 年开始逐渐加大整顿力度，2000 年处于低谷，2001 年起开始复苏，逐渐进入二次发展的轨道。

截至 2007 年，中国期货市场成交额首次突破 40.7 万亿元，首次超过 GDP 总额，成为中国期货市场的重要里程碑，但增长并未止步。2009 年，中国国内期货成交额已超过 130 万亿元，远远超沪深股市成

---

① 《国务院关于推进资本市场改革开放和稳定发展的若干意见》（国发〔2004〕3 号），2004 年 1 月 31 日，http：//www. gov. cn/gongbao/content/2004/content_ 63148. htm。

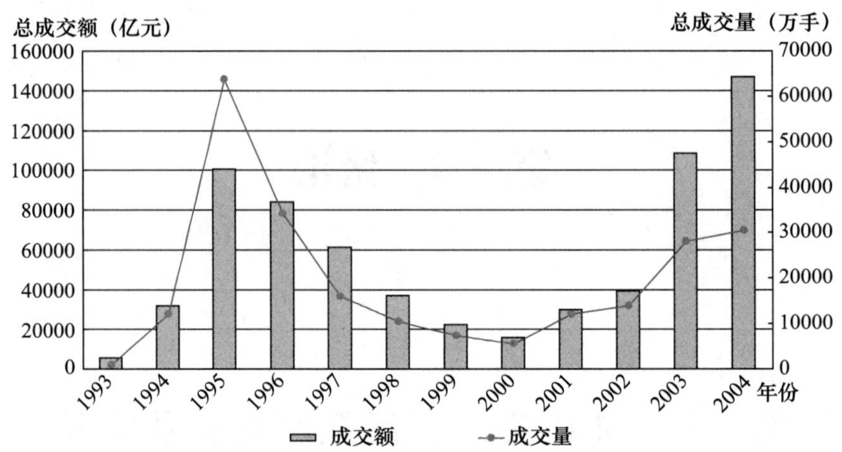

图 1－1 中国期货市场早期交易情况统计（1993—2004 年）

资料来源：中国期货业协会。

交量，市场活跃程度可见一斑，多数指标达历史最高水平，如表 1－1 所示。期货市场对中国经济的影响越来越明显，已经成为中国商品交易重要的交易场所。随着股指期货的上市，期货市场将发挥更大、更全面的影响力。

表 1－1 2009 年全国期货市场成交情况统计

交易所名称	品种名称	年累计成交总额（亿元）	去年同期成交总额（亿元）	同比增减（%）	累计成交总额占全国份额（%）	12 月末持仓量（亿元）
上海期货交易所	铜	331785.63	99640.89	232.98	25.42	302750
	铝	27942.91	22078.82	26.56	2.14	353256
	锌	46865.08	39074.26	19.94	3.59	257586
	黄金	15272.82	14975.49	1.99	1.17	101328
	天然橡胶	149747.26	92758.34	61.44	11.47	231056
	燃料油	32118.82	20192.10	59.07	2.46	176560
	螺纹钢	133025.23	—	—	10.19	1386054
	线材	825.69	—	—	0.06	22916
	总额	737583.44	288719.90	155.47	56.52	2831506

续表

交易所名称	品种名称	年累计成交总额（亿元）	去年同期成交总额（亿元）	同比增减（%）	累计成交总额占全国份额（%）	12月末持仓量（亿元）
郑州商品交易所	棉花	12965.40	7083.55	83.04	0.99	368610
	早籼稻	812.97	—	—	0.06	128794
	菜籽油	8125.87	6094.54	33.33	0.62	72414
	白糖	128129.72	118696.92	7.95	9.82	1319358
	PTA	38141.88	12226.98	211.95	2.92	232820
	强筋小麦	2903.33	11407.17	-74.55	0.22	71986
	普通小麦	7.58	59.57	-87.28	0.00	986
	总额	191086.75	155568.73	22.83	14.64	2194968
大连商品交易所	黄大豆一号	31121.85	95190.20	-67.31	2.38	339308
	黄大豆二号	23.32	37.79	-38.29	0.00	190
	玉米	5684.90	21571.47	-73.65	0.44	289334
	LLDPE	44236.61	11941.74	270.44	3.39	93480
	豆粕	89116.36	54157.90	64.55	6.83	1569904
	棕榈油	55282.34	8664.12	538.06	4.24	378262
	聚氯乙烯	13145.83	—	—	1.01	180620
	豆油	137825.82	83290.12	65.48	10.56	717876
	总额	376437.03	274853.34	36.96	28.84	3568974
全国期货交易总额		1305107.22	719142.97	81.48	100.00	8595448

资料来源：中国期货业协会。

同时，中国各类市场参与者也积极参与国际期货市场交易，如中国企业、贸易商的很多大宗商品的进口与期货市场相关。随着中国经济的快速发展，中国从国际上采购的商品越来越多，从2006年年底开始，中国的石油、铜和大豆的进口依存度已经超过40%。而石油、大豆、铜等商品都是国际商品期货的活跃品种，直接通过国际期货市场进行商品采购或参照期货市场价格进行交易日趋成为主导方式。此外，日趋活跃的套期保值也是中国企业参与期货市场的重要方式。

（二）顺应经济发展的要求，期货品种日趋丰富

随着中国经济的快速发展，市场化进程加快，对经济运行有重要影响的大宗商品价格波动剧烈，迫切需要较丰富的期货品种。自中国期货市场二次发展以来，接连上市了棉花、燃料油、玉米、黄大豆、黄金、线材等商品期货品种，煤炭、铁矿石等期货品种正在酝酿中。随着股指期货的成功试运行，金融期货重新登上舞台，标志着中国期货业日趋成熟、稳健。

1. 国际国内两个市场明显互动

随着国际化进程的加快，中国因素对世界经济的影响日益凸显，国际国内市场逐渐接轨，在国际市场影响中国的同时，中国政策、供求的变动也影响到国际市场，国际国内两个市场互动明显。中国强大的需求增量间接地导致全球生产资料价格上涨，铁矿石、铜、石油等基础原材料价格上涨也直接影响着中国原材料进口的成本。在始于2008 年的国际金融危机中，中国的经济刺激政策拉动了铜、石油、铁矿石等大宗商品快速反弹，中国市场成为国际市场的领先指标，中国宏观经济政策的走向成为全球大宗商品价格预测不可或缺的要素，国内外市场关联日趋紧密。

2. 期货市场已经成为大宗商品国际定价的基准

在国际市场上，大宗商品定价越来越流行采用期货定价方式，即“期货价格 + 升贴水”，显然，在买卖双方交易谈判时，升贴水成为谈判的主要内容。例如，中国企业从美国进口大豆，买卖价格则是按照美国芝加哥期货交易所的大豆期价，然后根据双方达成的升贴水，交易价格就确定了。可见，谁能影响甚至控制期货价格，谁就掌握了定价的主动权。因此，期货市场成为部分大宗商品定价权争夺的主要战场。随着中国经济的发展，大宗商品交易量日趋增长，对期货市场的重要性认知越来越清晰，如杨眉明确指出，中国做强期货市场的主要目标诉求就是争夺大宗商品国际定价权。①

---

① 杨眉：《争夺国际定价权——中国做强期货的目标诉求》，深圳新闻网，2006 年 6 月 12 日，http：//www. sznews. com/news/content/2006 －06/12/content_ 150471. htm。

3. 中国期货市场急需从量的扩张向质的提升转变

（1）中国期货市场质量有待提升。中国期货市场经过二次发展，数量上已跃升到较高水平，但质量上提升的空间较大。首先表现在期货市场法规规则与国际并未实现接轨。国际上期货业归属于金融业，但中国的期货经纪公司却没有金融机构的功能和业务，既无权贷款也没有融资功能；同时，期货公司不能自营、不能发起和管理基金、股东受到严格限制等，使期货经纪公司生存和发展的空间极为狭小。规则方面，也存在很多与国际惯例不符的条款，如限仓规则，交易、交割规则设计尚不完善，交割环节偏多，交割仓库设置不够开放，布局尚不完善，成本仍偏高。在中国市场已经与国际接轨的背景下，这些违背市场自身运行规律的规则及与国际惯例的差异，束缚了中国期货市场发展，制约了中国市场交易者利用国内外两个市场参与国际竞争。

另一个主要问题是国内期货市场主体与国际市场有较大距离，是竞争力不足的前提。国际成熟期货市场上，以对冲基金为首的机构投资者占了半壁江山，而在中国，中小散户是市场的主流，机构投资者只占很小的比例，而且这些机构以国资背景企业与机构为主，专业化与市场化不足，这些机构投资者在国内市场尚有竞争力，但到国际市场上多数成为被宰的羔羊。在国际期货市场上，对投资主体几乎没有限制，所有企业包括金融机构均可参与期货交易。中国不仅严禁金融机构参与期货交易，而且对国有企业进行严格限制，这样，中国真正有实力的企业、机构通过参与期货市场进行套期保值或者投资受到抑制，使国内期货市场主体还没有完全培育发展起来，市场的参与主体为中小散户。从 2004 年开始，在中国期货市场上，外资通过外资背景的合资企业或机构加快了进入的步伐，现在中国期货市场上有大量的外资力量存在，如沪铜期货有较高的外资背景，国外大机构已经通过各种途径进入中国期货市场，在以中小散户为主体的中国期货市场上，它们显然是超重量级市场竞争者，市场竞争格局可想而知。

（2）中国期货市场参与者的国际竞争力不足。市场参与者在期货市场的国际竞争力主要是指他们在全球竞争的环境下对期货价格波动的分析、判断力，对期货价格的影响或控制力，实际交易的盈利能力等方面。这些方面，中国市场参与者的表现难以让人满意。自1998年株洲冶炼厂在伦敦大量卖空锌期货合约亏损15亿元人民币之后，中国参与者在国际期货市场屡屡成为国际基金狩猎的对象，在国际期货市场严重亏损，同时引发现货进口成本居高不下，期货和现货两个市场都需要额外支出巨额补偿。在国际主要原材料市场，中国因素被充分炒作，中国一买就涨，原油、大豆、铜无不如此，中国参与者常常高买低卖，整体上损失惨重。2005年年底，国家物资储备局在伦敦金属交易所（London Metal Exchange，LME）铜期货1221交割期合约上持空头仓浮亏达2亿美元成为当时的主要经济新闻。此后，2006年1月25日，国家物资储备局将禁止下属机构参与期货、股权、外汇、公司债券、金融衍生品以及海外投资等交易，以“避免更大的损失”。截至2005年年底，折戟石油期货的陈久霖被新加坡法官判监禁4年3个月，与亏损45亿元人民币的中航油一道，沦为最近一轮石油疯涨行情中的牺牲品。

更值得关注的是，国际金融危机中暴露出大量问题，有大量信息披露义务的上市公司发布了令人咂舌的套期保值亏损报告，2000多家上市公司中，套期保值业务盈利的公司可谓凤毛麟角，而套期保值巨亏的公司层出不穷，预警公告一时间让人目不暇接，投资者更是心惊胆战唯恐“触雷”。其中有代表性的东方航空因套期保值亏损导致净资产为负，其套期保值行为更是难以捉摸：为何其在油价最高位一次性签了3年的套期保值协议？如果这是惯例，为何前几年油价暴涨时，套期保值没有明显盈利呢？为何其在油价暴跌后，如50美元/桶以下没有能力将其套期保值比率从30%提高到60%呢？为何协议期——3年与一般的经济衰退周期一致呢？这样令人费解的套期保值彰显中国企业在期货市场的竞争力严重不足。

从这些问题可以看出，中国机构、企业市场分析和操作能力与国际机构、基金还有明显差距，有的企业参与市场缺乏主动性，简单地听从国际投资银行的安排，而他们恰恰又是交易对手，直至被国际机构玩弄于股掌之间。中国期货业的历史比较短，经验不足，对期货运行规律研究还比较薄弱，面对影响期货定价的复杂因素，难以全面把握和控制，最终导致失败。随着中国成为某商品的生产和消费大国，争夺定价话语权任重道远。可见，对期货价格波动规律的研究显得必要而迫切。

（3）全面质量提升值得期待。全面提升中国期货业质量已成为各方共识，在中国期货业协会第三次会员大会上，证监会主席助理姜洋在总结讲话中指出：期货市场的健康发展、功能的有效发挥，客观上需要期货公司不断创新。介绍了证监会正在加强对期货公司创新业务的调查研究和论证，今后一段时期重点将推进三项创新业务，即期货公司投资咨询业务、期货公司境外期货经纪业务和期货公司资产管理业务。① 这三方面的业务创新，被普遍认为是提升中国期货竞争力的关键，如果能顺利建立期货投资基金，培育对冲基金，放宽机构投资者到期货市场从事投资业务，可以培育发展期货市场真正的市场主体——机构投资者，从而无论在中国市场还是在国际市场才能创造真正平等竞争的条件，在国际市场上与国际基金真正较量的时代才可能到来。从参与主体上解决问题的同时，提高它们的市场分析、操作能力也是必不可少的环节，随着市场的发展与相关学术研究的日趋活跃，中国期货业在国际市场的未来值得期待。

二 高速成长的中国股市烦恼很多

自上海证券交易所、深圳证券交易所分别于 1990 年年底、1991 年年初获准成立以来。沪深两个交易所的成立，标志着我国股票市场进入高速成长阶段，成为中国经济发展的重要引擎。虽然也经历了 20 多年的发展，但市场整体上仍然不够成熟。2005 年股改之前，股市流通市值偏低，市场剧烈波动且定价偏高。2006 年股改之后，特别是进入 2008 年以后，随着股改后大量非流通股上市，新股 IPO 加速，流通市值暴增数十倍，股票市场近年来熊冠全球，蓝筹股估值低于国际平均水平，投机资金仍然保持一贯风格，在小盘股、题材股上兴风作

---

① 曲德辉、尚福林：《拓宽期货公司业务范围促进期市值的提升》，中国期货业协会，http：//www. cfachina. org/news. php? id =46865，2010 年 9 月 21 日。

浪，市场整体效率低下，定价与成熟市场存在明显的结构性差异，例如，同样在A股与港股上市的公司，A、H股之间的溢价率从-25%增长到300%以上，显示出市场参与者的成熟度需要提高。新股高溢价发行是在分析制度、参与者博弈中形成的“怪胎”，自2009年恢复新股发行以来，新股“三高”发行日益猖獗，破坏了资本市场的正常定价机制与市场效率。这些不足以说明中国股市参与各方，仍然需要共同努力，提高中国股市的公平与效率。而这些都需要正确的金融分析理论与工具进行指导。

（一）股市定价权控制力仍需提高

股市定价权是重要的经济国际竞争力指标，回顾中国几大国有商业银行上市过程，由于缺乏市场定价权，上市之前，必须引入大量国际战略投资者，借力他们掌控的定价权实现上市，几年后，这些所谓的战略投资者都以数倍的盈利完成了其资本投资的过程，实现了超常盈利，其盈利模式正来源于中国资本定价权旁落。随着中国股市的发展，定价权影响力不断增强，但是，科学性与完备性方面仍然需要不断提高。

（二）产品创新与相适应的投资者匹配困难

中国股市从无到有不断发展，伴随着各种创新，但任何产品都必须与投资者相适应才能体现其价值。很多产品都是“双刃剑”，对于哪些没有能力驾驭的投资者，哪些创新产品甚至可能带来灾难。例如，融资融券业务，从2006年6月30日证监会发布《证券公司融资融券试点管理办法》（2006年8月1日起施行），到2010年3月31日深沪交易所通知融资融券交易试点3月31日正式启动，经历近4年的准备宣传，但4年后启动的融资牛市，迅速集聚了巨大金融风险，其后的风险释放，让很多不能驾驭杠杆风险的投资者蒙受了巨大损失，在这个过程中，产品提供者没有尽到投资者选择责任、专业技能不足或职业道德模糊等因素让这一具有期货高风险特征的产品近乎无门槛地疯涨，直至失控让部分投资者用超高的学费体验了这一产品的风险。可见，产品创新与相适应的投资者有效匹配，才可能取得预期效果。

三　股指期货、融资融券的活跃使股票、期货市场日趋融合

股指期货的推出及快速发展，虽然2015年股票市场剧烈波动后，股指期货发展减速，但从全球范围来看，股指期货已成为期货第一交易品种，股指期货从期货市场向股票市场延伸，建立了互动、融合的桥梁。另外，商品价格的波动直接影响相关上市公司的成本与收益，如2016年10月长假后的12个交易日，动力煤期货主力合约价格上涨约18%，股票市场煤炭采选行业指数明显领先沪深指数约16%而成为活跃的交易品种，这也是两个市场互动的重要形式。

从股票市场来看，股票市场融资融券的推出与发展，使股票市场具有了期货市场杠杆和双向交易的特性，期货市场发展的快节奏、大波幅的特征有可能在股票市场不断显现。

股票市场与期货市场联系更加紧密，让参与两个市场的投资主体出现更广泛的交叉，期货市场与股票市场的互动达到较高水平，两个市场日趋融合。

第二节　本书研究目标与适用范围

本书研究的主要目的在于提高中国股票、期货市场分析水平，进而提高中国投资者在国际市场上的竞争力，使中国企业机构不再成为国际基金猎杀的对象，而是它们强有力的竞争对手。帮助企业更全面地识别、评估套期保值的损益，提高套期保值交易水平，进而提升企业竞争力。通过中国内地股市与中国香港股市的比较分析，为中国提高股市效率，提高定价的科学性进行探讨。

通过提高中国基金、企业等机构投资者的市场分析能力，提高它们在期货市场上的竞争力，进而在大宗商品定价权争夺等战场上与国际投资者抗衡，最终超越对手。

期货价格波动趋势分析的弹性系统模型的主要研究对象是期货价格波动趋势，而期货价格波动趋势是分析判断期货市场价格波动运行的最核心指标，在一定程度上决定了期货交易的损益。期货价格波动

弹性系统模型力图提高投资者对期货价格波动趋势的理解、识别与预测水平，这正是提高中国在金融市场国际竞争力的重要内容，而金融市场国际竞争力已经成为国家的核心竞争力之一。从当今金融强国美国来看，其金融业的竞争力如大宗商品定价权、资本市场定价权，各类投资者的国际投资收益水平，在国际金融市场中的地位等指标有明显优势，这正是其之所以成为金融强国的根本之一，从而折射出金融竞争力的重要性。简单对比两个例子就可以看出中美两国金融竞争力的差距：近年来，高盛在中国的投资几乎都是暴利，如投资海普瑞赚218倍①，相反，大名鼎鼎的中国政府掌控的主权财富基金——中投公司，在美国市场接连受挫，投资大摩两年亏9亿美元，投黑石浮亏达65%②，很多投资损失过半。这两个例子强烈的反差凸显了中国金融竞争力之弱。

期货市场在国内快速发展，在国际市场上参与度不断提高，对中国国民经济的发展越来越重要，而中国的市场参与者对市场的把握、操作能力相对较弱，相关研究相对滞后。对期货市场价格运动规律的正确把握，可以提高国内市场管理水平，提高管理制度建设科学性，使之符合市场规律。对市场参与者来说，有利于对市场更准确地认识与把握，操作中提高胜算，避免重大失误，企业套期保值则可以通过顺应市场趋势的运作，有效地提高企业的竞争力。这些也有利于提高期货市场的功能与效率。在国际市场上，可以有效地提高投资者的竞争力，改变中国投资者被动挨打的局面，并提高中国在大宗商品定价中的话语权。

在提高中国股市效率与定价科学性方面，通过对当前中国股市的主要问题进行专题性探讨，进行了有益的尝试。

---

① 皮海洲：《高盛钻中国股市漏洞 投资海普瑞三年赚218倍暴利》，《华西都市报》2010年5月6日，http：//stock. cfcn. zjol. com. cn/stock/stocknews/2010－05－06/0000010777s. shtml。

② 闫磊、张莫：《中投投资大摩两年亏9亿美元，投黑石浮亏达65%》，《经济参考报》2010年9月2日，http：//business. sohu. com/20100902/n274649495. shtml。

第二章　理论基础与国内外主流研究流派

第一节　基本概念

一　期货与期货市场

期货的概念并不统一，中国期货业协会认为：期货是相对于现货的一个概念。从严格意义上说，期货并非是商品，而是一种标准化的商品合约，在合约中规定双方于未来某一天就某种特定商品或金融资产按合约内容进行交易。期货交易则是相对于现货交易的一种交易方式，它是在现货交易的基础上发展起来的、通过在期货交易所买卖标准化的期货合约而进行的一种有组织的交易方式。期货交易的对象并不是商品（标的物）本身，而是商品（标的物）的标准化合约。①

二　股票与股票市场

股票与股票市场的定义表述方法较多，参考证券业从业资格考试资料，股票定义为是股份证书的简称，是股份公司为筹集资金而发行给股东作为持股凭证并借以取得股息和红利的一种有价证券。每股股票都代表股东对企业拥有一个基本单位的所有权。股票是股份公司资本的构成部分，可以转让、买卖或作价抵押，是资金市场的主要长期信用工具。股票市场是已经发行的股票转让、买卖和流通的场所，包括交易所市场和场外交易市场两大类别。由于它是建立在发行市场基

---

① 中国期货业协会：《期货基本概念》，http：//www. cfachina. org/news. php？ id = 38402，2008 年 9 月 20 日。

础上的，因此，又称作二级市场。股票市场的结构和交易活动比发行市场（一级市场）更为复杂，其作用和影响力也更大。

三 期货市场与股票市场的比较

（一）期货市场与股票市场的主要差别

期货市场在交易内涵、保证金制度、合约有效期、合约流通量及交易方向上与股票市场存在明显差异，如表 2－1 所示。

表 2－1 期货市场与股票市场的主要差别

差别	股票交易	期货交易
交易内涵	股票的持有者不断地换手，转让股票	买卖双方对价格的涨跌趋势产生不同预期，从而进行直接多空价格争夺
保证金制度	100％全额保证金，不需要追加保证金	占成交金额的 5％—20％，资金不足时需要追加保证金，否则强制平仓
合约有效期	在上市公司的存续期内长期有效	期货合约挂牌至最后交割日
合约流通量	单只股票的可流通股本是固定的，除增发、送股、配股等情况之外，总的份额不随交易发生变化	持仓总量是变动的，资金流入则持仓总量增加，资金流出则持仓总量减少
交易方向	单向操作，只能是“先买后卖”	双向操作，既可以“先买后卖”，也可以“先卖后买”

（二）期货市场与股票市场的相同因素

1. 交易主体的交叉性

期货交易者有很高的比例是股票投资者。国际较成熟的股票市场都对应着股指期货市场，两者的交易主体有明显的交叉性，特别是从事股指期货交易者，进行股票投资比例极大。从事其他商品期货的投资者也有很高的比例进行股票投资。

2. 部分市场分析方法的一致性

股指期货在全球范围内的日益流行，不断缩小期货市场与股票市场分析的差异，很多分析方法与理论是一致的。技术分析是首推一致的市场分析方法，只有细小差异，技术分析法基本一致，如中国期货从业人员考试参考书与证券从业资格考试参考书中的技术分析部分，基本一致，很多研究技术分析的书籍如许沂光的《风险投资实用分析技巧》[①]，不区分股票市场与期货市场。

3. 投资者的心理与行为的一致性

面对类似的市场波动现象，期货市场与股票市场的投资者心理反应、行为偏差是一样的，很多基于股票市场的行为金融学研究成果同样适用于期货市场。同样，在研究期货投资者行为偏差时，借鉴或者通过股票市场进行研究同样是有效的，因股票市场参与者众多，进行群体心理行为、投资行为研究更加方便、有效。

基于期货市场与股票市场的异同界定，在研究同质性问题时，如研究投资者行为、心理等两个市场一致的问题时，借用了股票市场进行分析，以利用股票市场参与度广、媒体报道丰富、社会影响大的优势。

（三）股票、期货价格波动趋势

1. 价格波动趋势的定义

《汉语词典》将趋势解释为事物或局势发展的动向，金融市场常说的趋势概念的起源为股票市场，罗伯特·D. 爱德华兹、约翰·马吉和 W. H. C. 巴塞蒂（Robert D. Edwards，John Magee and W. H. C. Basseti）等的股市趋势技术分析法，自 1948 年第一版始，已经发行了十版，成为趋势技术分析的经典，其定义趋势为股票价格市场运动的方向。[②] 期货市场与股票市场在技术分析方面基本一致，这个定义可以延伸到期货市场中来。本书中的基本概念“期货价格波动趋势”，是指期货价格的短期变化（如 $P_t—P_{t-1}$）虽然有随机波动特性，当在特定的时间周期上，期货价格波动（如 $P_t—t$）具有趋势性。

2. 期货价格历史波动趋势的识别

期货价格波动历史趋势的判定可以通过一定时间内的期货价格回归线分析；价格波动图表（如日线图、周线图等）中的均线（如 20、30 或 60 日均线）；或者通过支撑线与压力线组成的趋势通道等方法进行判

① 许沂光：《风险投资实用分析技巧》，中华工商联合出版社 1994 年版。

② Robert D. Edwards，John Magee，W. H. C Basseti，*Technical Analysis of Stock Trend*，CRC Press LLC，2001.

定与识别。根据考察时间的长短因素，趋势可以分为中短期趋势和中长期趋势，中短期趋势一般是指从趋势可识别的最小时间单位（如1周或1月）到12个月之间，技术分析法通常基于日线图分析；中长期趋势是指超过1年的价格波动趋势，技术分析法通常应用周线图分析。

（1）基于回归线的趋势判定。以相对低点或相对高点作为起点，到下一个相对高点或低点止，若这一时期的期货价格（如日收盘价）可以进行线性回归，则这一期间段具有明显的趋势。若回归线斜率大于0，则是上涨趋势，即人们常说的牛市；若斜率小于0，则是下跌趋势，即人们常说的熊市；若回归线效率接近0，则为平衡市，即人们常说的牛皮市或震荡市。若延续这一相对高点或低点仍然可以进行线性回归，若斜率没有显著变化，则这一趋势并没结束，可以继续延续，直到有效线性回归或者回归线斜率发生显著变化时，上一个有效回归结束点就是趋势终结点。如图2－1所示，回归线（1）至回归线（8）代表了8个不同的趋势，其回归线（4）内又可以划分为给短时间级别的回归线a至回归线g。

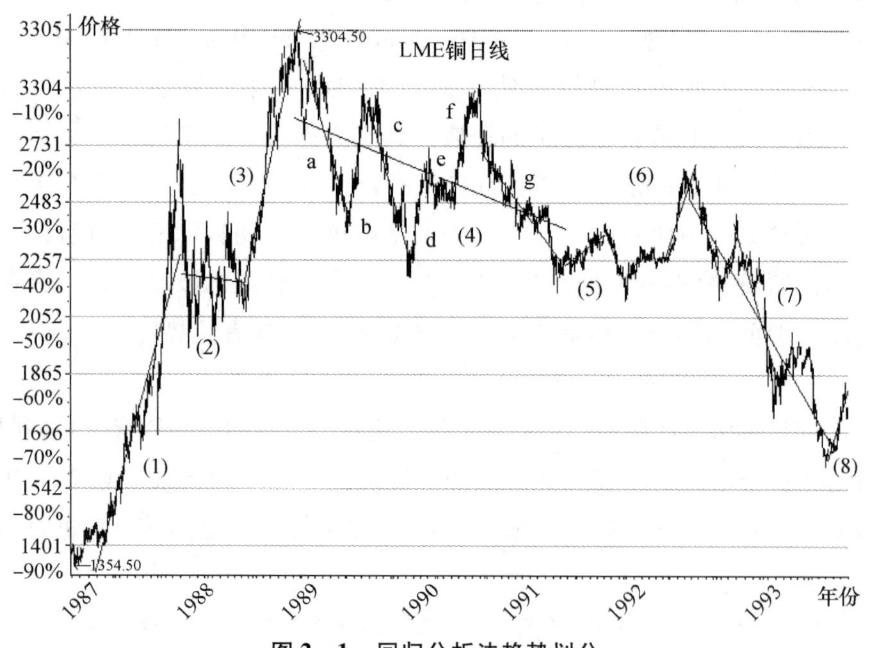

图2－1 回归分析法趋势划分

资料来源：大智慧信息港（下文若不做特别注明，资料来源均为大智慧信息港）。

（2）基于移动平均线的趋势判定。移动平均线是技术分析的主要分析指标之一，简单地说，N 日移动平均线 = 前 N 日收市价之和 ÷ N。以时间的长短划分，移动平均线可分为短期、中期和长期移动平均线，常用的移动平均线有 5 日、10 日、20 日、30 日、60 日、120 日等；基于移动平均线的趋势判别最常用的是 5 日、30 日、60 日移动平均线。其判定方法也是多样的，如以单一的均线判定，例如，以 30 日移动平均线从出现明显的上升或下降趋势开始到这一特征结束的时间内，期货价格波动处于特定的趋势（均线上升价格波动趋势为上涨，相反为下跌），如果 30 日基本维持横向运行，则认为是平衡市。另外还有均线组合判定法，例如，以 5 日均线与 30 日均线出现交叉作为趋势起始的标志进行界定。不同日期的均线都可以用于趋势识别，各有优缺点，短期均线灵敏度高，但容易产生误判；长期均线灵敏度低，但可靠性较高。市场投资者一般会灵活地根据不同周期的移动平均线协同进行市场趋势的判断。图 2 - 2 和图 2 - 3 LME 铜期货以 30 日或 60 日均线可以清晰地看到不同的趋势区间。

（3）基于压力或支撑线组成的趋势通道进行趋势判定。把一段时间内的主要低点进行连线，则这条线成为支撑线；相反，把这一时期的主要高点连线，则成为压力线。如图 2 - 4 所示，若压力线与支撑线接近平行，则它们组成了趋势通道，这样的趋势通道有明显的趋势性，趋势通道之间时期的期货价格波动与趋势通道有相同的趋势，趋势通道斜率大于 0 时为上涨趋势，小于 0 时为下跌趋势，接近 0 时为平衡市（牛皮市）。

（4）基于周线的长期趋势。以上部分都是基于日线图进行的趋势识别，但使用这些方法在更长周期上进行分析时，如果仍然采用日线，则趋势难以有效识别。例如，在利用回归分析法对日线数据进行回归时，若时间超过一定范围，分析结果将无法通过无效性检验；较长时间周期中，30 日或 60 日移动平均线也会有多次交叉，难以准确、清晰地界定中长期趋势。因此，在进行更长周期——中长期趋势识别时，一般不采用日线而是采用周线，与以上方法类似，基于周线可以有效地识别中长期期货价格波动趋势。如图 2 - 5 所示，可以分别用

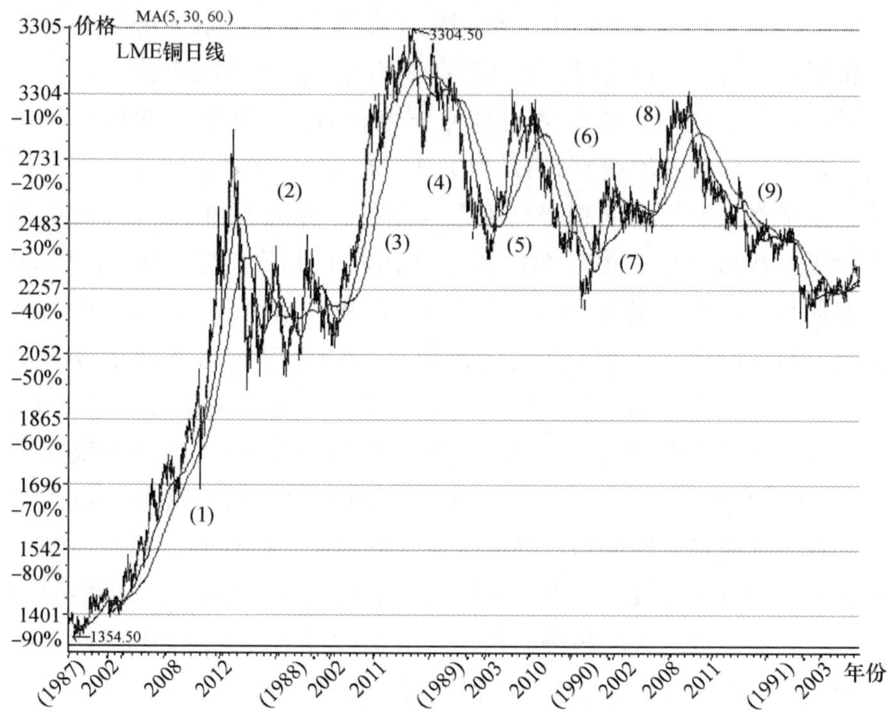

图 2-2 移动平均线法趋势划分（1）

图 2-3 移动平均线法趋势划分（2）

图 2－4　趋势线法趋势划分

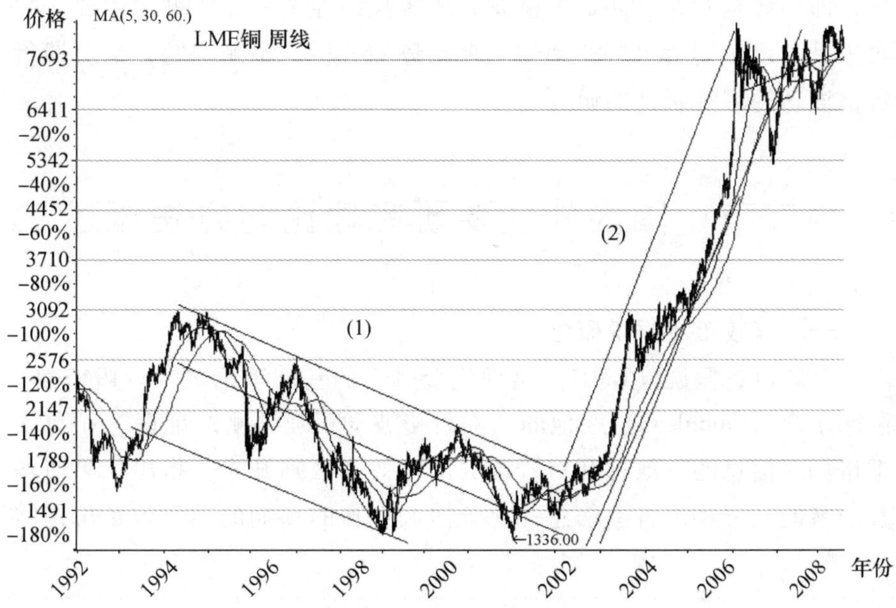

图 2－5　长周期趋势划分

回归分析法、移动平均线（5 周、30 周、60 周等移动平均线）与趋势通道法识别 LME 铜（周线）1994—2008 年两个不同的主要趋势，而且这三种方法的结果基本一致，仅仅在起点与终点的识别上存在少许差异。

（四）中短期趋势和中长期趋势的作用与关系

期货合约从活跃到交割一般需要经历 3—5 个月时间，少数可以达到 10 个月，因此，中短期趋势的把握是市场参与者关注的焦点，因为它与期货合约活跃周期有良好的重合度。中长期趋势一般作为中短期分析的辅助指标，即在中长期大趋势下研究中短期趋势，所以，这两类趋势都是市场参与者需要研究的。此外，中长期趋势对于企业套期保值交易和生产经营有较好的参考价值。

（五）股票、期货价格波动趋势的客观性

从以上基于股票、期货交易历史的价格序列识别其趋势的案例中可以发现，其价格波动基本上可以纳入不同的趋势阶段，包括短期趋势和长期趋势。基于期货、股票历史波动数据分析，尚未发现趋势不可识别的现象。历史趋势的可识别性在一定程度上代表着趋势的客观性，即趋势是股票、期货价格波动的客观特性之一。本书的主要研究对象是股票、期货价格波动的未来趋势的分析、预测问题，是对期货价格波动的客观属性的研究。

第二节 国内外主要研究理论与方法概述

一 有效市场假说概念

有效市场假说（EMH）是现代金融学的基础理论之一，1965 年，萨缪尔森（Samulson）在他的“对价格波动正确预测的证据”中首次把市场对信息的有效性和对资源的配置效率区别开来，指出如果市场参与者能充分利用各类信息并充分协调各自的预期的话，市场价格将是不可预测的，这是对EMH 的最直观理解。[①] 1970 年，法马（Fama）总结了萨缪尔森等的观点，总结出较完善的有效市场假说理论。[②] 此后，基于有效市场假说的争论在理论与实证方面全面、激烈地展开。技术分析的广泛应用；行为金融学的短期动量效应与长期的反转效应、市场反应不足与反应过度等；实践中，金融大师的超额收益等。这些“异象”几乎置有效市场理论于死地，然而，由于没有出现可以替代的相关理论，有效市场仍然保持强大的影响力（参见本书第三章）。

二 期货市场有效性的相关研究

具体到期货市场，相关研究也十分活跃。科彭哈弗（Koppenhaver）给出了期货市场有效性的一个定义，即给定信息集 I_{t_i}，若期货价格是该信息集的公平竞争价格，并且在期货合约到交割期时，期货价格与现货价格保持一致。[③] 即满足以下关系时期货市场是有效的。

$$P_{t_i,T} = E(S_T \mid I_T) + E_{t_i} \quad (1-1)$$

式中，$P_{t_i,T}$表示交割日为 T 时的某商品在 t_i 时的期货价格，$E(S_T \mid I_T)$ 是 t_i 时刻对交割日现货价格 S_T 的预期值，E_{t_i}为 t_i 时的预期风险报酬。

在有效期货市场上，任何投资者都不可能利用已有的公开信息对未来现货市场的供求关系做出自己的判断，并试图获得超额收益。若 $E_{t_i}=0$，则期货价格服从鞅过程，此时 $P_{t_i,T}=E(S_T \mid I_T)$，即期货价格是最后交易日现货价格的无偏估计量，期货价格是最后交割日现货价格的最佳预测，这就是汉森和霍德里克（Hansen and Hodrik）提出的简单有效市场假设（Simple Efficiency Hypothesis，SEH）。[④] 另外，霍

---

① Paul A. Samulson，“Proof That Properly Anticipated Prices Fluctuate Randomly”，*Industrial Management Review*，1965（6），pp. 41－49

② Fama，E. F.，“Efficient Capital Market：A Review of Theory and Empirical Work”，*Journal of Finance*，1970（25），pp. 383－417.

③ Koppenhaver，G. D.，“The Forward Pricing Efficiency of the Live Cattle Futures Market”，*Journal of Futures Markets*，1983（3），pp. 307－319.

④ Hansen，L. P. and Hodrick，R. J.，“Forward Exchange Rates as Optimal Predictors of Future Spot Rates：An Econometric Analysis”，*Journal of Political Economy*，1980（88），pp. 829－853.

德里克和斯里瓦斯塔（Hodrick and Srivasta）提出了无偏性假设。①

在期货市场有效性实证研究方面，主要集中在对期货价格无偏性假设的检验。例如，比格曼、戈德法布和舍特克曼（Bigman，Goldfarb and Schetchman）利用最小二乘法对小麦、玉米、大豆期货价格的无偏性进行了检验，发现近期期货价格是最后交割日现货价格的无偏估计量，而远期期货价格是最后交割日现货价格的有偏估计量。② 马伯利（Maberly）在其后市场有效性检验研究中对比格曼等使用的统计分析方法提出了质疑，指出当时间序列非平稳含有单位根时，用最小二乘法进行估计的 F 统计量是有偏的，统计检验不再有效。③ 伊拉姆和迪克森（Elam and Dixon）等的研究也有类似的结论。④ 格兰杰和纽博德（Granger and Newbold）也指出，当时间序列非平稳时，这些利用最小二乘法进行回归估计的实证分析可能产生虚假回归的问题。⑤

这种以现货作为参照系的市场有效性分析与期货市场的基本功能——“价格发现”是冲突的，形成了互相定义的循环。期货市场有效性本质上仍然是“信息—市场价格关系”问题，期货市场与现货市场相互联系、相互影响，期货与现货价格本质上都是对信息的反应，所以，期货市场有效性与股票市场有效性本质上并没有什么不同，直接沿用研究更为充分地基于股票市场的有效市场假说更为流行，例如，中国期货业协会从业资格考试丛书中有效市场假说理论部分，就没有对不同市场加以区分。

（三）中国学者在有效市场假说方面的研究比较活跃

伴随着中国股票、期货市场的快速发展，国内学者对有效市场理

---

① Hodrick，R. J. and Srivastava，S. ，“An Investigation of Risk and Return in Forward Foreign”，*Journal of International Money and Finance*，1984（3），pp. 5 – 29.

② Bigman，D. ，Goldfarb，D. and Schechtman，E. ，“Futures Market Efficiency and the Time Content of the Information Sets”，*Journal of Futures Markets*，1983（3），pp. 321 – 334.

③ Maberly，E. D. ，“Testing Futures Market Efficiency，A Restatement”，*Journal of Futures Markets*，1985（5），pp. 425 – 432.

④ Elam，E. and Dixon，B. L. ，“Examining the Validity of a Test of Futures Market Efficiency”，*Journal of Futures Markets*，1988（8），pp. 365 – 372.

⑤ Granger，C. and Newbold，P. ，“Spurious Regressions in Econometrics”，*Journal of Econometrics*，1974（2），pp. 111 – 120.

论的研究也比较活跃。近年来，出现了一些相关的博士学位论文选题。例如，许业荣的《有效市场假说与信息充分披露》①、李文军的《资本市场的效率：理论与实证》②、彭浩的《中国农产品期货市场效率问题的研究》③、喻翠玲的《经济全球化下的中国大豆产业：价格、供给与贸易》④、龚国光的《我国天然胶期货市场有效性实证分析及对策建议》⑤、李勇的《不同市场有效性条件下的中国投资策略研究》⑥ 等，这些研究成果大部分是在中国证券、期货市场快速发展背景下，结合国外研究经验和中国的实际情况，采用理论研究和实证检验相结合的方法，检验了中国股票、期货市场的有效性特征，得出中国市场处于弱式或未达到弱式有效的结论。这些研究主要以验证为主，由于其采用分析方法、数据采集样本的差异，导致分析结果也有所不同。

第三节　股票、期货价格波动分析研究方向多样化

一　股票、期货市场流动性研究

流动性是影响股票、期货价格和交易效率的重要指标，期货、股票市场研究都缺不了流动性研究，但其定义并没有规范的共识，众学者从不同角度对流动性进行了论述，比如，布莱克（Black）认为，

① 许业荣：《有效市场假说与信息充分披露》，博士学位论文，厦门大学，2004 年。

② 李文军：《资本市场的效率：理论与实证》，博士学位论文，中国社会科学院研究生院，2002 年。

③ 彭浩：《中国农产品期货市场效率问题的研究》，博士学位论文，西南财经大学，2004 年。

④ 喻翠玲：《经济全球化下的中国大豆产业：价格、供给与贸易》，博士学位论文，华中农业大学，2006 年。

⑤ 龚国光：《我国天然胶期货市场有效性实证分析及对策建议》，博士学位论文，同济大学，2006 年。

⑥ 李勇：《不同市场有效性条件下的中国投资策略研究》，博士学位论文，华东师范大学，2006 年。

有流动性的市场是指任意数量的证券买卖均可立即实现交易，即小额交易可按当前市场价格（或偏差很小）成交，大额交易可在一定时间内以均价与当前市场价格相近的情况下成交。[①] 基尔（Kyle）认为，如果市场买入报价与卖出报价相差越小，则立即完成交易的成本越小，即市场流动性越好。[②] 阿米哈德和门德尔森（Amihud and Mendelson）认为，流动性是指在一定时间内完成某一交易所需的成本，或寻求理想的交易价格所耗费的时间。[③] 哈里斯（Harris）认为，如果投资者可以以较低的交易成本买卖大量股票，同时对股票价格的影响较小时，则称市场具有流动性。[④] 奥哈拉（O' Hara）认为，流动性就是立即实现交易的成本。[⑤] 马西姆布和菲尔普斯（Massimb and Phelps）这样概括流动性：市场提供的交易指令获得立即执行的能力——即时性及执行小额市价指令时不会导致市场价格出现较大幅度波动的能力——市场深度。[⑥] 这些定义从时间、成本、特征等不同角度描绘了流动性，对应不同界定角度，衡量方法也有差异，常见的方法有价格法、交易量法、价量结合法和时间法等。

近年来，国内的期货市场流动性相关研究也比较活跃，例如，申唯正基于上海期货市场对流动性进行了实证研究；[⑦] 吴利剑通过期货市场流动性研究提出了中国期货交易机制的选择建议；[⑧] 华仁海、仲

---

① Black, F., "Towards a Fully Automated Exchange: Part 1", *Financial Analyst Journal*, 1971 (27), pp. 29 – 34.

② Kyle, A. S., "Continuous Auctions and Insider Trading", *Econometrica*, 1985 (6), pp. 1315 – 1336.

③ Amihud, Y., H. Mendelson, "The Effects of Beta, Bid – Ask Spread, Residual Risk and Size on Stock Returns", *Journal of Finance*, 1989 (44), pp. 479 – 486.

④ Harris, Lawrence E., "Liquidity, Trading Rules, and Electronic Trading Systems", *New York University Monograph Series in Finance and Economics*, 1990 (4).

⑤ O' Hara, Maureen, *Market Microstructure Theory*, Cambridge: Blackwell Publishers Inc., 1995.

⑥ Massimb, M. N., B. D. Phelps, "Electronic Trading, Market Structure and Liquidity", *Financial Analysts Journal*, 1994 (1), pp. 39 – 50.

⑦ 申唯正：《上海期货市场流动性实证研究》，2009 年 8 月 4 日，http://www.yafco.com/show.php?contentid=42396。

⑧ 吴利剑：《期货市场流动性与我国期货交易机制的选择》，《期货日报》2004 年 1 月 14 日。

伟俊对中国期货市场量价关系的实证分析等。① 叶舟、李忠民、叶楠等运用 ARMA - EGARCH - M 模型对中国期货市场铜、铝交易量与收益率及其波动的关系进行了实证研究，推断同期交易量与收益率波动正相关，将交易量分为预期与非预期两部分后发现，非预期部分对收益率的波动有更大的影响，交易量的引入并没有消除波动的 ARCH 效应。② 这些研究探讨了中国期货市场流动性特性，对认识、分析期货市场进行着不断的尝试，但在实际应用方面仍需要继续加强探索。

二　行为金融学的相关研究

起步于 20 世纪 80 年代后期的行为金融学结合经济学和心理学的基本原理，充分吸收了现代心理学中的经验证据，修改了经济学中某些有关人理性的基本假定。大量的实证研究和观察结果表明，人的行为与心理感受等主观因素在金融投资中起着不可忽视的作用，人们并不总是以理性的态度来做出决策，在现实中存在诸多认知偏差和不完全理性的现象，在证券投资行为中则表现为各种偏激和情绪化特征，导致证券市场中的股票价格出现各种异常现象，如股权溢价之谜、封闭式基金之谜、股利之谜、反应过度或反应不足、动量效应，等等，这些现象无法用理性人假设、有效市场假设以及标准金融学下的定价模型来解释。如股票溢价之谜，这是由梅拉和普雷斯科特（Mehra and Prescott）于 1985 年提出的，指的是美国股票市场历史的总体收益率水平高出无风险收益率的部分，很难被基于消费的资产定价模型所解释。③ 新的理论方法——行为金融学应运而生。2001 年，美国经济学会将该学会每两年一次的最高奖克拉克奖章（Clark Medal）颁发给为行为经济学基础理论做出开创性贡献的伯克利加州大学的马修·拉宾（Matthew Rabin）；2002 年，瑞典皇家科学院将当年的诺贝尔经济学

---

① 华仁海、仲伟俊：《对我国期货市场量价关系的实证分析》，《数量经济技术经济研究》2002 年第 6 期。

② 叶舟、李忠民、叶楠：《期货市场交易量与收益率及其波动关系的实证研究》，《系统工程》2005 年第 4 期。

③ Mehre，R. and Prescott，E. C.，“The Equity Premium：A Puzzle”，*Journal of Monetary Economics*，1985，15，pp. 145 - 162.

奖颁给了为行为经济学（包括行为金融学）做出重大贡献的美国普林斯顿大学的丹尼尔·卡尼曼（Daniel Kahneman）和美国乔治梅森大学的弗农·史密斯（Vernon L Smith）。两人的获奖表明了主流经济学界对行为经济学（包括行为金融学）的一种认同并再次掀起了行为金融学研究的高潮。1979 年，卡尼曼和特夫斯基（Kahneman and Tversky）发表了《预期理论：风险决策分析》，正式提出了预期理论。[①] 该理论以其更加贴近现实的假设，严重地冲击并动摇了标准金融学所依赖的期望效用理论，并为行为金融学奠定了坚实的理论基础。

在预期理论之后，包括舍夫林和斯塔曼（Shefrin and Statman，1994）、R. 希勒和赫什莱弗尔德（R. Shiller and Hirshleirferd）在内的许多学者都曾对影响投资者行为的心理因素进行了研究，并提出了很多新的想法和观点[②]，丰富了行为金融学的理论体系。在这些理论的指导下，行为金融学着力对市场异象进行实证研究，通过对个体和群体投资行为特征的分析，进而针对标准金融理论所不能解释的市场异象提出了一些较为成熟的行为金融理论模型，比如，噪声交易模型（De Long et al.，1990）、BSV 模型（1998）、HS 模型（1999）、BHS 模型（2001）、DHS 模型（2001）等，并在金融实践中加以应用。这些理论模型以投资者心理特征为前提假设，对标准金融理论体系所不能解释的某些市场异象提出了新的理论解释，有力地推动了现代金融经济学的发展。

三 金融物理研究

金融物理学是一门在 20 世纪 90 年代中期发展起来的、以统计物理和理论物理方法及工具研究金融市场的新兴交叉学科[③]，其主要研究方向有金融系统统计规律；证券的相关性；极端事件；金融风险管理和投资组合；宏观市场建模和预测；微观市场动力学模型等。比较

① Kahneman, D. and Tversky, A., "Prospect Theory: An Analysis of Decision Under Risk", *Econometrical*, 1979, 47 (2), pp. 263 – 291.

② Shefrin, H. and Statman, M., "Behavioral Capital Asset Pricing Theory", *Journal of Financial and Quantitative Analysis*, 1994 (29), pp. 323 – 349.

③ 周炜星：《金融物理学导论》，上海财经大学出版社 2007 年版。

有影响的微观模型包括逾渗模型、少数者博弈模型、自旋模型等。在解释金融市场现象和实际应用方面，金融物理学有效地补充了传统金融理论和方法的不足，与行为金融学联系也十分紧密。金融物理学的基本假设是：市场参与者并非都是完全理性的经济人，市场也不是有效市场，金融市场是一个复杂的系统，通过参与者的相互作用，自组织地涌现出规律性。

量子场论是金融物理研究的方向之一，相关研究活跃，例如，中国科学院武汉物理与数学研究所陈泽乾提出了从量子力学的角度来探讨金融问题的设想，阐述在理论上存在一套关于金融市场和谐的“量子理论”——量子金融。论文从对冲角度阐述这种潜在理论的金融意义和可能的实际内涵，并解释了为什么某些金融市场在物理上要遵循量子规律。[①] 马金龙（中国科学院广州地球化学研究所副研究员）、马非特在《复杂系统科学体系下金融市场非线性难题的求解——价格波动的投机方法》一文中尝试在复杂系统科学体系理论基础上，应用非线性动力学对金融市场异常现象进行了探索，认为价格涨落的物理本质是：在某一区域的构成介质（市场参与者）发生失稳，并伴随有应变能的加速释放（价格波动、暴涨、暴跌）；提出有限尺度布朗运动的概念，从而发现相应尺度的有偏随机游走趋势；通过寻找追随价格波动的非线性算子——非线性特别动力因子，从定量层面揭示金融市场中非线性作用引起的有序性。[②] 另外，张本祥基于非线性动力学理论对资本市场非线性进行了分析；[③] 孙博文探讨了中国股市波动的混沌吸引子的测定与计算[④]等。

期货市场混沌分形研究是金融物理的另一个重要方向。分形和混

---

① 陈泽乾：《量子金融的意义》，《数学物理学报》2003 年第 1 期。

② 马金龙、马非特：《复杂系统科学体系下金融市场非线性难题的求解——价格波动的投机方法》，《价值中国财经》，2005 年 6 月 15 日，http：//www. chinavalue. net/Article/Archive/2005/6/15/6676. html。

③ 张本祥：《非线性动力学的理论及其应用——资本市场非线性分析》，吉林出版社 2001 年版。

④ 孙博文：《中国股市波动的混沌吸引子的测定与计算》，《哈尔滨理工大学学报》2001 年第 5 期。

沌理论是研究非线性系统的重要工具，被广泛地应用于不确定的非线性系统数量化，在自然界、金融领域的研究应用中也展示出魅力。近年来，在研究资本市场方面，突破了EMH和资本市场理论线性研究方法的局限性，成为有一定影响的研究方向。随着非线性科学的发展完善，混沌与分形理论作为分析和描述非线性系统的有效工具，使复杂系统的研究更趋科学化。

分形问题可追溯到1967年本诺伊特·B. 曼德尔布罗特（Benoit B. Mandelbrot）关于英国海岸线长度问题的研究，类似海岸线这种小尺寸与大尺寸相似的特征，这样的几何形状即为分形。分形分布的性质主要有加法不变性、自相似性、非连续性、肥尾性与长记忆性等。H. E. 赫斯特（Hurst）提出的判别时间序列是否对于时间有依赖的参数——赫斯特指数①，被广泛地应用于混沌和分形学科中，进行判断时间序列混沌性和成群性的统计参数。国内有关研究也比较活跃，例如，王新宇、宋学锋、吴瑞明探讨了中国证券市场的分形问题②，叶中行应用赫斯特指数分析了中国股票市场的有效性③，曹宏铎探讨了经济系统分形机制④，魏宇对中国股票市场的多标度分形特征进行了实证研究⑤，姚忠诚基于上海股票市场对分形市场假说实证研究⑥，这些研究基本上都肯定了分形研究的作用与价值，有利于更深刻地理解市场的特性。

混沌就是指在确定性系统中出现的一种貌似无规则的、类似随机的现象，但混沌不是简单无序而是没有明显的周期和对称，并且具有

---

① H. E. Hurst, Long-Term Storage of Reservoirs: "An Experimental Study", *Transactions of the American Society of Civil Engineers*, 1951 (116), pp. 770-799.

② 王新宇、宋学锋、吴瑞明:《中国证券市场的分形分析》,《管理科学学报》2004年第2期。

③ 叶中行:《Hurst指数在股票市场有效性分析中的应用》,《系统工程》2001年第2期。

④ 曹宏铎:《经济系统分形机制与股票市场R/S分析》,《系统工程理论与实践》2003年第3期。

⑤ 魏宇:《中国股票市场多标度分形特征的实证研究》,《系统工程》2003年第3期。

⑥ 姚忠诚:《分形市场假说在上海股票市场中的实证研究》,《统计观察》2004年第2期。

丰富的内部层次的有序结构，是非线性系统中的一种新的存在形式。从数学上讲，对于确定的初始值，由动力系统就可以推知该系统的长期行为甚至追溯其过去的性态，然而，大量的实例表明，很多系统对初始值的依赖十分敏感，即所谓的“蝴蝶效应”，这正是由系统内在的固有的随机性引起的，它只可能发生在非线性系统中。20 世纪 80 年代，混沌与分形开始运用到资本市场的研究之中，例如，格拉斯伯格和普罗卡西亚（P. Grassberger and I. Procaccia）在混沌系统吸引子的算法探讨。[①] 埃德加 · E. 彼得（Edgar E. Peters）探讨了 S&P 500 指数的混沌特征，得出了具有非线性特征的结论。[②] 林姆和刘（K. P. Lim and V. K. S. Liew）研究了亚洲股市指数，得出了收益序列有非线性特征的结论[③]，李建功研究了中国期货市场的混沌问题[④]等。混沌学研究的是无序中的有序，混沌事件在不同的时间标度下表现出相似的变化模式，与分形在空间标度下表现的自相似性十分相像。混沌主要讨论非线性动力系统的不稳定、发散的过程，但系统在相空间总是收敛于一定的吸引子，这也与分形的生成过程十分相像。混沌重点在研究过程的行为特征，分形则更注重吸引子本身结构问题的研究，在一定程度上说，其研究结论具有一致性。

四　虚拟经济研究

期货市场研究是虚拟经济研究的一个组成部分，虽然目前的研究以资本市场为主，但其研究方法、成果基本适用于期货市场，例如，股指期货使期货市场和资本市场具有基本的共性。虚拟经济研究具有中国特色，是从马克思的《资本论》延伸过来的。目前，国内有两个专业研究机构：中国科学院虚拟经济与数据科学研究中心和南开大学

---

① P. Grassberger and I. Procaccia, “Measuring the Strangeness of Strange Attractors”, *Physica D*, 1983 (9), pp. 189 – 208.

② Peters, Edgar E., “*Chaos and Order in the Capital Markets*”, New York: John Willey & Sons, 1996.

③ Lim, K. P. and Liew, V. K. S., “Nonlinear Mean Reversion in Stock Prices: Evidence from Asian Markets”, *Applied Financial Economic Letters*, 2007 (3), pp. 25 – 29.

④ 李建功：《中国期货市场混沌研究》，《重庆邮电学院学报》（社会科学版）2004 年第 1 期。

虚拟经济与管理研究中心。成思危指出，虚拟资本的概念是马克思最早提出的，在《资本论》第三卷第五篇第三十六章以及以后的几章中都对虚拟资本进行了详细的分析。马克思在其论述中讲到的资本循环过程是先用货币资本通过交换去雇人、买原料、购机器、建厂房，然后通过生产变成产品，产品通过流通变成商品，商品经过交换再变成货币。成思危将这一过程称为实体经济。进而给出虚拟经济的定义：虚拟经济则是指与虚拟资本以金融系统为主要依托的循环运动有关的经济活动，这时货币资本不经过实体经济循环就可以取得盈利。简单地说，虚拟经济就是直接以钱生钱的活动。可以认为，虚拟经济的产品是各种金融工具，虚拟经济的工厂是各种金融机构。他进一步指出，在理解和分析虚拟经济问题时需要注意虚拟经济系统的五个特性即复杂性、介稳性、高风险性、寄生性和周期性。①

（1）复杂性：20 世纪 80 年代出现了复杂性科学，主要由诺贝尔物理学奖获得者普利高津、盖尔曼、安德逊以及经济学奖获得者阿罗等人提出的，近 20 年来，复杂性科学发展较快，现已形成五个流派，即系统动力学派、混沌学派、适应系统学派、结构学派和暧昧学派。② 复杂科学的主要研究对象是复杂性和复杂系统，在金融市场上的应用也越来越受到关注，例如，尤晨、宋学锋探讨了复杂性在金融市场的表征③，杨晓光、马超群研究探讨了金融系统复杂性的意义④等。

（2）介稳性：虚拟经济系统是介稳系统——远离平衡状态，却能保持系统的相对稳定。物理学认为，只有平衡系统，才是稳定的。普里高津（Ilya Prigogine）认为，一个系统在偏离平衡位置时也可能相

---

① 成思危：《虚拟经济探微》，《管理评论》2005 年第 1 期。

② 宋学锋：《复杂性科学研究现状与展望》，《复杂系统与复杂性科学》2005 年第 1 期。

③ 尤晨、宋学锋：《复杂性及其在金融市场中的表征》，《太原大学学报》2002 年第 10 期。

④ 杨晓光、马超群：《金融系统的复杂性》，《系统工程》2003 年第 9 期。

对稳定，但条件是系统有开放的耗散结构——必须与外界存在物质或能量交换，他开创的耗散结构理论得到广泛认同并因此获得了诺贝尔物理学奖。此概念应用于虚拟经济领域，虚拟经济系统之所以能够在远离平衡的位置保持相对稳定状态，是因为它也具有耗散结构，即通过与外界资金等的交换，通过自组织作用来维持相对稳定。虚拟经济的介稳性源于以下三个方面：首先来自虚拟资本内在的不稳定性，其次来自货币的虚拟化，最后来自正反馈作用。前两个要素很好理解，第三个正反馈作用是指市场价格涨跌本身会影响供需，例如，越涨的股票，买的人越多，而不是一般供求理论说的价格上涨需求降低。

（3）高风险性：在经济活动中，风险主要是指人们预期的收益与实际收益之间的差异，这种差异不仅来自客观世界的不确定性，同时来自人们对客观世界认识能力的局限性。风险可以分为客观风险和主观风险两类，客观风险来自客观世界的不确定性。主观风险来自人们对未来预期收益主观估计的错误、市场操控、内部交易、信息披露不真实等。

（4）寄生性：虚拟资本的寄生性主要表现在其市场价格往往受到投资对象经营业绩的影响。虚拟经济的寄生性则表现在其运行周期上大体取决于实体经济的运行周期。但短期的背离是可能发生的，由于虚拟和实体这两种经济系统之间联系紧密。在实体经济系统中产生的风险，例如，产品积压、企业破产等，都会传递到虚拟经济系统中，导致其失稳。

（5）周期性：虚拟经济系统的演化大体上呈现出周期性特征，一般包括实体经济加速增长、经济泡沫开始形成、货币与信用逐步膨胀、各种资产价格普遍上扬、乐观情绪四处洋溢、股价与房地产价格不断上升、外部扰动造成经济泡沫破灭、各种金融指标急剧下降、人们纷纷抛售实际资产及金融资产、实体经济减速或负增长等阶段，但是，这种周期性并不是简单地循环往复，而是螺旋式地向前推进的。

虚拟经济研究在中国经过十多年的研究，仍处于探索阶段。[①] 但相关研究比较活跃，例如，刘骏民、王国忠探讨了虚拟经济的稳定性、系统风险与经济安全的问题；[②] 刘传哲、周莹莹、迟晨以江苏为例探讨了虚拟经济与实体经济协调发展问题[③]等，这些研究为增强中国在金融领域的竞争力进行着有益的尝试。

五 实践中应用的主流分析方法

基本分析法和技术分析法，相关统计表明，市场参与者分别有超过 1/3 的比例主要采用基本分析法和技术分析法，在“期货投资相关调查”中验证了这一结论。

（一）技术分析法

1. 技术分析法的概念

技术分析法是通过市场行为本身的分析来预测市场价格的变化方向，即主要是对期货市场的日常交易状态，包括价格变动、交易量与持仓量的变化等资料，按照时间顺序绘制成图形或图表，或形成一定的指标系统，然后针对这些图形、图表或指标系统进行分析研究，以预测期货价格走势的方法。

2. 技术分析法的三大假设

（1）市场行为反映一切。这是技术分析的基础。技术分析者认为，市场的投资者在决定交易行为时，已经充分考虑了影响市场价格的各项因素。因此，只要研究市场交易行为，就能了解目前的市场状况，而无须关心背后的影响因素。

（2）价格呈趋势变动。这是进行技术分析最根本、最核心的因素。“趋势”概念是技术分析上的核心。根据物理学上的动力法则，趋势的运行将会继续，直到有反转的现象产生为止。事实上，价格

---

① 成思危：《深化金融改革、改善金融监管、推动金融和经济协调发展》，《中国流通经济》2006 年第 10 期。

② 刘骏民、王国忠：《虚拟经济稳定性、系统风险与经济安全》，《南开经济研究》2004 年第 6 期。

③ 刘传哲、周莹莹、迟晨：《虚拟经济与实体经济协调发展研究》，《经济与管理》2010 年第 6 期。

虽然上下波动，但终究是朝一定的方向前进的，这当然也是牛顿惯性定律的应用，因此，技术分析法希望利用图形或指标分析，尽早确定目前的价格趋势及发现反转的信号，以掌握时机进行交易获利。

（3）历史会重演。这是从人的心理因素方面考虑的。期货投资无非是一个追求的行为，无论是昨天、今天或明天，这个动机都不会改变。因此，在这种心理状态下，人类的交易将趋于一定的模式，而导致历史重演。所以，过去价格的变动方式，在未来可能不断发生，值得投资者研究，并且利用统计分析方法，从中发现一些有规律性的图形，整理一套有效的操作原则。

3. 技术分析法的特点

技术分析法主要有三大特点。一是量化指标特性：技术分析提供的量化指标，可以指示出行情转折之所在。二是驱使追逐特性：由技术分析得出的结果告诉人们如何去追逐趋势，并非是创造趋势或引导趋势。三是技术分析直观现实：技术分析所提供的图表，是轨迹的记录，无虚假与臆断的弊端。因此，技术分析主要是制作图表，进行分析，再做判断。

技术分析法理论众多，如道氏理论、江恩理论、波浪理论等，大量的技术指标、比较值，常用的主要有移动平均线、指数移动平均、MACD、ROC、MFI、RSI、Fast Stoch、Slow Stoch、Vol、Vol + MA、W&R、Bollinger Bands 布林线、Parabolic SAR 抛物线指标等，图形种类主要包括线型图、K 线图、柱状图等。技术分析比较重视经验，缺乏严密的基础理论支持，所以，学术界关注的少，很多学者持怀疑态度，实践中，大量的投资者使用这种方法无法实现持续稳定的收益，价格走势关键的时期，市场“主力”常常利用技术分析法的提示制造陷阱——技术陷阱，反而成为市场“主力”影响市场的工具。另外，技术分析法有的也具有多重选择，如何选择仍然是困难的，这些成为技术分析的主要局限性。但大量参与者在实践中仍然运用这一分析方法，主要原因一方面是其可操作性强，另一方面其具有合理的成分，如技术分析的突破与系统复杂性的初值敏感性具有异曲同工之效。

（二）基本分析法

基本分析法，又叫基础分析法，股票市场主要依据公司价值与经济发展趋势判断股票价值，期货市场主要根据商品的供求关系以及影响供求关系的诸因素，来预测市场的价格走势。这种分析方法注重国家的政治、经济、金融、法规等方面的分析，关注商品的生产量、消费量、进口量、出口量、库存量等因素对商品供求状况的影响程度，并在综合分析以上因素的基础上，得出市场价值的合理判断。基本分析法的假设主要包括：第一，市场中的信息都是公开的；第二，投资者可以同步获得所有信息；第三，投资者都是理性的。这三点与现实世界都存在很大差距，其自身存在不可避免的缺陷。针对供求关系分析的都可以归为这一类。如陈大恩、李英华在《国际原油期货价格与原油总储备量的协整分析及因果检验》一文分析检验了储备量与价格的关系。[①] 这样的研究比较多，但研究比较分散，系统化、整体化程度不高。

有效使用基本分析法可以判断期货的均衡价格或股票的真实价值，可以判断市场价格与理想价格的偏离，但问题是市场理想价格何时能实现与市场有效性程度密切相关，同时还受到其他因素影响，所以，中短期使用基本分析法效率较低。如果寄托于长时间的价格向均衡价格的回归机会，则长期价格均衡的把握更加重要，而经济预测周期越长，可靠性越差，这时基本分析法的主要困难，全球范围内只有少数像巴菲特这样的投资者主要应用这种方法投资股票市场并取得骄人的业绩，但绝大多数人是无法复制其成功的，因为其核心——把握市场长期均衡是困难的，同时也需要足够的耐心，这些都是绝大多数人办不到的。在期货市场，投资周期相对较短，展期成本又较高，期货市场上单纯应用基本分析法更加困难。

从以上内容可以看出，期货价格研究的相关流派较多，且发展

---

① 陈大恩、李英华：《国际原油期货价格与原油总储备量的协整分析及因果检验》，《改革与战略》2007 年第 2 期。

不够成熟，不同理论之间缺乏相互验证，有些有明显的分歧，市场广泛应用的方法与学科研究联系不够密切，现有的金融学理论实用性不强，而投资者较普遍使用的方法在理论界也没有得到有力支持。如何突破这些困局，无论是理论还是实践应用，都是重要的课题。

第四节　本书研究的理论基础

一　趋于有效市场假说

本书以趋于有效市场假说——有效市场假说理论的发展；行为金融学相关的基于行为、思想研究的成果，金融物理分析理论与方法等理论作为研究的理论基础。基于这些理论与方法构建、分析弹性系统模型，研究期货价格波动趋势问题。这些理论、方法与弹性系统模型研究的关系如图2－6所示。

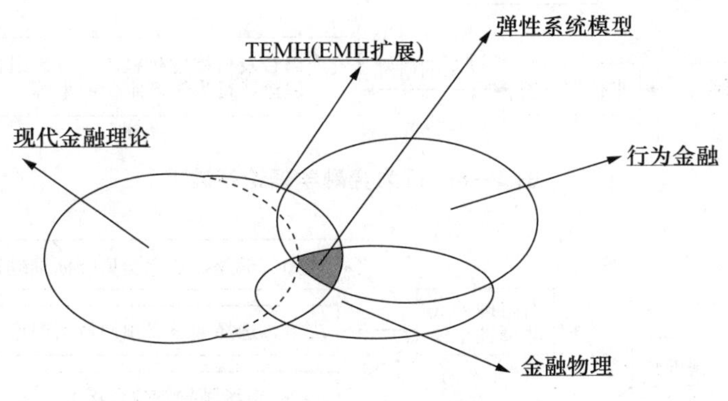

图2－6　理论基础

二　弹性系统模型理论基础与现代金融学和行为金融学理论基础之比较

现代金融学和行为金融学理论基础分别如图2－7和图2－8所示，弹性系统模型理论基础如图2－9所示。弹性系统模型理论基础借鉴了这些理论的基本思想与精华，并进行了改进与创新，力图更有效地解释、分析金融市场。

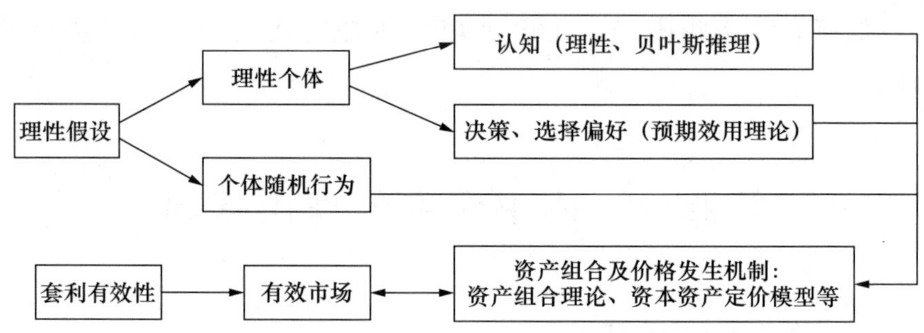

图 2-7　现代金融学理论基础

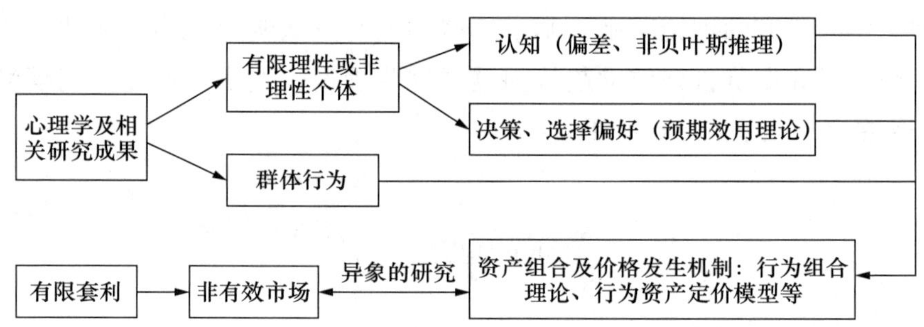

图 2-8　行为金融学理论基础

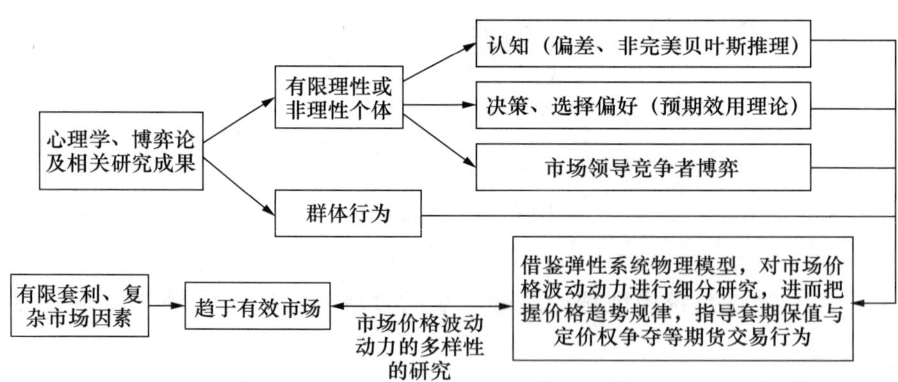

图 2-9　弹性系统模型理论基础

与现代金融学相比，弹性系统模型对现代金融学的有效市场假说理论进行了发展，并认为套利是有限的。与行为金融学相比，在吸收了行为金融学的群体行为思想的同时，对市场交易者进行了进一步细分，特别指出，市场领导竞争者即竞争市场领导地位的投资者的博弈策略与行为是影响市场的主要要素，并对认知的非贝叶斯推理进行了探讨，提出了非完美贝叶斯推理——投资者认知方面体现了贝叶斯推理的特性，但程度与理论值存在差异，即从定性角度看，符合贝叶斯推理的特征；从定量角度看，与贝叶斯推理理论值不一致。

第三章　趋于有效市场假说

第一节　现代金融学有效市场假说

一　有效市场假说概述

有效市场假说（EMH）的思想最早可追溯到巴克利尔（Bachlier，1900）在 Sorbonne（巴黎大学前身）的数学专业的博士学位论文[①]和考尔斯（Cowles，1933）的实证研究[②]，而真正提出现代 EMH 概念的是萨缪尔森，他在《对价格波动正确预测的证据》一文中首次把市场对信息的有效性和对资源的配置效率区别开来，指出如果市场参与者能充分利用各类信息并充分协调各自的预期的话，市场价格将是不可预测的，这是对 EMH 的最直观理解。[③] 法马在对市场随机性认知的基础上[④]，总结了萨缪尔森等的观点，在罗伯茨（Roberts，1967）信息分类学[⑤]的基础上，指出一个价格能充分反映可获得信息的市场，就是有效市场，并将有效市场分为三类：弱式有效（市场能充分反映历

---

① Bachelier, Louis, Trans. James Boness: "Theory of Speculation", in *Cootner* 1964, pp. 17 – 78.

② Cowles, Alfred, "Can Stock Market Forecasters Forecast?", *Econometrica*, 1933 (1), pp. 309 – 324.

③ Samuelson, Paul A., "Proof That Properly Anticipated Prices Fluctuate Randomly", *Industrial Management Review*, 1965, 6, pp. 41 – 49.

④ Fama, Eugene, "The Behavior of Stock Market Prices", *Journal of Business*, 1965 (38), pp. 34 – 105.

⑤ Roberts, Harry, "Statistical Versus Clinical Prediction of the Stock Market", *Unpublished Manuscript*, CRSP, University of Chicago, May, 1967.

史信息）、半强式有效（能充分反映所有已知信息）和强式有效（能充分反映所有信息，包括私人信息）。此后该理论引发了激烈争论[①]，法马后来也加入论战，1991 年仍然坚持“证券价格完全反映了所有可得信息”是有效市场假说的简单表述。[②] 在此之后，经济学家论证了市场有效性的广泛性：如果市场有非理性投资者的话，他们的交易是随机的，这种行为最后相互抵消，不影响价格；如果非理性投资者有一定的行为模式的话，那么，市场上的投资套利者也会抵消他们对价格的影响。此后，基于有效市场理论的理论体系基本建立起来，如马科威茨（Markowitz）的资产组合理论、夏普（Shape）的资本资产定价模型等，是有效市场理论表现出的强大生命力。

Koppenhaver 给出的期货市场有效性是“现货 + 风险溢价”的模式，即市场有效性是基于期货市场对现货市场的依赖性。而期货市场的两大基本功能之一就是“发现价格”功能，这两种思路使期货价格与现货价格陷入互相定义的循环，而且，期货市场与现货市场都有机会被操纵、扭曲，如期货市场出现逼仓行为，也会间接地拉动现货价格上涨，所以，这种定义在体现理想市场均衡方面存在缺陷。而沿用法马的信息—价格关系定义模式更清晰准确。

二　有效市场理论与实证分析的差异明显

几乎从其产生之日，有效市场假说的实证研究，支持和质疑的证据就一直是金融界的热点问题之一。然而，有效市场理论遇到理论与实证的挑战难以抚平。就有效市场理论本身而言，首先，它的假设前提过于严格，不但要求完备的竞争市场，而且信息能够免费获得，以至于有效市场理论在实际应用中会产生明显偏差。其次，法马是在理性预期的基础上给出有效性的定义的，它要求投资者也必须具有理性预期，它与市场均衡模型是相互依赖的。著名管理学家、诺贝尔奖获得者——赫伯特·西蒙（Herbert Simon）的决策理论指出，人是有限

---

① Fama, Eugene, “Efficient Capital Markets: A Review of Theory and Empirical Work”, *Journal of Finance*, 1970, 25, pp. 383 – 417.

② Fama, Eugene, “Efficient Capital Markets Ⅱ”, *Journal of Finance*, 1991 (46), pp. 1575 – 1617.

理性的决策人，对经济学的理性人假说提出了挑战。对市场的层次划分，也很难和现实的市场一一对应。实证中，更有大量异常现象，使有效市场理论处于困境。如巴兹（Banz）发现，股票市值与回报之间存在关联；① 洛和麦克金莱（Lo and MacKinlay，1988）发现，股价并不遵循随机漫步理论；② 希勒、罗伯特和德邦特（Shiller，Robert and DeBondt），沃纳和理查德·塔勒（Werner and Richard Thaler）分别从短期除权③与长期回报④角度探讨了股票市场的反应过度现象。另外，一批金融大师成功地连续获得超过市场平均收益率的事实，也与从有效市场理论导出无法连续实现超过市场平均利润的结论相悖。

大量的实证分析证明，全球大部分股票、期货市场处于弱式有效或者未达到弱式有效的水平，其理论适用性和指导性都是难以令人满意的。国内外对证券、期货市场有效性研究的焦点之一是验证证券、期货市场是否是弱式有效的等方面。大量的统计研究分析表明，大部分股票、期货市场是弱式有效的，甚至还没达到弱式有效的水平。例如：史密斯、杰弗里斯和赖奥（G. Smith，K. Jefferis and H. – J. Ryoo），对美国股市的弱式有效分析验证；⑤ 格雷厄姆·希格斯（J. Graham – Higgs）等分析研究了澳大利亚悉尼期货交易所羊毛期货品种，得出羊毛期货市场是弱式有效市场的结论；⑥ 戴维·比格曼、戴维·戈德法德和埃德马·金特克曼（David Bigman，David Goldfard，Edma Schetchman，1983）验证了国际主流期货市场小麦、大豆等品

---

① Banz，Rolf，"The Relationship Between Return and Market Value of Common Stocks"，*Journal of Financial Economics*，1981（9），pp. 3 – 18.

② A. W. Lo and A. C. MacKinlay，"Stock Market Prices Do Not Follow Random Walks：Evidence from a Simple Specification Test，Rev"，*Financial Studies*，1988，1，pp. 41 – 66 .

③ Shiller，Robert，"Do Stock Prices Move Too Much to be Justified by Subsequent Changes in Dividends?"，*American Economic Review*，1981，71，pp. 421 – 436.

④ DeBondt，Werner and Richard Thaler，"Does the Stock Market Overreact?"，*Journal of Finance*，1985，40，pp. 793 – 805

⑤ Smith，G.，Jefferis，K. and Ryoo，H. – J.，"African Stock Markets：Multiple Variance Ratio Tests of Random Walks"，*Applied Financial Economics*，2002，12，pp. 475 – 484 .

⑥ Graham – Higgs，J.，"Rambaldi，A. and Davidson，B.，Is the Australian Wool Futures Market Efficient as a Predictor of Spot Prices?"，*Journal of Futures Markets*，1999，19，pp. 565 – 582.

种的期货市场是弱式有效的。[①] 大量中国学者对中国资产市场有效性进行了研究，如戴晓凤、杨军、张清海验证了中国股票市场是弱式有效市场；[②] 范龙振、张子刚验证了深圳 A 股市场是弱式有效市场；[③] 叶青、易丹辉、田今朝[④]，吴世农等学者也进行了相关的研究。[⑤] 程可胜以郑州棉花期货为例[⑥]、刘慧宏以上海铜期货为例[⑦]等对中国部分期货品种进行了有效性检验研究，这些研究结论基本是弱式有效或未达到弱式有效市场状态。弱式有效市场说明了市场价格并没有充分反映各种信息，未处于强式有效市场决定的平衡价格上。作为一种基础理论，只有在弱式有效的模式下，才能与市场联系起来，在研究与应用中显然难以令人满意。

第二节 行为金融学对有效市场理论的否定与有限接受

行为金融学否定了市场有效性，认为市场反应不足或反应过度。这种以金融市场的异象证明市场并不在有效市场的平衡位置上，从而否定了有效市场理论思想的价值，上一节对有效市场质疑大都来自行为金融学。然而，行为金融学并没有完全否定有效市场假说，如行为金融学重要的理论之一——行为资产定价模型仍然渗透着有效市场理论。行为资产定价模型（Behavioral Asset Pricing Model，BAPM）是赫

---

① Bigman, D., Goldfarb, D. and Schechtman, E., "Futures Market Efficiency and the Time Content of the Information Sets", *Journal of Futures Markets*, 1983, 3, pp. 321 – 334.

② 戴晓凤、杨军、张清海：《中国股票市场的弱式有效性检验：基于单位根方法》，《系统工程》2005 年第 11 期。

③ 范龙振、张子刚：《深圳股票市场的弱有效性》，《管理工程学报》1998 年第 1 期。

④ 叶青、易丹辉、田今朝：《我国证券市场的效率分析》，《预测》1999 年第 4 期。

⑤ 吴世农：《我国证券市场效率的分析》，《经济研究》1996 年第 4 期。

⑥ 程可胜：《随机游走与期货市场有效性检验——以郑州棉花期货为例》，《华东经济管理》2009 年第 1 期。

⑦ 刘慧宏：《基于历史的期货市场有效性检验》，《系统工程理论方法应用》2005 年第 4 期。

什・舍夫林和梅尔・斯塔曼（Hersh Shefrin and Meir Statman）在 1994 年挑战资本资产定价模型，提出了行为资产定价模型[①]，1999 年，两人又挑战资产组合理论，提出了行为组合理论。[②] BAPM 模型是对现代资本资产定价模型（CAPM）的扩展。与 CAPM 模型不同，在 BAPM 模型中，投资者被划分为信息交易者和噪声交易者。信息交易者是"理性投资者"，他们通常支持现代金融理论的 CAPM 模型，避免出现认识性错误并且具有均值方差偏好。噪声交易者通常跳出 CAPM 模型，易犯认识性错误，没有严格的均值方差偏好。当信息交易者占据交易的主体时，市场是有效率的；而当后者占据交易的主体地位时，市场是无效率的。在 BAPM 模型中，由于既考虑了价值表现特征，又包含了效用主义特性，因此，它一方面从无法战胜市场意义上接受市场的有效性，另一方面从理性主义意义出发拒绝市场有效性。

第三节 趋于有效市场假说

一 趋于有效市场假说的概念

有效市场理论饱受质疑和挑战，和现实之间有明显的距离。这些问题的存在，限制了理论的直接应用，也彰显了有效市场理论存在缺陷。虽然有效市场理论广受质疑，但尚未出现与之抗衡的理论。如埃德加・E. 彼得斯（Edgar E. Peters）提出了分形市场假说[③]，虽被寄予厚望，但与有效市场理论的影响力相比，相去甚远。为解决这样的研究"瓶颈"，基于长期观察研究，通过对有效市场假说进行延伸与

---

① Hersh Shefrin and Meir Statman, "Behavioral Capital Asset Pricing Theory", *The Journal of Financial and Quantitative Analysis*, 1994, 29（9）, pp. 323 – 349.

② Hersh Shefrin and Meir Statman, "Behavioral Portfolio Theory", *The Journal of Financial and Quantitative Analysis*, 2000, 35（6）, pp. 127 – 165.

③ Peters, E. E., *Chaos and Orders in the Capital Market*, New York: John Wiley & Sons, 1991.

发展，提出了趋于有效市场假说以便更准确地描述市场。趋于有效假说（TEMH）认为，影响市场的因素是复杂的，不能满足有效市场理论的假设条件，市场并非一直处于理想的（强式）有效市场决定的均衡状态，而只是具有向理想的均衡状态回归的趋势。只有在市场各因素满足理想有效市场假说的条件下或者基本经济因素外的其他因素的作用相互抵消时，价格才会维持在理想均衡状态。TEMH 本质上充分考虑了有效市场假设条件与真实市场的差距，使有效市场理论向符合真实市场状态迈进，是对有效市场理论的延伸与发展。趋于有效地包容未能实现强式有效市场的因素，并预示着随着信息的扩散和对信息影响的正确把握，市场会向理想的平衡方向运动，即市场具有向强式有效决定的平衡状态运动的趋势。与弱势有效市场（实证研究表明主流市场基本上是弱势有效市场）比较，TEMH 在清晰准确地描述真实的市场状态方面有明显改善。

二　趋于有效假说对影响市场价格因素的细分

TEMH 认为，影响市场价格的因素是复杂的，那么如何有效地细分这些复杂要素，就成为相关研究的基础与前提。经过长期观察、研究、修正，复杂的影响市场价格因素可划分为：①理想的有效市场假说条件下的市场因素——市场均衡的决定因素；②由投资者的心理、行为等因素产生的市场动能，参与者的行为与市场流动性等要素相关的市场运动阻力；③市场参与者特别是竞争市场领导地位的投资者——市场领导竞争者的博弈力量；④复杂外部环境的随机扰动等要素。这些要素的详细界定与分析将放在弹性系统模型及各要素分析章节中，这里不再展开讨论。

三　趋于有效假说的意义

（一）趋于有效假说可以化解有效市场理论与实证分析的矛盾

若以趋于有效假说为前提，便可以解释有效市场难以解释的金融现象，围绕市场有效性问题的争议则迎刃而解。例如，金融大师的超额收益问题，以巴菲特为代表的价值发现型投资大师，总是通过挖掘估值偏低的金融产品买入，在其价值得到发现后抛出来实现超额利润。这说明市场并非总处于有效状态，存在价值低估的金融产品，但长期来看，随着信息的扩散和被越来越多的人理解，加上博弈力量难以长期保持，股票、期货价格最终会回到应有的价值上来，这个过程支持趋于有效市场假说。同样，行为金融学中的非理性行为如反应不足、反应过度、“羊群效应”、动量效应等均无法否定趋于有效市场假说，更全面地解释需要结合弹性系统模型进行剖析，以后章节再深入探讨。

（二）对金融学的不同流派融合的尝试

有效市场假说是趋于有效市场假说的特例，是现代金融学基础理论的延伸，通过这种延伸，可以与其他流派融合，如行为金融学中的“异象”只是相对于有效市场这一特例而言的，是趋于有效市场的正常组成部分，趋于有效市场在不同条件下有不同的表现，这样，行为金融学与现代金融学就自然融合了。在中国比较活跃的虚拟经济方面，其主要有复杂性、介稳性、高风险性、寄生性和周期性五个特性，通过第五章至第八章各影响因素分析会看到趋于有效假说与虚拟经济也是协调的。可以预测，通过这种对有效市场理论的延伸发展，使金融学的不同流派融合提供了可能。

（三）弹性系统模型建立与应用的理论基础

第四章至第九章弹性系统模型的构建、影响因素的细分、各影响因素的分析研究和综合分析及在其后两章的应用分析，是以趋于有效市场假说为基础的，也是对这一理论的验证。弹性系统模型在市场现象解释、分析与实际应用中取得了良好的效果，反过来验证了其合理性。

（四）趋于有效市场假说的市场实证评价

为了检验这一理论的有效性，在专家组进行相关理论介绍讨论后，从 2008 年 3 月起对 TEMH 进行市场观察体验验证，满两年后，组织了分析评价活动（调查表见附录）。即从市场价格趋势、市场价格短期波动、突发事件对市场价格影响、与其他理论与方法的兼容性等角度进行评判，并与有效市场假说对比。每人采用 10 分制打分形式，有效为 7—10 分，基本有效为 5—6 分，有时有效为 2—4 分，无效为 1 分，误导为 0 分。参加评价的专家 7 人，评价得分前 3 名的权重为 2，其他权重为 1，总分正好 100 分，评价结果如表 3 – 1 所示。评价结果显示，在与其他理论的兼容性，市场趋势判断和突发事件的市场影响三个方面的评价分数分别为 91 分、85 分和 81 分。这三个方面得分很高，总体评价为有效。对市场短期波动分析综合评价为 65 分，属基本有效范畴，因短期波动随机性强，难以有效分析，理论研究在随机性方面较少，是评价分数较低的主要原因。而对应的有效市场假说评价基本上在有时有效与无效之间徘徊。综合这些细分评价，可以看出 TEMH 相对于 EMH 有明显改进。

表 3 – 1　　趋于有效市场假说应用专家评价得分

应用内容	TEMH	EMH
市场价格趋势判断	85	62
市场价格短期波动判断	65	58
突发事件对市场价格影响的判断	81	65
与其他分析工具的兼容性	91	45

第四章　弹性系统模型的构建

主要以股票、期货市场为分析对象的金融市场分析建模是十分活跃且极具挑战性的研究内容，其主要成果集中在行为金融学和金融物理两大领域，行为金融学的 BSV 模型、DHS 模型和 HS 模型影响广泛，金融物理模型也十分丰富。受这些研究成果的启发，弹性系统模型以趋于有效市场假说为前提，吸收了行为金融学对投资者认知、行为的研究思想，探讨以简明的物理模型——弹性系统，进行期货价格波动趋势分析、预测的理论与方法。

第一节　行为金融学及其模型分析

一　行为金融学概述

在过去的十多年里，行为经济学（Behavioral Economics）从根本上改变了经济学家对世界的看法。[①] 然而，长期以来，行为经济学并不为人所重视，直到 2002 年，心理学家丹尼尔·卡尼曼和经济学家弗农·L. 史密斯分享了当年的诺贝尔经济学奖，行为经济学对开始引起全球经济学学者的关注。行为经济学又称为“基于心理学的经济学”，是在心理学基础上研究经济行为和经济现象的经济学分支学科。尽管亚当·斯密（Adam Smith）很早就对此有深入的讨论，但直到 20 世纪 70 年代，心理学家丹尼尔·卡尼曼和阿莫斯·特夫斯基才开始

① Peter Diamond and Hannu Vartiainen, *Behavioral Economics and Its Applications*, Princeton University Press, 2007.

通过引入认知心理学等心理学领域的最新研究方法和成果，通过对新古典经济学中的效用函数的改造，建立起全新的个体选择模型，并激发后来的经济学家把相关研究领域拓展到经济学的各主要分支，从而形成了比较系统的行为经济学。[①] 行为经济学将心理学和经济学有机地结合起来，探讨现今经济学模型中的不足、错误或遗漏，进而修正主流经济学关于人的理性、自利、完全信息、效用最大化以及偏好一致等基本假设的不足。特夫斯基和卡尼曼等在20世纪70年代的一系列试验和论文已经成为这个领域里的经典文献，后来又经过拉宾、塔勒、拉比森（Rabin，Thaler，Labison）等在20世纪80年代和90年代初的努力，行为经济学的研究阵容在美国逐渐强大起来，并取得了一些令人瞩目的成绩。[②] 总体来说，行为经济学的研究研究涉及宏观经济、劳动经济学和金融三个主要经济领域，行为经济学在金融领域中的应用即形成行为金融学。

行为金融学可以看成是行为经济学在金融领域的应用，或者是行为经济学的一个同时兴起的分支学科，研究金融市场上人们的心理活动以及由此引起的行为活动对价格和其他金融活动的影响。一般来说，现实中发达的金融市场被公认为最接近于经济学的完全竞争市场条件，斯密·史密的那只“看不见的手”应该发挥着最强和最有效的作用，基于此经济理论得到的结论应该是：发达的金融市场应该是“稳定的”，即除去实际经济变动和波动所造成的波动外，股票市场上应该无价格涨落。而真实的情况是股票市场每日的交易额都以数千亿计，价格也在剧烈地波动。[③]

行为金融学就是基于心理学理论和实证结果来研究投资者各种心理与行为特征，并以此来进一步研究投资者的投资决策行为及其对资产定价影响的学科。[④] 在实际投资决策中，行为金融学首先研究投资者的决策思维特性、情绪等对投资决策行为的影响，然后推广投资者

---

① 科林·F. 凯莫勒：《行为经济学新进展》，中国人民大学出版社2010年版。

② 周爱民、张荣亮：《行为金融学》，南开大学出版社2005年版。

③ 同上。

④ 徐智斌：《行为金融学的意义及其面临的问题》，《经济论坛》2006年第24期。

心理和行为对金融市场整体的影响。因此，行为金融学研究的特征之一就是定性的描述。另外，行为金融学在市场有效性等问题上持有与现代金融学不同的观点，其研究内容也会触及现代金融学已经建立的理论体系——以有效市场假说为基础的资产组合理论等，并试图对其不足之处进行完善和修正，并发展定量化及模型化的理论和工具，并构建了行为金融学的理论基础——期望理论和套利限制理论。①

可见，行为金融学是一个与现代（标准）金融学相对的范畴。②行为金融学研究人们在投资决策过程中认知、情感、态度等心理特征以及由此而引起的市场非有效性。以有效市场假说和理性人假设为前提的现代（标准）金融学对金融市场的大量异象无法解释的困窘，揭示现代（标准）金融学的局限性。20 世纪 90 年代迅速发展起来的行为金融学以其逼近真实市场行为的理论分析展示出良好的发展前景。行为金融学修正了相关理性人假设的论点，指出由于认知过程的偏差和情绪、情感、偏好等心理方面的原因使投资者无法以理性人方式做出无偏差估计，这一发现引起对投资者心理研究的普遍关注。就微观而言，分析投资者心理还可以有效地提高市场分析的全面性与准确性，因此，以基于他人的心理偏差制定特定的投资策略有时也是有效的；就整体而言，它涉及证券市场是否有效，以及资产价格是否反映内在价值等问题。③

二 行为金融学关于投资者行为的研究

投资者行为分析是行为金融学研究的重要基础。行为金融理论较成功地解释了投资者的认知与行为的特点，特别是在个人投资者的判断和决策。在投资组合选择、投资策略、交易策略选择、投资和储蓄策略等方面的研究取得了一系列成果。行为金融学从投资者心理与行为之间关系出发，以投资者投资行为的有限理性，投资者在投资决策过程中的认知偏差为基础，形成了期望理论等行为金融理论，构建了

---

① 李春、许娜：《行为金融学理论的形成发展及研究困难》，《时代金融》2007 年第 11 期。

② 易阳平：《行为金融论》，上海财经大学出版社 2005 年版。

③ 饶育蕾、刘达锋：《行为金融学》，上海财经大学出版社 2003 年版。

基于行为金融理论的投资者行为模型，描述了投资者实际投资决策行为和金融市场运行状况，并利用投资者的认知偏差制定了基于行为金融理论的投资策略。① 因为这种解释与市场现象的密切联系，所以，一般认为，行为金融学理论对投资者行为的研究分析比现代（标准）金融学更加接近市场真实状态，因此，其研究成果对投资行为管理、投资策略制定以及市场管控等的指导作用也受到重视。② 可见，投资者行为研究是行为金融学的重要基础，一般而言，投资者行为是在各种经济变量的相互作用下投资者主观意志的外在表现，各种经济变量则是投资者行为产生的必要条件，投资者内在心理因素的共同作用，使投资者产生投资行为决策，而投资者群体行为的共同作用最终转化为左右市场的力量，从心理学视角分析投资者决策行为的一般模式，实质上就是投资过程中刺激变量、机体变量和反应变量三类变量之间的相互关系③，投资者的心理、投资偏好和决策过程是理解投资者行为的主要组成部分。

（一）行为金融学中的个人投资者心理基础

现代（标准）金融学中的预期效用理论描述的是理性投资者在风险条件下的投资决策行为，但从行为金融学来看，人并不是纯粹的理性经济人，其决策受到心理因素和机制的影响，会造成现实个体效用的模糊性和主观概率的模糊性。在不确定条件下，人们的投资决策主要依赖于有限的信息数据、个人主观判断和经验规则作为依据，而违背了期望效用理论，会产生系统的偏差。产生这种偏差的心理、认知原因很多。例如：

代表性偏差：是指人们在不确定条件下进行判断决策时，仅仅以部分代表性的或典型的现象为依据。在现实生活中，人们对不确定条

---

① 周战强、李德峰：《个人投资者的行为金融学分析》，《中央财经大学学报》2006 年第 2 期。

② 刘超：《基于行为金融学的中国证券分析师行为研究》，博士学位论文，天津大学，2006 年。

③ 郭怀英：《行为金融学分析与证券市场风险控制》，博士学位论文，中国社会科学院研究生院，2002 年。

件下进行决策时往往不自觉地以偏概全，以小见大，与传统理性人的理论对人的认知的解释差异明显。

可得性启发法：是指人们在评估一类事物或事件的发生概率时，受这类事物中的某些事例或事件发生情况容易回忆的程度影响，那些易于进入头脑的信息往往被优先利用。这一现象在中国 2006—2008 年的股市牛市中表现较充分：那些没有经历过熊市的“新股民”在高位买入非常积极，而老股民则早早减仓而“踏空”。

参照系偏差：是指人们在不确定事件进行判断时往往使用特定的或过去的参考系，对目标或盈亏的判断与设定锚定在一个固定的参考点上，或者以此为基准进行调整，但是，人们对参考点的选择和调整经常又是不充分的。

损失厌恶和后悔厌恶：损失厌恶是指人们在面对同样数量的收益和损失时，在损失时更加令人难受，其程度远大于得到同样收益的喜悦，损失厌恶反映了人们的风险偏好并不一致。后悔厌恶是指当投资决策失误后，投资者对自己的行为和决策感到后悔而带来的痛苦，为了避免或减轻这种痛苦，人们通常采取某种非理性的决策方式，从而可以减少投资者由于后悔而带来的痛苦。[①] 例如，与他人相同决策时，出现失败时因有人“相陪”，痛苦得到“分担”而缓解。

羊群行为：自然界的动物羊因采取群聚策略能够取得更好的生存环境而进化成与群体趋同的行为方式，对于羊来说是理性的，但人类采用这种类似行为时则是非理性行为。通常，羊群行为是指投资者在信息环境不确定的情况下，模仿跟随他人的决策，或者依赖于舆论，而忽略或忽视自己信息的行为。羊群行为涉及多个投资者的相关行为，其行为结果对于市场的稳定性及效率显著的影响、金融市场的剧烈波动、金融危机的爆发等都与羊群行为有密切的关系，因此，羊群行为引起学术界和政府监管部门的广泛关注，金融市场中的羊群行为

---

① 邓升军、罗正明：《基于行为金融学的个体投资者行为分析》，《社会科学家》2005 年第 S2 期。

这个概念内涵十分丰富。①

过度自信：投资者因对认知外的信息缺乏评估的依据，对自己的信息处理能力的不足也缺乏充分的认识，而只能从认知范围内的信息，使用自以为是的分析方法去分析研究，却对得出的结论充满信心，通常表现为对自身经验、预测能力和知识等估计过高。不仅一般投资者会有过度自信的问题，那些专业人士通常也会夸大自己的专业知识和能力。

自我归因：投资者往往倾向于将有利的结果归于自己的能力，进一步助长自信情绪，而将不利的结果归因于外部因素，并不影响其信心水平。

信念坚定：是指人们一旦形成某一种观念后，将在较长时间内坚守这种观念。因此，人们不愿意接触与观念相反的信息，且一旦个体接触该类信息，人们也会采取忽视和怀疑的态度。因此，新信息的作用难以被有效地吸收到投资决策中。

（二）个人投资者偏好特征

特夫斯基和卡尼曼在心理学调查的基础上，将违反现代金融理论的投资者行为偏好描述为三个效应，即确定效应、反射效应和隔离效应。

确定效应是指相对于不确定的结果来说，人们对确定性好的结果会过度重视，对结果不明朗的备选方案表现不喜欢或排斥的态度。

反射效应是投资者从可能产生的收益和损失的结果来看，投资者具有两种相反的行为特征，即对获得和损失的偏好是不对称的。人们对于收益有风险规避的倾向，但人们在面对损失时却有风险偏好的倾向。

隔离效应是指对一个既定问题进行不同方式或者不同阶段次序的描述，投资者可能只接受自己偏好的阶段信息，而不全面地考虑所有的信息，因而产生不同决策方案，然而，在预期效用理论看来，对于

---

① 刘超：《基于行为金融学的中国证券分析师行为研究》，博士学位论文，天津大学，2006年。

一样的问题，个人选择应该是相同的，但实际上并不是像传统金融理论说的那样。①

（三）行为金融理论中的个人投资者决策过程

在前景理论来看，人的决策过程分为经历编辑和评价两个阶段，编辑阶段是个体投资者根据自己的偏好对其结合相关的信息进行初步的加工、整理以适合自己思维方式和表达习惯；评价阶段是对以前加工的前景行为评判，使价值最大化。从这一过程可以看出，个人的偏好已经融入决策过程，同时需要注意的是，对这些加工资料的评判是受到投资者能力限制的。这个过程充分体现了投资者的个人特征。

三　行为金融学理论模型

行为金融理论模型研究，关键是如何从认知心理学所揭示的众多个体决策的心理偏差中，准确地分离出有说服力且在直觉经验上能被普遍接受的心理显现作为假设基础，进而建立合理的行为金融模型对市场现象进行解释预测。当前有影响力的三大模型——BSV 模型、DHS 模型和 HS 模型是依据启发式偏差及框定偏差，借助反应过度、反应不足和动量交易等概念，构建的模型较好地描述了投资者实际决策行为和市场运行状况，解释了证券市场一些异常现象。

BSV 模型是由巴伯里斯、施莱弗和维什尼（Barberis，Shleifer and Vishny，1998）提出的，模型假定投资者决策时存在两种偏差即代表性偏差和保守性偏差。代表性偏差会造成投资者对新信息反应过度，保守性偏差会造成投资者对新信息反应不足的现象。② BSV 模型认为，收益是随机变动的，但一般投资者错误地认为收益变化有两种范式：一种范式认为，收益变化是均值回归的，股价波动对收益变化的影响只是一种暂时的现象，不需要根据收益变化充分调整自身的行为，也就是说，当投资者奉行这种范式时，对股票本来收益状况的预期反应不足，而当后来的实际收益状况与先前的预期不符时，才进行调整，

---

① 冯素玲、曹家和：《行为金融理论视角下的投资者行为分析》，《山东社会科学》2009 年第 5 期。

② Barberis，Nicholas，Andrei Shleifer and Robert Vishny，“A Model of Investor Sentiment”，*Journal of Financial Economics*，1998，49，pp. 307 – 343.

使股价变动对于收益变化的反应滞后。另一种范式认为，收益变化是趋势性的，股价变化对收益的影响是同方向的、连续的，也就是说，当投资者奉行这种范式时，就会错误地将这种趋势扩大，从而导致股价变动对于收益变化的反应过度。①

DHS 模型是丹尼尔、赫施弗和萨伯拉曼亚姆（1998）从信息角度建立和发展行为的模型。② 模型把投资者分为有信息和无信息两类，无信息投资者不容易受到判断偏差的影响，但是，股票价格是由有信息投资者决定的，而他们却易于产生两种判断偏差——过度自信和自我归因偏差。在 DHS 模型中，过度自信会使投资者的私人信息比先验信息拥有更高的权重，引起反应过度。自我归因偏差是指当某些事件与投资者行动一致时，投资者将其归结为自己的高能力；反之，投资者将其归结为外在噪声的不确定性，有偏差的自我归因则使投资者低估公共信息对股票价值的影响。因此，归因偏差一方面导致了短期的惯性和长期的反转，另一方面助长过度自信，当投资者遵循这种模型时，会产生个人掌握的信息与公共信息的偏离，这种偏离有可能导致股票回报的短期连续性。③

HS 模型是 Hong 和 Stein 于 1999 年提出的，简称 HS 模型，又称为统一理论模型（Unified Theory Model）。④ 与 BSV 模型和 DHS 模型不同，HS 模型的研究重点是在不同作用者的作用机制研究方面，而不是作用者的认知偏差。该模型把作用者划分为消息观察者和动量交易者（惯性交易者）两类，两种有限理性投资者都只能处理所有公开信息中的一个子集。消息观察者依据获得的关于未来价值的信息进行预测，而完全不依赖当前或过去的价格（反技术分析法的）；动量交

---

① 曾康霖：《解读行为金融学》，《财经科学》2003 年第 2 期。

② Daniel, Kent D., David Hirshleifer and Avanidhar Subrahmanyam, "Investor Psychology and Security Market under - and over - reactions", *Journal of Finance*, 1998, 53, pp. 1839 - 1885.

③ 刘超：《基于行为金融学的中国证券分析师行为研究》，博士学位论文，天津大学，2006 年。

④ Hong, H. and J. Stein, "A Unified Theory of Underreaction, Momentum Trading and Overreactionin in Asset Markets", *Journal of Finance*, 1999, 54, pp. 2143 - 2184.

易者则依赖于过去的价格变化，他们的预测是过去的价格历史的某种函数，基于这些假设，HS 模型将反应不足和反应过度都归结于与价值相关的信息逐渐扩散，没有吸收其他对投资者情感刺激等影响因素。HS 模型信息在投资者当中逐步扩散，价格在短期内存在反应不足。这种反应不足意味着动量交易者可以应用技术分析法为指导实现盈利。然而，这种以技术分析为基础的操作手法可能导致市场走向另外一个极端——价格反应过度。

四　行为金融学的局限性

行为金融理论融合了金融学、心理学、社会学等多学科的分析方法与研究成果，充分考虑了市场参与者的心理、行为因素特征，以更贴近实际的假设来分析金融市场，成功地解释了众多金融“异象”，丰富了金融学的研究方法、研究范式和研究内容，取得了引人注目的成就。然而，行为金融学的不成熟特征也很清晰，它尚未形成一个完整严密的理论体系和结构框架，不能像经典金融理论那样，从一些最基本的假设出发，在一个统一的框架内对金融市场的定价问题给出一个全面的、令人满意的解释，没能整合成一个系统的理论并建立一个统一的模型来解释不同心理状态下投资者的决策行为；行为金融理论如何与现代金融理论及其数学模型结合，形成金融学理论体系仍需要进一步研究。[①] 此外，任何理论研究都是为应用服务的，行为金融学当然也不例外，如何运用行为金融理论指导投资者的实际投资行为应该成为每一个理论研究者必须考虑的问题。[②]

五　行为金融学重要启示

行为金融理论从人的角度解释市场行为，充分考虑市场参与者的心理因素的作用，以人们的实际决策心理为出发点，讨论投资者的投资决策对市场价格的影响。它注重投资者决策心理的多样性，突破了现代金融理论只注重最优决策模型，简单地认为，理性投资决策模型

---

① 波克、薛斐：《行为金融学的发展与探索》，《复旦学报》（社会科学版）2004 年第 5 期。

② 冯素玲、曹家和：《行为金融理论视角下的投资者行为分析》，《山东社会科学》2009 年第 5 期。

就是决定市场价格变化的实际投资决策模型的假设，研究更接近实际，行为金融学基于心理、行为偏差的研究方式取得的成绩是得到广泛的认可。行为金融学把金融市场现象与投资者的心理、行为联系在一起的思想，投资者可以采取针对非理性市场行为而制定相应的投资策略以实现其投资目标，指明了对大量投资者参与的股票、期货市场波动的研究中投资者的行为因素是不可忽略的主要要素。

第二节　金融物理及其建模

一　金融物理及其建模研究概述

自 1995 年，斯坦利（Stanley）等在 Physica A 的一篇论文中第一次使用“金融物理学”（econophysics）一词为这一新兴的交叉学科命名[①]以来，各种金融物理的专题研讨便活跃起来，如 1997 年 7 月在爱尔兰和 2000 年 7 月在比利时分别召开了两届题为“物理学在金融分析中的应用”的国际学术会议；2000 年 4 月，在德国召开了关于“物理学观点的经济动力学”专题讨论会；2000 年 11 月，在日本举行了金融物理专题国际学术讨论会；2000 年 9 月在合肥中国科技大学、2001 年 8 月在桂林广西师范大学、2002 年 8 月在上海交通大学分别召开了相关内容的学术会议；这些会议讨论的主题是以物理学的思维模式、方法、工作语言及其物理学理论为基础，探讨如何应用于经济系统分析、建模、模拟和优化上，有效地推动了金融物理的发展。

随着物理学的快速发展及其在其他领域的应用取得显著成就，激

---

① H. E. Stanley, V. Afanasyev, L. A. N. Amaral, S. V. Buldyrev, A. L. Goldberger, S. Havlin, H. Leschhorn, P. Maass, R. N. Mantegna, C. – K. Peng, P. A. Prince, M. A. Salinger, M. H. R. Stanley and G. M. Viswanathan, “Anomalous Fluctuations in the Dynamics of Complex Systems: From DNA and Physiology to Econophysics”, *Physica A: Statistical and Theoretical Physics*, February 1996 (2), 224, pp. 302 – 321.

励一批经济学家接受和采用新的数学及物理学方法来研究金融问题。① 另外，一些数学家和物理学家直接参与金融市场的研究，将本学科的最新研究成果和方法带到金融问题的研究中来②，取得了较丰富的成果，汪寿阳等对这些成果进行了细分和评价。③ 这些研究主要采用自组织与临界性、标相变、自适应、湮灭、混沌、分形、逾渗、量子场论等理论与方法，为对金融市场这一复杂系统的研究带来活力。例如，仅 2003 年在《自然》等著名科学杂志发表成果中，Gabaix 等主要探讨了价格波动与交易量和投资者数量之间的关系；④ Lillo 等通过价格曲线的曲率特征研究价格波动特性；⑤ Plerou 等研究了金融市场的二相性⑥等。在价格规律的探索和建模方面也十分活跃，例如，股市价格演化的一维水动力模型；⑦ 交易冲量和价格阻力模型⑧等，所有这些规律和模型的探讨，从不同层面和角度分析了决定价格的基本要素及特点，抓住了价格变化中的关键变量和参数，取得了一定的成果。

另外，量子理论方法的应用备受关注，例如，Ilinski 用量子场论方法来描述金融市场，他将金融市场描述为由投资组合构成的金融

---

① Duffie Dynamic, *Asset Pricing Theory*, Princeton: Princeton University Press, 1993.

② J. P. Bouchaud, M. Potters, *Theory of Financial Risk and Derivative Pricing*, Cambridge: Cambridge University Press, 2003.

③ Wang, S. Y. and Xia, Y. S., *Portfolio Selection and Asset Pricing*, Berlin: Springer - Verlag, 2002.

④ Xavier Gabaix, Parameswaran Gopikrishnan, Vasiliki Plerou and H. Eugene Stanley, "A Theory of Power - law Distributions in Financial Market Fluctuations", *Nature*, 2003, 423, pp. 267 - 270.

⑤ F. Lillo, J. D. Farmer and R. N. Mantegna, "Econophysics - Master Curve for Price - impact Function", *Nature*, 2003, 421, pp. 129 - 130.

⑥ Vasiliki Plerou, Parameswaran Gopikrishnan and H. Eugene Stanley, "Econophysics: Two - phase Behaviour of Financial Markets", *Nature*, 2003, 421, pp. 130.

⑦ C. Vamo, N. Suciu and W. Blaj, "Derivation of one - dimensional Hydrodynamic Model for Stock Price Evolution", *Physica A: Statistical Mechanics and its Applications*, 2000 (12), 287, pp. 461 - 467.

⑧ F. Castiglione, R. B. Pandey and D. Stauffer, "Effect of Trading Momentum and Price Resistance on Stock Market Dynamics: A Glauber Monte Carlo Simulation", *Physica A: Statistical Mechanics and its Applications*, 2001 (1), 289, pp. 223 - 228.

场，其中的一个坐标代表组合价值，其他坐标代表在组合中各种资产所占比例，而金融行为模拟成这个场中的运动，从确定金融场的规范变换——资产价格，进而运用场论方法推导出资产价格与资金流量随时间变量演化的规律。① 此外，沙登（Schaden）从量子理论角度研究金融问题的新方法，通过把市场参与者持有的资产数和现金数作为基矢，从而构造金融市场的状态空间，用迭加原理描述市场的不确定性。把持有数的增加与减少来模拟成生成算子与湮灭算子，进而应用量子理论方法推导出市场演化的 Schrêdinger 方程。②

国内学者在相关领域研究也比较活跃。陈泽乾、汪寿涛等对量子金融高度评价③并进行了相关研究；④ 李平、汪秉宏、全宏俊等对金融物理进行了系统的梳理与方法探讨，包括价格的统计分析与价格涨落的随机过程模型⑤和基于经纪人的动力学模型建模的问题；⑥ 马金龙、马非特等应用金融孤子（非欧几何）构造规范变换建模。⑦

二 金融物理建模的问题与启发

金融物理的研究充分重视了市场的随机性特征，但面对有人参与的金融市场，简单地认为，随机模型就反映了金融市场不确定性的属性是十分危险的。微观粒子的随机性与金融市场的随机性有明显区别：微观粒子的无意识性，条件、环境的确定性与金融市场的主体——人的能动性，环境的多变性是有本质差别的；量子力学本身的抽象性、复杂性和金融市场的复杂特性难以准确对接。这些难点无法

---

① K. Ilinski, *Physics of Finance – Gauge Modelling in Non – equilibrium Pricing*, John Wiley & Sons, New York, 2001.

② Schaden, M. , "Quantum Finance: A Quantum Approach to Stock Price Fluctuations", *Physica A*, 2002, 316, pp. 511 – 538.

③ 陈泽乾：《量子金融的意义》，《数学物理学报》2003 年第 1 期。

④ 陈泽乾、汪寿阳：《量子金融的几个问题》，《自然科学进展》2004 年第 7 期。

⑤ 李平、汪秉宏、全宏俊：《金融物理的若干基本问题与研究进展（Ⅰ）——价格的统计分析与价格涨落的随机过程模型》，《物理》2004 年第 1 期。

⑥ 李平、汪秉宏、全宏俊：《金融物理的若干基本问题与研究进展（Ⅱ）——基于经纪人的动力学模型的建模与分析》，《物理》2004 年第 3 期。

⑦ 马金龙、马非特：《金融市场价格波动数值预测的思考》，《管理科学》2006 年第 1 期。

突破前，以微观粒子特性为基础的金融物理研究成果在市场应用方面将十分困难。虽然目前尚无革命性的研究成果，但是，金融物理的活跃为金融市场价格研究提供了可选方向，借鉴物理学的原理与方法应用于金融市场研究有效地开拓了研究思路、方法，值得尝试。

第三节 弹性系统模型构建

一 价格分布统计规律的启发

从统计分析的成果来看，主流观点认为，期货市场价格的分布，在供求关系没出现明显变化时，其基本上符合对数正态分布。其价格分布如图 4－1 所示。

其中，P_0 是价格出现概率最大的值。由于是大量统计的结果，所以，可看作是有效市场的理论值。其分布特征和弹性系统模型中的线形谐振子的概率分布雷同，从而预示着这种模拟有良好前景。

如图 4－2 所示，$y = \int_0^x f(x)\,dx$，根据积分的定义，y 代表价格在（0，x）出现概率的总和，也就是价格低于 x 的概率总和，所以，y 代表价格在 x 处，低于 x 的可能性，因此也是价格下跌的概率；同样，$1-y$ 代表价格分布在 x 右边的概率的总和，代表价格在 x 处，价格大于 x 的可能性，即是价格上涨的概率。

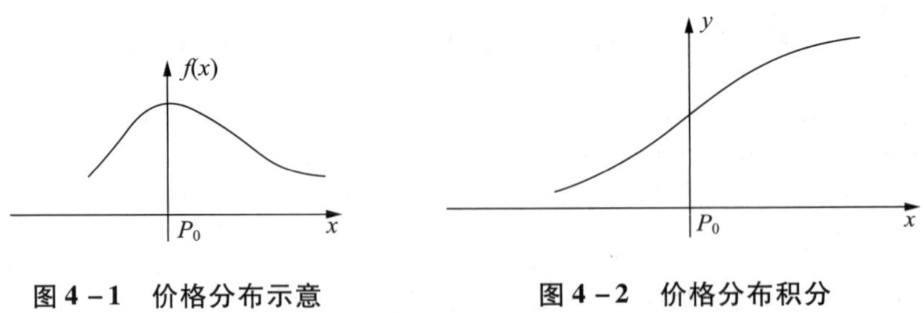

图 4－1 价格分布示意　　图 4－2 价格分布积分

由图 4－1 和图 4－2 可以看出，相对于平衡价格 P_0，价格越低，下跌的概率越低；价格越高，下跌概率越大。显然，这一特性和弹性系统的离开平衡点的力的特性基本一致，因此，弹性系统运动规律是期货市场价格波动特性的良好参照系统。

二　弹性系统模型构建

如图 4－3 所示的是常见的经典物理学弹性系统模型，质量为 m 的物体 M 在一支撑面上，其静摩擦系数为 μ_1，动摩擦系数为 μ_2，通过系统的弹性系数为 K_e 的弹簧与可以移动的 A_s 连接，物体受合力为 $\sum F_i$ 的外力作用。

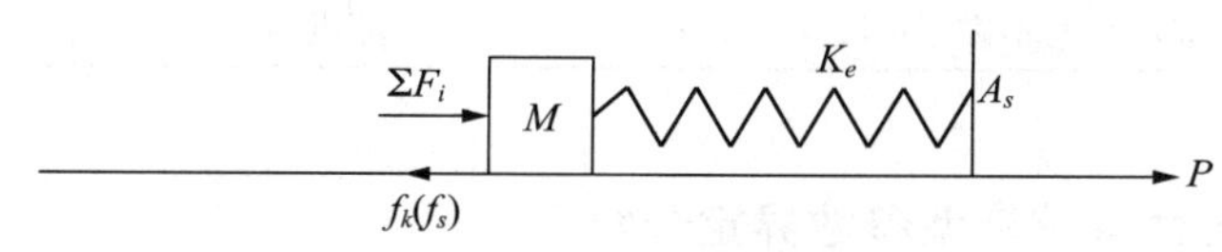

图 4－3　弹性系统模型示意

以这个物理模型为参照，对应的建立期货价格波动的动力学模型，其支持面可以看作价格轴线，M 看作是交易合约，包含着市值或持仓量的大小等信息，A_s 代表有效市场假设条件下决定市场价格均衡的基本经济要素，$\sum F_i$ 是市场博弈力量的合力，市场的随机扰动归入系统外部环境。这些参数对应的期货市场的意义如表 4－1 所示。

表 4－1　　　　模型参数对应的证券、期货市场要素

物理模型参数	证券、期货市场要素	相关的理论
系统支持面（A_s）	决定市场均衡的基本经济要素	强式有效市场条件下的市场均衡；趋于有效市场均衡
系统弹性系数（K_e）	市场均衡对价格的引力系数，与市场信息的传播和投资者对信息的处理能力、信息效应特征等因素决定，一定程度上反映了市场有效性的强弱特征	有效市场理论把有效性分为三个有效等级，即不同市场的有效程度是不同的
系统动能（E_{pi}）	与系统质量 M 紧密相关，M 可以理解为与交易合约的持仓量等指标对应的市场投资者。投资者的心理、认知、行为因素是市场动能形成的原因	行为金融中的相关行为理论，如动量效应、“羊群效应”、技术分析趋势的强化等

续表

物理模型参数	证券、期货市场要素	相关的理论
系统阻力 [$f_k(f_s)$]	投资者落袋为安等操作理念导致的交易对价格运动的阻碍，与投资者的结构、市场的活跃程度相关	投资者行为的结构、特征，价格效应，流动性等理论
外部博弈合力 ($\sum F_i$)	市场参与者的博弈策略和行为产生的价格推动力的总和	博弈论
外部扰动	外部环境的不确定性波动	随机性

三 弹性系统模型参数界定分析

（一）有效市场因素与弹性系数

对应图 4－3 所示模型，A_s 代表理想的有效市场条件下的市场要素即有效市场因素，即在不存在博弈、惯性（质量）、阻碍等因素，参与者得到的信息充分对称，分析判断准确无误时，M 和 A_s 同步同幅波动，即市场保持有效状态。

在弹性系统中，在实际复杂的状态下，不一定处于均衡状态，这时，A_s 对 M 通过 K_e 产生作用力 F_p，其值为：

$$F_p = K_e(P_i - P_{As}) = K_e\Delta P$$

式中，弹性系数 K_e 与市场有效性的程度密切相关，成熟市场有效性高，K_e 值大，发展中市场 K_e 值小。P_i 是合约交易价格，P_{As}是有效市场条件下的均衡价格，ΔP 是价格偏移均衡值的量。类似于经典物理的弹性系统，M 的运动方向不一定和 F_p 方向一致，即市场价格不一定向均衡价格的方向移动，这就使我们可以理解有时候市场波动方向与继续偏离均衡点的现象。这里，K_e 值是决定回归力量大小的重要参数，K_e 值的大小主要由市场有效性假设相关的因素决定，主要有：

1. 投资者获得信息的能力

投资者获得信息的能力取决于主观意向和外部客观条件两个方面。主观意向决定了投资者对某些信息的偏好及重视程度。如果投资者感兴趣并重视，就会敏锐地搜寻相关信息，便可以快捷、准确地把握它。而对不感兴趣的信息，则会视而不见，更谈不上准确理解和把握了。信息的充分性取决于取得信息源的准确与完整；传播渠道的便捷、畅通；取得信息的成本价值比。信息获取受这些因素制约，形成了信息壁垒。壁垒的存在决定了信息的不充分、不对称。所以，我们经常看到机构投资者具有信息优势，就是在于其克服壁垒的能力强。在今天信息丰富的环境中，过滤信息、处理信息和分析信息的能力已成为稀有资源。

2. 信息披露的规范程度

信息披露是否规范、渠道是否畅通等明显影响信息传播的时间、范围和成本。进而影响市场的响应时间，使市场表现出有效性特征复杂多变。如果市场信息披露不够规范，则会出现根据未发布信息进行内幕交易的情况，同时会造成言传盛行，破坏市场的公平性与效率。

3. 投资者分析判断能力

投资者判断各种信息对价格的影响并不是理想统一的。由于分析工具、思考问题的方法及对信息理解的差异，导致他们的判断是差异化的，因此，交易行为多元化，市场价格呈区间分布形态。另外，投资者的心理特征，也影响他们对价格的判断。心理影响不仅有个人因素，同时投资者持有的金融产品、媒体及市场的反应等都会影响投资者的应变行为。如有些短期事件在媒体渲染下，投资者心理反应过度，夸大了短期影响，因而得出错误的结论，进而做出不恰当的反应，从而扭曲了市场。

另外，市场价值判断标准的变化也会影响判断结果。例如，对期货价格与现货价格关系的判断；在股票市场上，受宏观经济、经济政策及技术变革等因素影响，市场的投资理念、投资热点经常变化，不同的理念会产生不同的价值标准——中国股市近十年就表现出这些特征。由于判断标准多元化，而且经常变化，这样，市场价格的波动中心会跟随着移动，使市场波动更加复杂。

（二）系统动能

如同物质运动具有动能一样，期货市场价格的波动也会产生动能。当价格波动形成趋势时，技术分析法理论促使趋势强化与维持，行为金融学中的非理性行为如动量效应、“羊群效应”等也促进趋势的强化与维持，期货市场上，投资者认知的非完美贝叶斯推理等使投资者对趋势认知在不同时期的效果不同。在趋势形成初期，价格波动刺激效果较小；而在市场趋势运行的末期，效果明显放大，使动能显著增加，这些现象使价格波动产生了动能。动能有助于市场维持趋势惯性，在某些因素如市场持续长时间上涨（或下跌）、突发事件、市场“主力”操作行为等因素的刺激下，动能有可能出现集中释放的现象，导致市场出现最后的疯狂，相关内容在第八章探讨。

（三）弹性系统阻力与流动性

市场价格波动必然导致资产重新分配，由此产生了市场交易者不同的心理、行为特征。包括交易者盈利时的落袋为安倾向，价格波动后觉得会有“便宜了”或“贵了”的想法等产生的价格效应使投资者乐于逆势交易，这些因素使价格波动时产生了系统阻力。充足的市场流动性可以有效地克服这些阻力，促进价值发现进程，若流动性不足，市场则会维持小区域波动，但是，随着影响因素的变化，可能导致价格与价值偏差不断扩大，这时则吸引“价值发现者”的介入，流动性随之放大，市场进入价值发现的运行趋势中。价格波动阻力大小主要受投资者结构和市场状态两大因素影响，当市场处于牛市时，市场缺乏动量交易者，技术分析派也没有倾向性交易策略，这时市场价格波动阻力较大；相反，趋势波动时，市场阻力较小，与物理学的静态摩擦力大于动态摩擦力极为相像。虽然市场流动性与波动阻力最终不决定价值，但仍然是影响价格波动状态的重要参数，相关内容在第六章详细探讨。

（四）博弈的外力

股票、期货交易的博弈特征都十分明显，期货市场更加突出。市场参与者，特别是机构参与者，以资金和人才做后盾，利用信息的不对称、交易规则的缺陷、实力的相对优势等有利地位，通过适当的博弈策略与行为来影响或控制期货价格，以实现其最终盈利为目的。期货市场的操纵行为经常发生在交割期比较近的合约。从模型来看，操纵市场，要克服值为 $K_e\Delta P_i$ 的回归均衡的力，时间越长，其克服回归所需的能量就越大，因此，选择离结算时间比较近的交易合约作为博弈的对象易于成功。在期货历史上，典型的是在临近交割期的“多逼空”模式。另外，在临近交割期，多头融资较易，而空头由于时限问题，组织仓单而较难，对多头来说是居“险地”之地利，因此，这样的博弈若无外界的干预，在持仓量大时，多头很容易取胜。

中国期货史上，绿豆、红小豆等小品种，上演了大量的这样的博弈行为。几乎所有期货交易所都有对违规操纵行为进行处罚的记录，这充分证明了博弈的客观存在。除被处罚的严重操纵行为外，大量的操纵行为是隐蔽的或轻度的，回避了监管部门的干预或处罚，仍对市场价格有明显的影响。所以，市场参与者的博弈行为，也是影响价格波动的一个力量。事实上，中国是崇尚谋文化的国家，谋略研究博大精深，应用到期货博弈上可得到有益的启示。例如，借鉴《孙子兵法》的地形篇，便可以有效地把握交易环境，指导博弈策略的选择与应用。有关博弈产生的推动力将在第七章中进行详细探讨。

四　弹性系统模型的数学表述

从系统模型的构建及各因素的概要分析可以看出，股票、期货市场价格波动弹性系统模型可以用价格波动主要特性——波动趋势 ψ_{pi} 进行分析判断，同时，还可以分析预期幅度 λ_{pi}、波动速率 v_{pi} 与周期 ω_{pi} 等描述，参照弹性系统动力学原理和期货运行规律，其函数描述如式（4－1）所示，这也是弹性系统模型的基本表达式。

$$\begin{cases}\psi_{pi}=f(\sum F_j,\ K_e,\ \Delta p_i,\ \mu_1,\ \mu_2,\ E_{pi},\ \xi)\\ \lambda_{pi}=f(\sum F_j,\ K_e,\ \mu_2,\ E_{pi},\ \xi)\\ \omega_{pi}=f(\sum F_j,\ K_e,\ \mu_1,\ \mu_2,\ E_{pi},\ \xi)\\ v_{pi}=f(\sum F_j,\ K_e,\ \mu_1,\ \mu_2,\ E_{pi},\ \xi)\end{cases}\qquad(4-1)$$

式中，$\sum F_j$ 表示博弈等外力合力。Δp_i 表示市场偏离有效市场条件下的均衡价格，K_e 是反映市场有效性的变量，μ_1、μ_2 分别表示市场克服价格波动的静态和动态阻力系数，与物理学的运动摩擦类似，当价格波动无趋势性时，类似物理学的静态，这时的价格波动的静态、动态阻力系数 μ_1 较大；相反，当价格趋势性波动时，类似物理学的动态，这时价格波动的阻力系数 μ_2 较小。E_{pi} 表示市场的市场价格趋势性波动时系统的动能。ξ 表示随机扰动因素。这些变量相互作用、关系与特性与物理学的弹性系统模型类似，价格推动力的大小、价格波动方向与概率分布等与弹性系统中的线性谐振子中对应参数的特征也很类似，因此可以在弹性系统的架构中综合把握各变量对市场的影响。

第四节 弹性系统模型的功能

一 弹性系统模型可有效地解析多变复杂的股票、期货价格波动现象

现代金融学饱受质疑的重要问题是它不能对很多市场现象自圆其说，行为金融学就是针对其这一弱点而发展起来的。那么，弹性系统模型能否有效地解释常见的市场现象是反映其完善性的基础指标。当然，股票、期货市场价格波动表现比较丰富、复杂，这里选择几个有代表性的市场现象，从弹性系统模型角度进行解释说明。例如，整盘区间维持是由于市场静态阻力较大，是市场的状态容易维持；若突破原有的特征，需要克服较大的市场静态阻力，外部推动力必须达到一定程度方可实现，所以，市场突破一般伴随成交量的放大；超涨与超跌主要是由于价格趋势性波动过程集聚了动能，动能释放推动价格的波幅超过均衡位置，导致超涨或超跌；期货价格波动过程中也常出现突然加速现象，造成这种现象可能是博弈力量的突然变化或是市场突发信息刺激等因素造成的；市场也常出现趋势突然逆转的情况，造成这种现象可能是博弈力量过于强大、突发信息强力刺激等都可能引发这种的现象。当然，市场是复杂多变的，弹性系统模型充分挖掘了这些复杂的影响因素，在解释市场现象方面游刃有余。

二 应用弹性系统模型分析预测期货市场波动主要参数

从式（4－1）可以看出，弹性系统模型可以通过市场因素分析期货价格波动趋势，波动幅度、周期、速率等参数，其核心指标为价格波动趋势，通过模型求解可以进行相关预测，详细探讨放在第九章。

第二篇　弹性系统模型的主要参数分析

第五章　弹性系统的内在引力

弹性系统模型的分析研究首先是要对主要影响参数进行剖析，这些参数主要包括弹性系统的内在引力、弹性系统阻力、弹性系统的外力——市场领导竞争者博弈推动力及弹性系统的动能这些因素。弹性系统的内在引力的决定因素主要有两个：一个是引力源——趋于有效市场的市场均衡，另一个是市场有效程度决定的系统弹性系数。

第一节　市场均衡价格

一　趋于有效市场均衡——理想有效市场均衡

有效市场相关理论是均衡价格分析的基础，但饱受质疑，实际应用困难较多，没有得到有效的应用，虽然行为金融学对有效市场假说提出很多质疑，但未能建立与之抗衡的理论，所以，市场有效性的相关理论与实践仍保持较强的生命力。

本书提出的趋于有效市场假说认为，市场满足下列条件时期货市场将会达到一个理想的均衡状态：市场信息是充分的、对称的；人们对信息的把握能力是足够的，即能正确利用信息做出正确判断；参与者交易是出清的；且市场参与者不试图通过博弈行为影响市场价格。这与有效市场假说的强势有效定义基本一致，主要从市场状态角度界定市场理想的均衡。当价格偏离均衡位置时，市场便内生向均衡位置回归的引力，这个引力的大小与市场效率有关。

实证研究可以看出引力的来源，在对投资问题的调查中，回答问题7而选择C（技术分析法为主辅以基本分析法）、D（基本分析法为主辅以技术分析法）答案的占主流，所占比例超过八成，这种明确基本分析法作用的在投资者访谈中发现，除了少数进行套利交易的投资者，都会关注交易对象的理想均衡价格或真正“值”多少，这也是内生引力的根源，为了把握这种引力，均衡价格的分析是前提基础。

二 股票价格形成理论

股票价格，最直观的定义就是公司单位股份未来收益的折现值，在此基础上，根据假设状态的不同，分为无风险假设下的定价理论与风险条件下定价理论等，特殊政策环境下其他附加值，如中国 A 股市场上的“壳价值”等。这些价格形成理论是均衡价格的重要理论基础，由于相关理论比较成熟、完善，这里不再重复。

三 期货价格形成理论

期货价格形成问题是期货市场的基本问题，一定程度上决定着期货市场的特性与运行效率。随着期货市场的发展，有关期货价格形成的学术研究也逐渐深入，当前主要形成了持有成本理论与正常升贴水理论两大理论体系。持有成本理论基于持有成本的研究，界定期货价格与现货价格之间的关系。在完全市场且无套利机会的条件下，持有成本理论认为，某商品的期货价格等于该商品当前的现货价格，加上该商品从现在起储存至最后交割日的持有成本，然后减去持有该商品可能获得的便利收益；而升贴水理论认为，某商品的期货价格等于投资者对该商品最后交割日现货价格的预期价格与风险报酬之和。这两种理论基于完全不同的角度来描述期货市场价格形成机制。

（一）持有成本理论

假设在完全市场的假设下，即不存在交易费用、不存在做空限制及借贷限制，也不存在市场摩擦的条件下，持有成本理论认为，商品的期货价格等于该商品的现货价格加上将该商品从现在起储存至交割日的持有成本，即：

$$P_{t_i,T} = S_T(1+c) \qquad (5-1)$$

式中，$P_{t_i,T}$表示交割日为 T 的某商品在 t_i 时的期货价格，S_T 表示该商品在 T 时的现货价格，c 表示将该商品在 t_i 至 T 时的储存单位成本费用，c 主要包括仓储、运输、保险及利息四部分费用。持有成本理论本质上是通过持有成本，无套利机会把期货价格与现货价格成功地联系在一起。

事实上，在期货市场上，经常出现期货价格低于现货价格的现象，这是持有成本模型无法进行解释的现象。例如，卡尔多（Kaldor）提出了市场投机可能导致的期货价格较低问题①，沃金·霍尔布鲁克（Working Holbrook）在1948年的研究发现期货市场负运输成本的问题②，次年又探讨期货市场储存价格与期货价格的关联问题③，布伦南（Brennan）提出了期货仓单负持有成本问题④，特尔泽（Telser）探讨了期货仓单仓储中便利收益的概念，并对传统的持有成本模型进行了修正。⑤ 基于以上这些研究成果，持有成本模型变为：

$$P_{t_i,T}=S_T(1+c)-W_i \tag{5-2}$$

式中，W_i 表示便利收益。便利收益是指持有实物商品可能带来的便利或收益，即满足未预期的需求而产生的便利。例如，如果投资者在某一特定时刻，愿意支付超额的报酬以拥有某一商品，这时该商品具有便利收益，因此，便利收益实质上为负的持有成本。当市场出现价格倒置——期货价格低于现货价格时，说明现货市场需求旺盛，现货供应紧缺，持有现货存在便利收益，即这时现货价格中包含便利收益。持有成本理论试图通过持有成本和便利收益把期货价格与现货价格联系在一起，给出了期货定价思路，但是，其显然隐含着前提：完全市场和无套利机会，而实际市场很少情况下才会符合这样的假设。

---

① Kaldor, N., "Speculation and Economic Stability", *Review of Economic Studies*, 1939 (7), pp. 1-27.

② Working Holbrook, "Theory of the Inverse Carrying Charge in Futures Markets", *Journal of Farm Economics*, 1948 (30), pp. 1-28.

③ Working Holbrook, "The Theory of Price of Storage", *American Economic Review*, 1949 (39), pp. 1254-1262.

④ Brennan, Michael J., "The Supply of Storage", *The American Economic Review*, 1958 (48), pp. 50-72.

⑤ Teller, L. G., "Futures Trading and the Storage of Cotton and Wheat", *Journal of Political Economy*, 1958 (66), pp. 33-55.

（二）正常升、贴水理论

期货价格的正常贴水理论是由约翰·梅纳德·凯恩斯（John Maynard Keynes）提出的。凯恩斯认为，期货市场上的套期保值者处于净空头位置，期货价格将低于最后交割日现货价格的预期价格，由于随着最后交割日的临近，期货价格与现货价格最终将趋于一致，因此，随着最后交割日的临近，期货价格相对于最后交割日现货价格的预期价格将呈现上升趋势，上述这种现象被称为正常贴水。① 自凯恩斯提出正常贴水假设后，引起了研究者的兴趣，一些学者进行了实证研究。例如，特尔泽通过模型探讨存货数量与预期价格变动、仓储费用、便利收益之间的联系，并对小麦与棉花期货的升贴水问题进行了实证研究，但未发现小麦和棉花的期货价格存在凯恩斯所说的正常贴水。特尔泽进一步指出，投机者参与期货市场是自愿行为，套期保值也无须风险补偿，期货价格应该是交割日现货价格的无偏估计量。

另外，库特纳（Cootner）对特尔泽的研究方法和研究结论提出了质疑，并重新进行了相关研究，结果发现，小麦和棉花期货存在正常升水，同时将凯恩斯正常贴水理论进行了延伸，库特纳进一步指出：凯恩斯把套期保值局限于净空头套期保值是片面的，净多头套期保值也同样存在，若套期保值者持有净多头头寸，相对应的是投机者持有净空头头寸，净多头的套期保值者为吸引投机者进入市场交易，则会以比最后交割日现货预期价格高的价格购买期货合约。随着交割日的来临，期货价格与预期的交割日现货价格之差将会收敛，这种现象被称为正常升水。② 一般来说，期货市场正常贴水与正常升水理论统称为风险报酬理论。

此后，大量学者对期货市场升、贴水问题进行了论证分析，例如，卡特、劳泽和施米茨（Carter，Rausser and Schmitz）等从资产

---

① John Maynard Keynes, *A Treatise on Money*: *Volume 2*: *The Applied Theory of Money*, London: Edition Macmillan Co., Limited, 1930.

② Cootner, Paul H., "Returns to Speculators: Telser vs Keynes", *Journal of Political Economy*, 1960 (68), pp. 396-404.

组合与延期交割角度[1]，马库斯在此基础上进行了更细致的探讨[2]；杜萨克（Dusak）从期货风险贴水角度[3]，博迪和罗桑斯基（Bodie and Rosansky）从日用品期货角度[4]，哈茨马克（Hartzmark）从个体交易者角度[5]，埃尔哈特、乔丹和沃克林（Ehrhardt，Jordan and Walkling）从套利角度[6]等方面，应用或构建多种模型对期货价格的升贴水问题进行了实证研究，得出了许多不一致乃至相互矛盾的结论，实际上，自凯恩斯提出正常贴水假设后，就一直存在争论，到目前为止，期货价格的升贴水问题尚无明确结论。

第二节 趋于有效市场的均衡分析——基本分析法

一 基本分析法概述

基本分析法也称基本因素分析法，据中国期货业从业考试资料[7]给出的定义，基本分析法是从商品的实际供给与需求对商品价格的影响这一角度进行期货价格分析的方法。这种分析方法主要关注国家的有关政治、经济、金融政策、法律、法规的制定与实施及商品的生产量、消费量、进出口数量等因素对商品供求状况产生的

① Carter，C. A.，Rausser，G. C. and Schmitz，A.，"Efficient Asset Portfolios and the Theory of Normal Backwardation"，*Journal of Political Economy*，1983（91），pp. 319 - 331.

② Marcus，A.，"Efficient Asset Portfolios and the Theory of Normal Backwardation：A comment"，*Journal of Political Economy*，1984（92），pp. 162 - 164.

③ Katherine Dusak，"Futures Trading and Investor Returns：An Investigation of Commodity Market Risk Premium"，*Journal of Political Economy*，1973（81），pp. 1387 - 1406.

④ Bodie，Z. and Rosansky，V.，"Risk and Return in Commodity Futures"，*Financial Analysts Journal*，1980（4），pp. 27 - 39.

⑤ Hartzmark，M. L.，"Returns to Individual Traders of Futures：Aggregate Results"，*Journal of Political Economy*，1987（95），pp. 1292 - 1306.

⑥ Ehrhardt，M. C.，Jordan，J. V. and Walkling，R. A.，"An Application of Arbitrage Pricing Theory to Futures Markets：Tests of Normal Backwardation"，*Journal of Futures Markets*，1987（7），pp. 21 - 34.

⑦ 中国期货业协会：《期货市场教程》（第六版），中国财政经济出版社2009年版。

直接或间接影响。影响商品价格波动的主要因素是市场供应和需求，任何减少供应、增加消费的因素，必然导致价格上涨；反之，那些增加供应、减少商品消费的因素，则会导致价格下跌。另外，随着经济的发展，有些非供求因素对期货价格的变化也起着重要作用，因此，市场分析变得更加复杂，预测可靠性受到挑战。一般来说，影响价格变化的基本因素主要包括以下八个方面：

（一）供求关系

期货交易源于市场经济，其价格变化受市场供求关系影响。表现为：供大于求时，期货价格下跌；相反，期货价格则上升。

（二）经济周期

期货市场与现货市场一样，其价格变动受经济周期的影响，高涨期期货价格一般会上涨，而衰退期期货价格则下跌。

（三）政策法规

各国政府政策、法规也可会对期货价格产生影响。

（四）政治因素

期货市场对政治事件也比较敏感，不同的政治性事件对期货价格会造成不同的影响。

（五）社会因素

社会因素主要是指公众观念、社会心理、公共信息等影响因素。

（六）季节性因素

有些期货商品，特别是农产品，其季节性特征鲜明，成为难以忽略的要素。

（七）心理因素

心理因素主要是指交易者对市场的信心状态。在乐观状态下，心理因素会成为期货价格上涨的推动力；相反，则会推动期货价格下跌。

（八）金融货币因素

主要包括如通货膨胀、货币汇价以及利率等因素，这些因素的波动对期货价影响也是明显的。

二　基本分析法分析影响因素的整合分析

基本分析法在股市、期货分析中得到了广泛使用，在相关的市场调查中发现，不使用基本分析法的比例不到10%。基本分析法应用方面的学术探讨也比较活跃，例如，李临宏探讨了基本分析法在棉花期货业务中的运用问题。[①] 基本分析法的核心因素是供求关系，相关供求关系的应用与实证研究也比较活跃。例如，陈永福、钱小平、罗万纯对2005—2010年中国大米供求的预测分析[②]，丁声俊在中国粮食供求平衡与市场价格方面进行了分析论证[③]，张浩然探讨了我国稻米供求平衡分析并进而展望了价格趋势[④]，朱行也基于基本分析法探讨了2003年度世界大米供求问题[⑤]等，这些研究方法大都从供求关系角度研究了相关问题，理论与方法基本一致，也说明基本分析法基本成熟。

一般来说，在识别影响商品价格的主要要素时，以细分的八大要素为基础，寻找主要影响要素展开分析，不同商品各有特殊性，也不一定拘泥于这些细分方面。以石油为例，首先罗列所有相关因素，通过学术文献检索、专家评论与市场调研等方法筛选主要要素，得出影响石油价格的主要因素，这些要素及其作用如图5-1所示。其中，

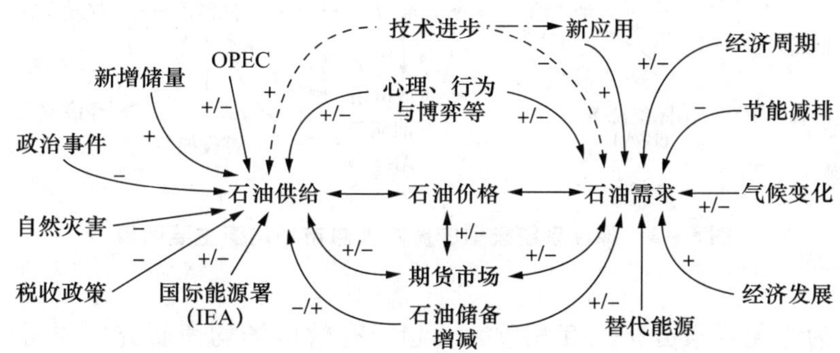

图5-1 影响石油价格的主要因素

① 李临宏：《浅议基本分析法在棉花期货业务中的运用》，《中国棉麻流通经济》2008年第3期。

② 陈永福、钱小平、罗万纯：《2005—2010年中国大米供求预测》，《新疆农垦经济》2006年第9期。

③ 丁声俊：《中国粮食供求平衡与市场价格分析》，《农业展望》2005年第3期。

④ 张浩然：《我国稻米供求平衡分析及价格展望》，《粮食与食品工业》2005年第3期。

⑤ 朱行：《2003年度世界大米供求展望》，《粮食与油脂》2003年第2期。

+表示促进增加，-表示促进降低，+/-表示不同情况下表现出不同的作用，如气候变化，气候变暖时降低石油需求，气候变冷时增加石油需求等。当然，各要素之间也存在关联关系，这里不再深入讨论。通过影响要素细化，不同时期找出主要矛盾，重点分析与全面分析有机结合，以准确把握供求关系及平衡价格。

三　弹性系统模型对基本分析法内容的界定

弹性系统模型把影响期货价格的因素细分为趋于有效市场均衡的引力、市场领导竞争者的博弈合力、市场动能、市场阻力及随机扰动等要素。如图5-2所示。

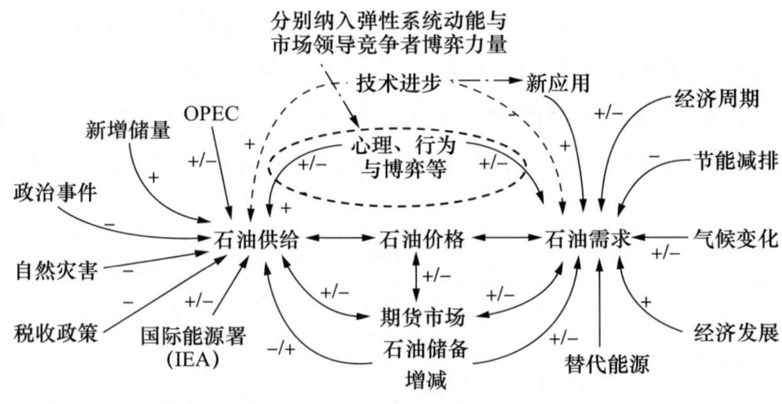

图5-2　弹性系统模型的影响理想市场均衡主要因素

为避免要素分析的互相重叠，趋于有效市场均衡研究主要考虑理想市场状态下的均衡问题，而市场博弈力量，交易者的心理、行为等因素归入其他分析要素。因此，不考虑这些基本分析法中“人为”要素，而主要关注那些决定“理想状态”市场均衡的要素。

四　信息与信息处理是基本分析法的基石

（一）信息获取是基本分析法的基础

基本分析方法的理论基础与主要影响因素都是经济研究的主要内容，理论基础扎实，影响广泛也很容易理解。但有效信息不足与信息爆炸之间的矛盾，使信息获取与信息筛选成为有效利用基本分析法的基础。图5－2所示的要素内容十分丰富，某个时期某些要素作用可能是主导因素，另一个时期可能成为可忽略要素，使信息筛选十分复杂。针对信息不足问题，机构投资者一般通过市场调研来弥补，而中小投资者受成本限制则处于劣势；针对信息时代的信息泛滥，在信息的汪洋中找到有价值的信息，需要提高识别能力。

（二）信息处理能力是稀缺资源

即使有充足的信息，也不一定能够准确把握市场，期货历史上重大事件背后往往隐藏着机构投资者运用基本分析法分析的结果存在矛盾，而他们获得信息的能力是毋庸置疑的，从而凸显出信息处理能力的差异，可以判断，信息处理能力是稀缺资源。

“3·27”国债事件的背后体现了运用基本分析法结论的对立。“3·27”国债事件的交易标的为93（3）国债，其发行额为240亿元。[①]“3·27”国债主要活跃期货合约是1996年6月交割的，因此，1996年的国债市场相关问题成为关注的焦点，但是最核心的分歧在于对93（3）国债是否应该实施保值贴补的问题。而1996年我国国债将实施市场化发行，财政部发行任务为1952亿元，即比1995年增长了33%。[②]基于这样的信息，有很多人认为，对93（3）国债是利空，其理由很简单，国债供给增加了，在新纪元期货的一次研讨会上，持该观点的比例很高，当时，笔者便给出了完全相反的结论，理由是93（3）国债与新发行国债不是“同质的”，因为93（3）行将兑付，与新发行国债有本质区别，由于1996年需要大幅扩大国债发行量，因此，必要提高国债的吸引力，其有效措施之一便是维护国债的“金边债券”的美誉，不能使它的收益比同期银行存款少，因此必须进行保值贴补，否则，金边债券美誉不在，1996年国债发行任务则很难完成。后来从相关评论文章看到，当时市场多空两大阵营的分歧就是上述分歧，空头失败与对基本信息处理失误有极高的关联，甚至时至今

---

① 习人：《“3·27”事件》，2008年12月17日，http：//www.china.com.cn/news/txt/2008－12/17/content_16960978_2.htm。

② 高坚：《我国国债市场的回顾和展望》，《金融研究》1997年第3期。

日，仍有人对财政部当时给予保值贴补的决定颇有微词。

信息处理与考试难得满分一样，也很难达到准确无误的境界，但通过信息分析，能够接近理想的市场均衡价格，即可以认为是成功的。信息处理能力可以通过理论学习与实践锻炼得以提高，无论是个人投资者还是机构投资者，都需要不断地提高信息处理水平，促进行业整体水平的提高，进而提高国际竞争力。

五 均衡价格分析理论

（一）基于价格弹性分析的均衡价格研究

1. 价格弹性的定义

高鸿业主编的《西方经济学》[①] 中将价格波动弹性的定义分为需求价格弹性和供给价格弹性，其定义如式（5－3）所示。

$$\begin{cases} e_d = -\dfrac{dQ}{dP} \cdot \dfrac{P}{Q} \\ e_s = \dfrac{dQ}{dP} \cdot \dfrac{P}{Q} \end{cases} \tag{5-3}$$

式中，e_d、e_s 分别表示需求价格弹性与供给价格弹性，P 表示价格，Q 表示供给或需求数量。

2. 价格弹性分析的意义

在价格分析预测中，研究价格弹性的主要目的是通过分析市场需求或供给变化，研判、预测价格变化问题。这里涉及的主要是供给或需求变化，即变化量的概念。在复杂的基本因素中，明显变化的肯定只是一部分因素，所以，涉及的信息量得以减小，分析问题简单化，难度也因此较低。因此，与基本分析法需要对各种因素进行综合分析相比，基于价格弹性的价格波动趋势分析更简单实用。一般来说，研究价格变化是基于原有的价格基础进行研究的，对原有价格的正确认识是成功的前提，例如，原有的价格是否偏离均衡、其正常波动区间在什么范围等。

3. 价格弹性分析的两个重要问题

由于价格弹性分析是成熟的经济学理论，相关资料比较丰富，这

---

① 高鸿业主编：《西方经济学》，中国人民大学出版社 2001 年版。

里不展开探讨，不过，以下两个问题仍然值得关注。

（1）价格弹性的变化性。价格弹性随着经济环境的变化而变化。例如，粮食价格弹性一般认为是较稳定的，但匡远配、胡秀琴①通过对1978—2007年中国粮食供求价格弹性的实证分析发现，2000年后，中国粮食需求价格弹性出现显著波动的特征。所以，在以价格弹性为基础进行价格波动预测分析时，要关注价格弹性变化情况，根据价格弹性出现的变化，应进行相应的调整。

（2）价格波动导致需求方总支出的波动程度是决定需求弹性的重要指标。2000年以后，国际大宗商品价格都出现了不同程度的上涨，有的涨幅巨大，很多分析师都感觉到出乎所料，特别是价格出现快速、大幅上涨时，更是不知所措。这主要涉及某些大宗商品需求弹性分析问题。以铜为例，在2005—2006年价格暴涨时，其背景是国际铜供应出现缺口，这时只能通过价格上涨来降低需求以达到新的平衡，价格上涨的幅度主要由铜需求弹性决定。一般来说，需求方承受铜价上涨的能力强，需求弹性则小；相反，弹性就较大。研究铜需求方承受能力，应主要考察铜价上涨对需求方影响的程度，从铜的消费来看，铜以电线电缆、家用电器和建筑装潢为三大主要消费市场，电线电缆属基础设施，弹性较小，家用电器中，铜占总成本的比例较低，用量较大的冰箱也不超过10%，建筑装潢中，铜的用量在装潢装修的总成本中所占比例较低，在买房+装潢的总成本中所占比例更低，铜价上涨，这三大主要消费市场都不敏感，因此，铜的需求弹性较小，在供给不足的背景下，引发价格上涨的幅度可能较大。同样，分析可以发现石油的弹性与铜类似。近年来，小品种农产品暴涨，如大蒜价格暴涨，主要是大蒜的消费量在居民饮食中所占比例极低，供给不足而弹性很小，是价格上涨的主要经济原因。当经济因素变化导致供给不足时，要特别警惕弹性小的商品价格的大幅上涨。

（二）基于边际替代的博弈分析方法

博弈论相关讨价还价理论认为，谈判力是边际贡献决定的，不是

---

① 匡远配、胡秀琴：《我国粮食供求价格弹性实证分析》，《经济问题探索》2010年第2期。

技术上的重要性决定的，即“物以稀为贵”。基于这种认识，我们可以理解很多投资者的困惑——价格变化比供求变化剧烈得多，如 2016 年 9—11 月焦煤和动力煤价格的剧烈波动，这期间供给及需求分别下降约 10% 与 5%，但现货、期货价格上涨了两倍左右。基于政治经济学等价格围绕价值波动理论是很难理解的，另外，经济学供需平衡相关理论中，供给、需求曲线都是比较平滑的，很少人从这些图形中能够理解价格的剧烈波动。

基于边际替代博弈可以解释这种现象。一般来说，边际替代博弈的定价相关理论认为：市场上，定价权是边际贡献决定的，而不是技术上的重要性决定的，即“物以稀为贵”。相关理论比较抽象，举例来说，假如供求平衡状态下，市场分别有 100 个供应与需求单位，供给者不会停产减少供给的条件是商品价格小于 10 个货币单位，需求者在价格不大于 100 个货币单位时不会减少需求，如果买卖双方其他谈判力基本对称，那么市场可能在 55 个货币单位附近达成平衡价格，如果供给增加 1 个货币单位，需求不变，新的均衡会在哪里？价格最终将暴跌到 10 个货币单位，凭直觉很多人不会得出这种结论，这种情况出现后，供给方总有一个单位卖不出去，卖不出者在高于 10 个货币单位前总会寻求通过更低的价格竞争，卖出自己的商品，或者买方总能找到更接近 10 个货币单位的替代供应者，直到价格到 10 个货币单位，这时买方才找不到更低价位的供应者，形成新的平衡。另一种情况是，如果需求增加一个单位，而供应不变，同理，价格将推升至 100 个货币单位，可见供需平衡打破后，价格波动是比较剧烈的，如果从供大于求演化到供不应求状态，上述假设条件下，供需变化仅 2%，价格会从 10 个单位涨到 100 个单位，上涨 10 倍。这种分析方法，可以有效地解释价格周期性的剧烈波动。一般来说，在供不应求状态下，供给端企业盈利丰厚，集聚了较强的经济实力，在供求逆转的情况下，有些企业有很强的低价承受能力，如 2014—2015 年煤炭供过于求价格下滑过程中，由于受煤炭行业黄金十年的积累，大量的上市煤企在定期报表中表示要通过提高市场占有率来保持盈利能力而不是收缩，导致煤炭价格跌到大大低于成本的水平，在 2016 年供给侧结构性改革见效，供需形势逆转，短短几个月，煤炭价格上涨数倍，应用这一理论可以分析、理解相关现象。

第三节　市场有效程度——系统弹性系数决定基本分析法效率

一　理想市场均衡、认知市场均衡与价格的关系

理想市场均衡是指满足 TEMH 均衡条件的市场均衡，由于市场投资者对信息的掌握和处理与理想状态有差异，市场投资者认知的主观均衡称为认知均衡。事实上，无论是理想市场均衡还是认知市场均衡，投资者对市场价格的判断都是不一致的，这种认知分布在一定区域，其中心位置就是对应的均衡值。

市场认知均衡，随着信息的广泛传播，基于信息的理解、判断日趋正确，其将向理想均衡回归，但这种回归并不一定是简单地向理想均衡移动，其过程可能是复杂的，如图 5-3 所示，其方式有可能是回归方式 1 所示的直接向均衡位置回归，也可能是方式 2 所示的，先向更远的位置移动，之后在向理想均衡位置回归。当然，还有其他不同方式，但无论形式如何曲折复杂，总的趋势仍然是向理想均衡回归，即市场理想均衡具有牵引认知均衡回归的内在力量。

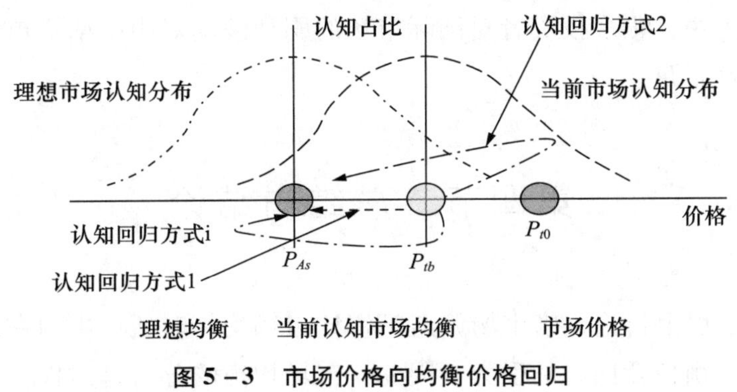

图 5-3　市场价格向均衡价格回归

对市场价格产生直接内在引力的是市场认知均衡，若市场价格与之偏离，这时存在认知均衡对市场价格的引力。如图 5 - 3 所示。若理想市场均衡价格为 P_{As}，认知市场均衡价格为 P_{tb}，市场价格为 P_t，则 P_{As}对 P_{t0}的吸引作用表现为：P_{As}吸引 P_{tb}，回归到理想均衡价格，P_{tb}吸引 P_{t0}回归到市场认知均衡。

二 影响系统弹性系数 K_e 的两大要素

从以上分析可知，理想市场均衡对市场价格的引力系数——系统弹性系数 K_e，主要取决于两大要素：一是市场参与者的认知能力，包括信息的获得与处理能力；二是市场认知价格与对实际价格的内在引力特征，即投资者判断均衡价格与行为之间的关系，简单地说，是基于认知的行为特征：市场投资者知道价格应该是多少后采取行动的时间特性与强度特性等。时间特性是指当投资者认知到价格偏离后，基于此信息进行交易的效应时间长短；强度特性是指受此认知影响的交易数量的多少。显然，市场参与者获得信息越容易，处理信息的能力就越强，对自己的判断有足够的信心并及时进行相关交易，这时 K_e 值较大，市场较为理性，从市场有效假说角度看，其强度较高。相反，K_e 值较小，市场表现为非理性或市场无效。中国股市从 2005 年股改及基金大发展之后，机构投资者发生了明显变化，机构投资者比例提高，其信息收集与处理能力较高，整体上改善了投资者结构，K_e 值明显提高，市场有效性程度也明显提高，一改之前的“赌场论”。当前，中国期货市场与国际市场联系越来越紧密，有效性程度不断地与国际接轨，但中国期货市场投资者的结构仍以资金规模较小的个人投资者为主，很多投资者对国际市场的剧烈波动对中国期货市场影响的适应性不足。

第四节 总结与结论

综合以上讨论，当市场偏离 TEMH 市场均衡时便产生内在的吸引价格向均衡位置回归的引力，因此，市场均衡的分析是前提，研究市场均衡可应用基本分析法，通过对影响因素的研究探寻均衡价格，也可以应用价格弹性分析，从增量角度分析判断市场均衡的变化。影响价格偏离均衡的回归引力的另外一个重要因素是市场弹性系数 K_e，弹性系数主要由投资者的认知能力及基于认知的行为特征。市场信息传播效率越高，投资者基于认知的交易越活跃，市场弹性系数越大，有效性程度就越高。当市场有效性程度较高时，系统均衡对市场的引力较大，成为决定价格的主要矛盾，这时应用基本分析法进行均衡分析，市场价格将向均衡价格靠近，基于此的趋势判断成功率较高；相反，当市场有效性程度较低时，市场均衡的引力较弱或回归过程曲折漫长，这时应用基本分析法分析市场的可靠性较低，必须依据市场价格波动的主要动力源进行分析，市场均衡分析则不是主要矛盾。中国期货市场的发展过程也反映了这一判断，早期期货市场由于品种选择失当、制度建设不配套、少数机构投机过度等特点，市场均衡分析成功率的可靠性受到挑战，当市场日益完善时，市场均衡的内在引力在逐渐趋强，重要性不断提高，在股票、期货价格波动分析中越来越重要。

第五节 专题讨论：信息收集、正确性评估与调研验证

案例：上市公司研究报告与上市公司调研验证

大部分投资者的信息来源于公开的研究报告、市场信息等，但是，信息量非常丰富，各种信息关系复杂，有的信息指向一致，有的相互矛盾，大家看股票报告，不同渠道、不同的发言人之间也缺乏协同性，很多人看了这些信息更是一头雾水。所以，信息的整合、加工处理非常重要，不能简单地照单全收。有些公开发表的研究报告，对重要的信息要进行第三方验证。下面是一个研究报告及其验证的案

例，希望投资者得到启发。

报告名称：变电工硅料成本下降超预期

报告来源：www.eastmoney.com 2013 年 1 月 18 日 05：54 申银万国

信息网址：http：//finance.eastmoney.com/news/1349，2013－01－18.269011094.html

以下是报告的内容：

我们推荐特变电工（行情、股吧、买卖点）股份有限公司（特变电工：600089）的核心逻辑是晶硅价格出现反弹和公司多晶硅新线的成本下降超预期。

我们预计特变电工 2012—2014 年 EPS 为 0.45 元、0.58 元、0.70 元，对应的 PE 为 16.7 倍、13.0 倍、10.8 倍。鉴于公司传统业务能支撑目前市值，而多晶硅的成本降低完全超出市场预期，并且由于成本将降至全球最低，可以给予估值溢价，我们将特变电工上调至“买入”评级。

多晶硅价格出现反弹

近日多晶硅价格开始反弹，从最底部的 110 元/千克（15 美元/千克）已经提至 125 元/千克（17 美元/千克），保利协鑫率先引领提价，目标是春节后提至 150—180 元/千克（20—25 美元/千克）。此轮价格上涨的主要原因是供给面的受限，此外，需求也略有好转。我们预计价格上涨具有可持续性，涨价之后，价格阶段性（半年到一年期）维持在 20 美元/千克以上的概率大，我们预计全年均价在 23 美元/千克左右。

价格反弹主要是因为供给受限、国外进入受限、国内产能关停。

多晶硅是光伏制造环节中去产能化最快速的环节，主要原因是成本差异大（18—40 美元/千克），折旧成本占比高（约占 30%），关停后开启困难（重启成本高，时间需要半年以上，关停期间生产线容易生锈，生产线因此而废弃）。在多晶硅价格近半年都低于大多数企业23美元/千克的现金成本的情况下，大量企业关停，尤其是国内企业。

目前，国内大部分企业的产能都关停，仅有保利协鑫（产能6.5万吨，下半年开工率不足五成）、特变电工（3000吨）、亚洲硅业（2000吨）仍在开工。保利协鑫已经没有库存。二线企业南玻、重庆大全、赛维LDK、洛阳中硅等都已经关停，三线企业乐电天威、天威四川硅业、新光硅业等早已关停。

2012年，国内多晶硅总产量预计不足5万吨（保利协鑫前三季度为3.3万吨，全年不到4万吨，其他企业1万吨左右），下半年尤其处于产量收紧的状态。

在国内供应有限的情况下，国外的硅料进入国内已经面临限制。按照计划，中国将在2月20日针对国外硅料“双反”做出初裁，预计税率将达45%左右，并且存在3个月的追溯可能性。

综合而言，当前多晶硅价格已经从底部的15美元/千克涨至17美元/千克，我们判断，未来价格能涨至20—25美元/千克，并能阶段性维持住。

价格的预测非常困难，从我们的判断来看，我们认为，2013年均价在23美元/千克概率高。原因在于，低于20美元/千克，龙头企业都会亏损，高于25美元/千克，很多关停的产能又会开启。综合而言，我们认为，23美元/千克是一个标准线，是2013年均价的位置。这是因为：

（1）从成本来看，瑞能、赛维LDK、大全的老线等一大批企业普遍现金成本都在20美元/千克，是一道明显的分界线。

（2）从供需来看，现金成本低于20美元/千克的企业包括国外的主流企业产能共计17.6万吨，国内的企业仅有保利协鑫、特变电工以及技改后南玻的生产线和大全的新线，国内产能共计10万吨。扣除全球半导体6万吨的多晶硅需求，实际供应到光伏级的有效产能在22万吨，基本与全球光伏级多晶硅需求（40GW，每瓦5.3克）持平。

拥有自备电厂拉低成本

多晶硅的电耗在成本中占比很高，以保利协鑫为例，电耗占比基本在30%左右。国内目前主流的多晶硅企业在东部和中部，工业电价基本在0.6元/千瓦时左右，如果能在西部获得煤炭资源建自备电厂，电价能低至0.2元/千瓦时，假设多晶硅的电耗为100千瓦时/千克，仅电耗的节省就达6.3美元/千克。

特变电工3000吨的老线目前已经能顺利运转，在国内绝大部分企业关停的情况下，仍能满负荷运转，目前生产成本已经降至20美元/千克以下。

特变电工1.2万吨的生产线即将竣工，预计将于2013年4月生产，7月达产，投产后特变电工成本有望降至13美元/千克。

目前特变电工生产线仍未投产，生产成本能否降至13美元/千克存在一定不确定性。但是，我们从业内技术专家、同业竞争对手、公司内部生产技术人员、设备供应商的调研结果来看，成本降至13美元/千克是大概率事件。

如果达到这一水平，特变电工将有望超越保利协鑫成为全球多晶硅成本最低的企业。特变电工之所以能达到如此低的成本，原因在于：

（1）电价便宜：由于公司自有两座露天煤矿，用于自备电厂，发电成本仅为0.15元/千瓦时左右，用于多晶硅生产，仅为0.2元/千瓦时。这是最重要的方面。

（2）工艺改善：公司仍沿用改良西门子技术，不过，对工艺进行了优化，原材料（硅粉、氢气、氯气）的单耗大幅减少。

（3）设备技术更新：公司建造时间比较靠后，而设备在不断地更新换代，因此，公司具备后发优势，设备更为优良，而价格更为便宜，导致折旧成本更低。

我们弹性测算特变电工1.2万吨新线的盈利能力，根据上市公司75%的权益，计算这条生产线一年满产的盈利能力。在生产成本13美元/千克、售价20美元/千克、税费率10%的条件下，对上市公司的净利润贡献为 2.8 亿元（对应 EPS 为 0.11 元）。

超预期的地方在于多晶硅价格可能会高于 20 美元/千克，并且公司仍有进一步扩产的计划。

从上述报告看，有几个影响公司未来业绩的关键信息会明显影响公司未来发展状态、业绩，其中，最重要的信息的公司未来战略产品多晶硅的成本。这个信息需要第三方验证，通过与上市公司电话交流，咨询研究报告相关内容，确认了以下信息：(1) 报告撰写人未与上市公司就相关论据进行沟通；(2) 公司多晶硅量产后的成本约在 17 美元，与报告中的 13—14 美元的成本评估有较大差距。因此，对相关报告应进行修正，才能作为评估公司经营情况的参考。

第六章　弹性系统阻力与市场流动性

第一节　市场流动性的概念

市场流动性是一个非常重要的指标。流动性有多种定义：格伦（Glen，1994）把流动性定义为：市场提供迅速交易且不造成市场价格大幅变化的能力。① 朱斯特·M. E. 彭尼斯和雷蒙德·M. 卢瑟尔德（Joost M. E. Pennings and Raymond M. Leuthold，1999）把期货市场流动性描述为：如果交易者可以迅速地买卖期货合约并且他们的交易对于市场价格几乎没有影响，那么市场富有流动性。② 若市场交易中，个体参与者的交易对价格造成显著影响，则市场缺乏流动性。基尔（A. Kyle）提出了考察流动性的指标——流动性比率 ρ_l：单位合约换手率对价格造成的影响，如式（6－1）所示：

$$\rho_l = \left| \frac{\ln(P_t/P_{t-1})}{Q_j/Q_c} \right| \tag{6-1}$$

式中，P_t 为 t 时刻期货价格，P_{t-1} 为前一时刻期货价格，Q_j 为这两个时刻间的成交量，Q_c 为此时的持仓量。③ 马瑾、陈伟等对此方法

---

① Glen，J.，“An Introduction to the Microstructure of Emerging Markets”，*International Finance Corporation Discussion Paper* No. 2（1994），Washington D. C. IFC.

② Joost M. E. Pennings，Raymond M. Leuthold，“Commodity Futures Contract Viability：A Multidisciplinary Approach”，*Working Paper*，*Econ WPA Finance* 99－02，1999（5）.

③ Kyle，A.，“Continuous Auction and Insider Trading”，*Economics* 1985（53），pp. 1315－1336.

进行了修正探讨，认为如果能基于市场整体研究，更具有代表性。①

显然，这种定义实际上是在考察时间极短的条件下其他因素对价格涨跌影响忽略不计时，要实现某种交易会给市场价格带来的冲击程度。这个定义可测性比较差，而且价格波动不仅仅是交易行为本身，还与市场的价格波动趋势相关，以此指标进行市场分析存在阻碍。市场交易者常用换手率来反映市场的活跃程度，一定程度上代表了流动性，虽然换手率与涨跌幅有关联，但并不是主要的因果关系，所以，换手率一定程度上反映了流动性。重要的是，这个指标是简单可测的，市场主流交易软件都有这一指标，期货市场常用的换手率指标就是考察期的成交量与持仓量之比，如式（6－2）所示。

$$r_c = \frac{V_{t_i}}{Q_c} \tag{6-2}$$

式中，V_{t_i}表示考察期 t_i 的成交量，Q_c 表示这一时期的持仓量。

其中，考察期 t_i 可以较自由选择，可以是交易日、交易周，也可以是半小时、1 小时等。另一个常用指标是成交量，与换手率效果相同，成交量是绝对量而换手率是相对量。由于换手率与成交量指标的易得性，大量实证研究主要是基于这些指标。本章主要以换手率指标探讨市场流动性对市场运行状态的影响。

第二节 市场流动性的功能

主流观点认为，市场流动性与市场波动性和市场效率密切相关，彼得·R. 洛克（Peter R. Locke）基于四个美国期货合约，验证了价格波动性与流动性之间存在联系。② 马克·科普珍斯、伊安·多莫威茨和阿南思·马德哈文（Mark Coppejans，Ian Domowitz and Ananth Madhavan）研究验证了瑞典股票期货市场的流动性、回报和波动性之

---

① 马瑾、陈伟：《期货市场的流动性测度探讨》，《证券市场导报》2010 年第 2 期。

② Peter R. Locke，Asani Sarkar，“Volatility and Liquidity in Futures Market”，Federal Reserve Bank of New York，*Research Paper* No. 9612，1996.

间的联系。[①] 乔伊尔·哈斯布罗克（Joel Hasbrouck，2003）研究探讨了股指等期货的流动性陷阱问题[②]，理查德·罗尔、爱德华·施瓦茨和阿瓦尼哈·萨伯拉曼亚姆（Richard Roll，Eduard Schwartz and Avanidhar Subrahmanyam）验证了流动性与市场效率的正相关性。[③] 国内相关研究也比较活跃，如鲁小东、游达明等对中国期货市场流动性周内效应[④]、协动现象[⑤]进行了探讨；韩小龙、曹奇也对中国期货市场的流动性与波动性关系进行了实证分析；[⑥] 刘洋、胡坚对中国期货市场进行了实证分析；[⑦] 王乃生对上海期货市场流动性进行了探讨；[⑧] 吴冲锋、王承炜、吴文锋以成交量指标探讨交易量驱动股价的动力学特性。[⑨] 这些学术研究展示了流动性在市场运行中的重要地位以及流动性与波动性的关联性，但在实践应用方面尚无显著影响。

第三节 弹性系统阻力及其形成原理

弹性系统的阻力是股票、期货价格波动时所受到的阻力即价格波动阻力，本质上是市场交易者的特定的交易行为引起的，与市场交易者的细分特征和行为特征密切相关。

---

① Mark Coppejans，Ian Domowitz，Ananth Madhavan，“Liquidity in an Automated Auction”，AFA 2002 Atlanta Meetings，2001（12）.

② Joel Hasbrouck，“Liquidity in the Futures Pits：Inferring Market Dynamics from Incomplete Data”，*NYU Working Paper* No. S－DRP－03－15，2003（5）.

③ Richard Roll，Eduardo Schwartz，Avanidhar Subrahmanyam，“Liquidity and the Law of one Price：The Case of the Futures/Case Basis”，*JEL Working Paper*，2005（8）.

④ 鲁小东、游达明、曾蔚、申付兆：《中国期货市场流动性周内效应及其影响因素实证研究》，《湘潭大学学报》（哲学社会科学版）2009 年第 1 期。

⑤ 游达明、鲁小东、曾蔚、颜春燕、申付兆：《中国期货市场流动性协动现象实证研究》，《系统工程》2008 年第 9 期。

⑥ 韩小龙、曹奇：《中国期货市场流动性与波动性关系的实证研究》，《西南交通大学学报》（社会科学版）2007 年第 3 期。

⑦ 刘洋、胡坚：《中国期货市场流动性的实证研究》，《经济科学》2005 年第 3 期。

⑧ 王乃生：《上海期货市场流动性研究》，《证券市场导报》2004 年第 8 期。

⑨ 吴冲锋、王承炜、吴文锋：《交易量和交易量驱动的股价动力学分析方法》，《管理科学学报》2002 年第 2 期。

一 市场交易者的细分

（一）市场交易者的分类

市场交易者根据其交易特征分类，可以分为多头、空头和观望者。

多头与空头的基本定义：多头，根据《英汉证券投资词典》的解释，多头，亦作看涨或多头仓位。多头是指投资者对市场的乐观认识及采取的做多行为。持有多头观点的投资者会在市场上进行多头交易，即开立多仓或买入股票，期待市场上升时赚取利润。多头仓位是指期权交易过程中投资者持有的认购期权（买入期权）数量大于认沽期权（卖出期权）。简单地说，多头就是期望通过价格上涨实现盈利的市场交易者。[①] 与此相反，空头看跌；空头仓位。空头是指投资者对市场的悲观认识及采取的做空行为。持有空头观点的投资者会在市场上进行空头交易，即开立空仓或卖出股票，期待市场价格下跌时赚取利润。空头仓位是指期权交易过程中投资者持有的认购期权（买入期权）数量小于认沽期权（卖出期权）。简单地说，空头就是期望通过价格下跌实现盈利的市场交易者。观望者就是尚未决定交易策略者。

（二）市场交易者策略（行为）分类

在期货市场中，无论是多头、空头还是观望者，其下一步交易策略（行为）都有三种情况可供选择：多头：｛开多仓，不变，平多仓｝；空头：｛开空仓，不变，平空仓｝；观望者：｛开多仓，不变，开空仓｝。

如果按照市场交易者的行为分类，其细分如图 6 - 1 所示。其中，多头与空头合在一起就是持仓量 M，价格上涨推动力量来源于多头开仓交易与空头平仓交易，潜在上涨推动力来源于多头寻机开仓与空头寻机平仓，观望者因暂无交易规划而暂时对市场部产生推动作用。相反，下跌推动力来源于空头开仓与多头平仓，下跌潜在推动力来源于空头寻机开仓与多头寻机平仓。

---

① 马惠明：《英汉证券投资词典》，商务印书馆 2007 年版，第 6 页。

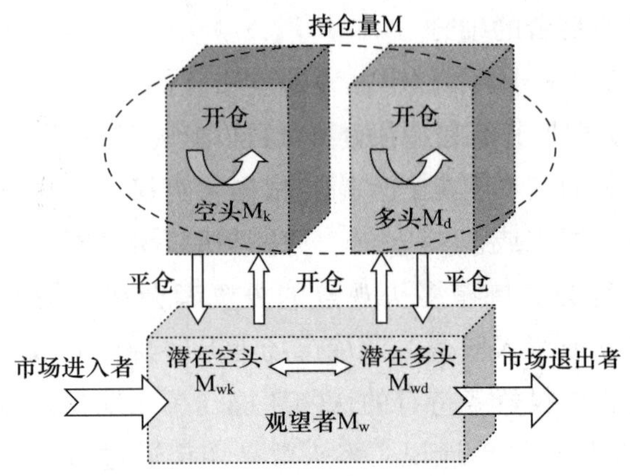

图 6-1 市场交易者细分与相互关系示意

二 市场波动阻力的形成机理

在市场价格波动过程中，与价格波动方向相反的力量称为市场阻力，由图 6-2 可以清晰地看出：当价格上涨时，阻遏价格上涨的力量包括多头平仓和空头开仓。潜在空头开仓由三股力量组成，同样，当价格下跌时，阻遏价格下跌的力量也由空头平仓、多头开仓和潜在多头开仓三股力量组成。

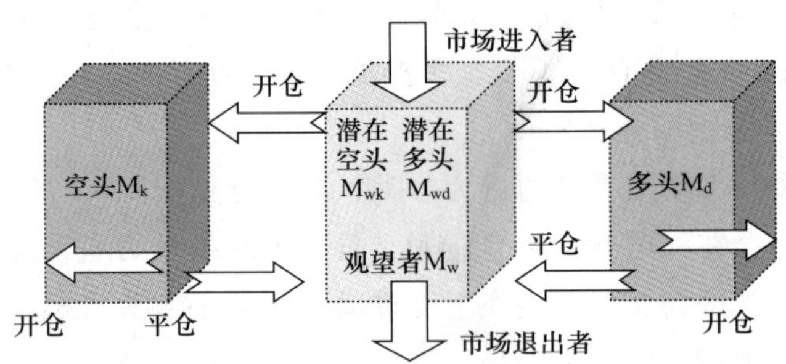

图 6-2 市场交易者细分与其交易行为的价格推动示意

在“与市场波动阻力相关的调查问题”的调查中（见附录 2，第二部分）发现：如问题 19——当交易出现 50% 以上盈利时，不考虑市场价格波动趋势，而先落袋为安，296 份有效答卷中，这个问题选择答案“A. 会”的数量为 202 份，比例高达 68.2%，问题 20——当交易出现 10%—50% 盈利时，选择落袋为安的比例为 21.2%，问题 21——当交易出现小于 10% 盈利时，选择落袋为安的比例为 21.6%，这说明即使价格波动（上涨或下跌）是“有理由”的，也有部分市场交易参与者获利平仓出局。因此，从获利平仓因素看，即使在应该上涨的市场中，上涨过程也存在阻力，价格下跌时，情况类似，这种与因价格涨跌而出现盈利相关联的交易行为称为“财富效应”。从开仓因素看，开仓行为与期货价格涨跌的也存在关联。价格效应与动量效应同时存在，价格效应方面，价格涨跌因素使市场交易参与者感觉价格更贵或更便宜，从一般心理来看，更贵时便有卖出冲动，更便宜时便有买入意愿，在操作行为影响上表现为逆势操作。在动量效应方面，投资者借鉴行为金融学动量效应思想或依据技术分析法，则更可能选择顺势操作。附录 2 中的调查问题 23——当价格出现一定幅度上涨时，选择答案 A 属于价格效应，B 属于动量效应，C 则是两者策略都会考虑的。调查结果显示，超过 1/3（37.6）的被访者选择答案 C，其他两个方案选择中，选择 B 的较多（34.1%），选择 A 的比例较少（28.3%），但是，与投资者交流中发现，他们后悔没有顺势操作的情况时有发生。这两种效应的影响正好相反，经过长期与投资者交流及对其行为观察，感觉两种因素交织在一起，很难区分哪种影响更显著。总之，一方面，市场价格涨跌使获利者出现落袋为安的交易行为——市场的财富效应；另一方面，市场价格涨跌使投资者感觉更贵或更便宜而进行的贵卖贱买的传统思维使投资者逆市操作——价格效应，这两种效应是市场价格波动阻力的根源。

三　市场阻力的影响要素

市场运行状态是影响市场阻力的主要因素。当市场价格波动处于趋势运行状态时，称为动态；当价格处于窄幅波动，没有趋势时称为静态。与物理学现象一样，动态阻力比静态时小，原因在于期货价格处于趋势运行状态时，市场存在行为金融学所指的“动量交易者”，技术分析派会顺势操作者，因此逆势而为者较少。相反，如果市期货价格波动表现为静态时，基于趋势的操作者也无法出现一致的倾向，动量交易者也不存在，那么市场阻力明显较大。当市场形成趋势时，要突破原先小区间波动的惯性，这时市场阻力较大，因为突破原有平衡时，大量投资者基于原来的趋势，这些临界点是兑现盈利或开仓交易的时机，这部分投资者的存在，必须有足够的成交量吸收这些交易行为才能打破原来的趋势，所以，技术分析的突破强调成交量的配合。这与物理学静态摩擦力和动态摩擦力的差异正好一致。若借鉴物理学的方法，这里对应可以取静态阻力系数和动态阻力系数来描绘其特征。基于以上分析，市场波动阻力和相关要素的关系可用式（6-3）表示以下：

$$f_{dt} = \mu_i (a_t M_k + b_t M_w + c_t M_d) \qquad (6-3)$$

式中，f_{dt}表示 t 时刻市场的阻力；μ_i 表示市场的阻力系数，$i=1$ 时代表静态阻力系数，$i=2$ 时为动态阻力系数；a_t、b_t、c_t 表示分别代表 t 时刻多头、观望者、空头中产生波动阻碍交易的比率；M_d、M_w、M_k 分别代表多头、观望者、空头的参与者的集合。

再从问题调查问题 19 至问题 21 选择落袋为安的调查结果看，盈利水平越高，落袋为安而平仓出局者的比例越高，从获利平仓角度看，获利越高，落袋为安的意愿越强烈，市场阻力就越大。即价格涨跌幅度较大时，阻力较大，需要更大的推动力来实现，即表现为成交量较大。这就是技术分析法强调的“量价配合”的原因。一些实证研究也证明了量价的联系，例如，华仁海、仲伟俊对国内主要期货品种的实证研究发现了成交量与价格波动的联系①，沈杰对沪铝的实证研究中发现量价正呈相关关系②等。

市场持仓人的结构是影响市场阻力的另一个因素。很多量价分析研究是从市场整体和较长时间角度出发的，没有进行市场细分，往往忽略了市场持仓人结构对市场量价关系的影响。事实上，不同的持仓

① 华仁海、仲伟俊：《我国期货市场期货价格波动与成交量和空盘量动态关系的实证分析》，《数量经济技术经济研究》2004 年第 7 期。

② 沈杰：《对上海期货交易所金属铝量价关系的实证分析》，《时代金融》2008 年第 4 期。

结构，其量价关系明显不同。最明显的例证就是股市中的“庄家”，其股价上涨并不需要成交量配合，因为持仓集中到少数人手里，“庄家”可能等待利好兑现很少进行交易，市场抛盘很少，价格上涨需要的推动力就很小，成交量也不需要放大，所以，不放量也可以创新高。期货市场也有类似情况，在某一交易方出现控盘情况下，价格朝其有利方向波动时，也不需要成交量的配合。期货市场全部持仓情况数据取得较困难，而在股市，股东数少，持仓集中形成控盘的股票并不少见，它们大都表现出“量价背离”的特征，如金德发展在2009—2010年的部分交易区间中，这一特征明显。图6－3为金德发展的2009—2010年的日线图，其在2010年8月31日创出新高，当日换手率仅为2.88%，不仅远远低于2009年8月24日出现的最高换手率——41.85%，也明显低于期间换手率平均水平。究其原因，并不能简单地用一句量价背离来解释，从表6－1金德发展2010年6月30日股东情况看，实力机构在前十名中占主导地位，从表6－2公司股东数量统计来看，股东人数从2009年9月30日的12708人减少到2010年6月30日的5296人，股东数量明显减少，股票集中到少数人手中后，基于类似“落袋为安”的价格效应交易者较少，只要他们继续看好公司未来前景，即使在股指并没有出现显著上升的背景下，股价上涨到创新高水平，成交量仍然可以很小。类似的案例说明量价关系与市场结构是密切相关的。在股票市场中，价格上涨多头平仓是主要上涨阻力，若多头集中后，这个力量有可能减弱，在期货市场中，当价格上涨时，多头获利平仓也与多头的结构及其行为特征相关，多头仓位集中到少数人手中时，上涨阻力有可能较小。

表6－1　金德发展十大股东明细

股东名称	持股数（万股）	占总股本比例（%）
山东永华投资有限公司	1270.00	17.43
中国工商银行—南方绩优成长股票型证券投资基金	354.35	4.86

续表

股东名称	持股数（万股）	占总股本比例（%）
中国农业银行—长盛同德主题增长股票型证券投资基金	343.09	4.71
深圳市赛洛实业发展有限公司	253.54	3.48
大象创业投资有限公司	235.01	3.23
王巧	215.57	2.96
中国工商银行—广发策略优选混合型证券投资基金	180.00	2.47
中国工商银行—南方积极配置证券投资基金	151.29	2.08
汪明英	96.16	1.32
中国平安人寿保险股份有限公司—分红—个险分红	90.04	1.24

注：截止日期：2010 年 6 月 30 日。

资料来源：金德发展公司年报。

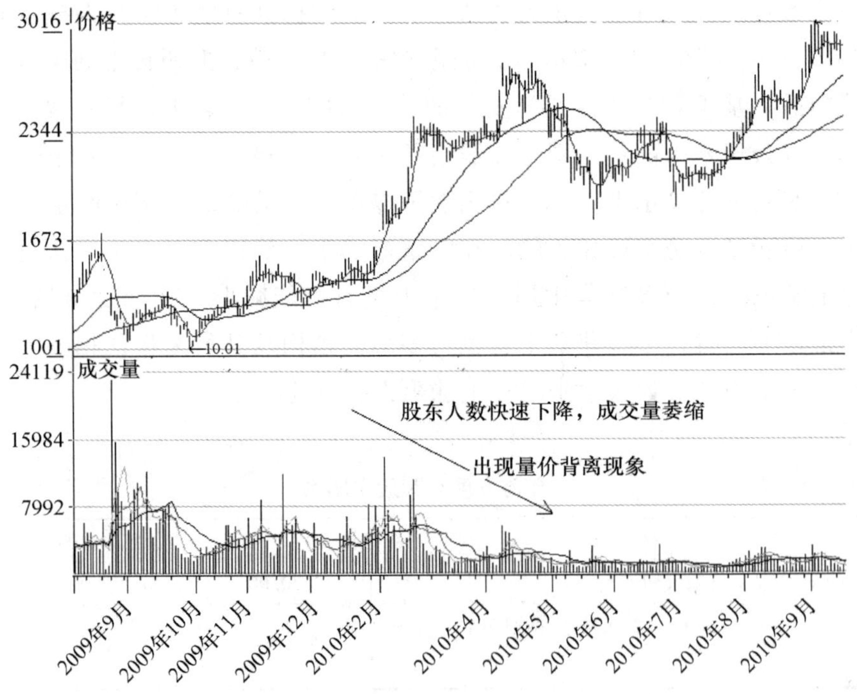

图 6－3 金德发展（000639）日线

表6-2　　　　　　　　金德发展股东数量统计

截止日期	股东户数	户均持股
2010年6月30日	5296	10881
2010年3月31日	5231	11016
2009年12月31日	8203	7025
2009年9月30日	12708	4534

资料来源：公司年报。

四　弹性系统阻力与流动性的联系和相互作用

弹性系统阻力即价格波动阻力的论证说明了市场波动是存在阻碍的，必须克服这种阻力，价格波动才能实现。以成交量或换手率为主要指标的流动性，实质就是市场通过交易中的推动力量克服阻力的表现。市场流动性高，那么提供克服市场阻力的交易行为活跃，推动力较大，可以有效化解市场阻力，实现价格向反映各要素变化的趋势上运动；相反，成交低迷，价格难以充分反映市场要素变化，常常维持小区间波动。

市场阻力与流动性相互作用，使市场运行表现出不同特征，如流动性不足时，市场小幅盘整，难以反映影响价格因素变化，导致价格在偏离价值的区域维持较长时间。当偏离严重时，被机构投资者相中，便会打破这种平衡，引发市场价格进入“价值发现”的波动趋势，正是这种缺陷，为巴菲特这样的投资家提供了盈利机会。同样，在亚洲金融危机中，也是流动性不足以推动市场发现价值，价格与价值偏差长期积累导致偏差过大，成为国际投机基金成功阻击的主要因素。所以，较好的流动性是市场“价值发现”的条件之一。类似地，由于市场阻力的存在，也使市场“价值发现”很难一步到位，如基本面出现显著变化时，市场价格也需要一定的时间才能完成其跟随的步伐。

期货市场流动性较高，主要是因为其交易期限限制，同时以其高杠杆为基础的高损益特征使市场参与者关注程度较高，交易频繁。另外，其市场参与度高低对换手率指标影响较小，如参与度低时，成交量和持仓量都低，但换手率未必就低（只是这时市场代表性不足），并不像股票市场那样，参与度低导致市场整体换手率低。期货市场这些特征使其效率较高。一般而言，期货市场对市场信息反应灵敏，价格波动可以领先于现货市场，这也是期货市场价格发现功能的基础。通过股指期货与股指之间的关系研究，也可以发现流动性高的期货市场领先于流动性相对较低的股票市场的结论。国内外已有相关论证，如文先明、梁琳、黄亚雄等在股指期货研究中就得到了类似的结论——期货市场调整到均衡状态的速度要远快于现货市场。① 克里斯托斯、迪米特里奥斯（Christos，Dimitrios）在研究希腊股指期货市场 1999—2001 年交易特征时，也得出了期货市场价格领先现货市场的结论。②

市场流动性与阻力并不是决定价格波动趋势的是关键因素，但其影响价格波动的时机、进程与状态，是理解市场运行特征不可或缺的一环。与其相关的运行状态一定程度上反映了市场交易参与者的交易特征，且这种运行特征易于识别，所以，也可以成为技术分析的参考指标，从实证研究角度看，也可以看出一定的规律性。

五 弹性系统阻力与市场流动性及应用总结

市场价格波动必然导致资产重新分配，由此产生了市场交易者不同的心理、行为特征。包括落袋为安的价格效应和市场的动量效应共同作用，是形成阻力的根源，充足的市场流动性可以有效地克服这些阻力，促进价值发现过程。流动性不足，使市场维持小区间波动，随着影响因素的变化，可能导致价格与价值偏差扩大，这时则吸引“价值发现者”的介入，流动性随之放大，市场进入价值发现的运行趋势中。市场流动性与波动阻力是影响价格波动状态的重要参数，虽然它们最终不决定价值。但这些指标与其他波动趋势特征相结合，能更清

---

① 文先明、梁琳、黄亚雄：《股指期货仿真交易与现货相互引导关系》，《系统工程》2010 年第 3 期。

② Christos Douligeris，Dimitrios N. Serpanosa，*Network Security：Current Status and Future Directions*，Wiley - IEEE Press，2007（06）.

晰地解释复杂的市场现象，从而提高市场的认知水平和判断的可靠性。在市场分析时，特别要注意在流动性不足即成交低迷时期可能出现的价格偏离均衡值而带来的中长期趋势，低迷的市场往往孕育着良好的投资机会，使股票市场表现更为明显。

第七章　弹性系统的外力

——市场领导竞争者博弈推动力

第一节　市场领导者与市场领导竞争者定义

市场领导者一般是指对市场价格波动趋势有明显引导或控制能力的市场参与者，其数量既可以是一个也可以是多个，多个参与者可以通过沟通、联合或者因对市场波动趋势的认知相近、交易策略相容而共同发挥市场领导作用。市场常说的“庄家”就是市场领导者的一种表现形式。

市场领导竞争者一般是指有能力并参与争夺市场领导者地位的市场参与者。其包括能力及参与竞争的行为两个要素。能力通常是指资金实力与市场信息收集、分析等能力，拥有实力足够影响或控制市场的参与者是市场领导竞争者的候选者。另外，一个要素参与竞争的行为即通过适当的行为影响或控制市场，只有这两个要素同时具备时，才是市场领导竞争者。那些在市场竞争中取得领导地位的投资者，便成为市场领导者。

市场领导竞争者以其庞大的资金实力与高水平的人才队伍，其交易本身会对市场产生显著影响，其在投资策略上也不甘于随波逐流，而是谋求以其优势取得市场领导地位，成为市场领导者或者控制市场某些环节，以获得超额利益。其策略的选择是在复杂市场背景下进行的，其博弈对手包括与其地位相当的竞争对手，市场广大的中小参与者，另外还有监管者。主要体现为与其他市场投资者之间的博弈，同时其策略是否明显违规并由此受到监管者的监控或惩处的博弈过程。

在与竞争对手博弈中，若形成一致目标，则是竞争合作并存的关系；若目标相反，则是完全斗争的关系。与广大中小投资者也存在合作与斗争的关系，当市场领导竞争者之间发生激烈冲突时，中小投资者有可能成为争取短期合作的对象，否则，市场领导竞争者通过维持较长时间的市场趋势以影响中小投资者的心理，形成市场动能，借此对冲出局以实现其目标。

第二节　市场领导竞争者博弈策略

一　改变市场供需平衡策略

（一）期货市场供给的层次

与股票市场发行流通的股份相对固定不同，对于某个期货品种而言，并非所有产量都可以作为期货交易的标的。一般而言，某商品总产量为 Q_0，只有其中一部分 Q_1 成为可交易的商品，$Q_0 - Q_1$ 部分被生产者自己消费或其他用途而不进入市场交易，可交易商品 Q_1 中符合期货交易标准的部分 Q_2 才有可能转化为期货交易的仓单，而 Q_2 转化为仓单还需要进行标准化，经有资质的质检部门检验分级，存入交易所指定的仓库才能申请成为交易所合格的交割仓单 Q_c，Q_c 才能参与期货交割，是期货市场直接的供应者。其关系如图 7－1 所示。成熟的期货市场，套期保值者也很少参与期货市场交割，如卖方也不会主动把手中的商品注册为仓单，因为注册过程也需要成本，套期保值买方也优先选择对冲，因为参与期货交割，其交割地对买方不一定方便，所以，通常 Q_c 占 Q_0 的比例并不高，但多少比例是合理的并没有明确的标准，主要看从产量到仓单的成本情况，如农产品转化为仓单比较复杂，成本较高，仓单量一般比较低，如中国期货史上活跃较长时间的绿豆期货，仓单比例通常在 5% 左右。

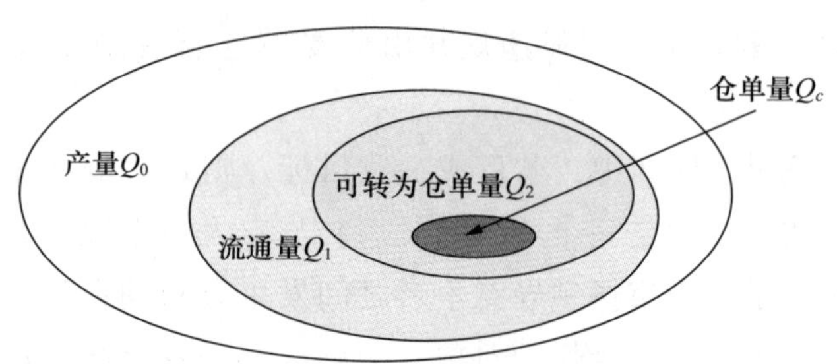

图 7－1 期货市场供给的不同层次示意

（二）基于总产量的博弈策略

通过期货市场供给商品层次细分可以看出，包括现货与期货市场的市场均衡应以产量为依据，但是，期货市场直接进行交割的供应量——仓单量与产量有较大差距，这便使期货市场与现货市场的市场均衡出现不一致成为可能。也正是基于这种差异，在仓单量较小的期货品种，便常出现逼仓现象。对商品产量与可交割仓单之间的存在明显差异，那么市场领导竞争者从供给角度改变市场均衡的切入点可分为基于总产量的策略和基于可交割仓单的策略。

基于总产量的策略主要是对总产量的控制，使其按照需要扩大或缩小，显然，这种操作难度大、周期长。但也并非无所作为，近年来，郎咸平提倡的产业链控制思想受到广泛关注，若实现对某个商品供求关系的影响或控制，需要从产业链角度来谋划。[①] 如美国机构与基金主导的2003—2008年原油价格的持续上涨背后，明显有美国强大的石油产业集团有效配合。另外，国家宏观政策也是影响总量的有效手段，美国金融机构、基金之所以能够在全球证券、期货市场上兴风作浪，重要的原因之一就是它们与美国宏观政策的良好默契。美国宏观决策虽然看起来有独立性，但与这些金融机构、基金有千丝万缕的联系，主要是因为政策的决策者多数是有影响的“业内人士”，其政府决策与投资者行为之间表现出良好的协同性。从需求角度看，相关策略与供给策略类似，如2009年中国在铁矿石谈判中的处境非常

① 郎咸平：《产业链阴谋（Ⅱ）——一场没有硝烟的战争》，东方出版社2008年版。

被动，但是，随着中国房地产调控政策的出台，整体消费量受到明显压抑，铁矿石价格也开始松动。

（三）基于可交割量的博弈策略——逼仓与反逼仓

1. 逼仓与反逼仓概述

与基于总量的策略完全不同，基于市场直接进行交割的供应量——仓单量 Q_c 及可转为仓单量 Q_2 的策略主要集中在逼仓与反逼仓博弈上。一般而言，改变仓单量 Q_c 及可转为仓单量 Q_2 理论上说不改变该商品的供求关系，但是，在期货市场局部环境受到影响，进而影响逼仓的可能性，由此会引发市场价格波动。

逼仓行为一般是利用期货市场特有的交割制度，在临近交割期的合约，市场领导竞争者利用其拥有的资金或可交割仓单的优势，持有较多的合约筹码，通过推高或打低期货价格，使交易对手处于交割违约的不利境地而被迫认赔出场或直接承受交割违约的损失，最终实现其盈利目标。逼仓分为多逼空和空逼多两种，多逼空一般是指多头以交割期迫使无仓单的空头违约为手段，达到推高期货价格以实现盈利的目标，空逼多一般是指空头迫使无实力接仓单的多头被迫交割前平仓为手段，打压期货价格以实现盈利的目标。通常市场资金量比仓单价值高得多，所以，空逼多较难实现，期货市场逼仓行为中多逼空是重要模式。反逼仓主要是通过增加仓单量或提高承接仓单的能力及揭露逼仓者的行为以获得监管部门的监督手段以达到反逼仓目标。

在中国内地期货市场从 1993 年起步至 1998 年以国务院颁发《国务院关于进一步整顿和规范期货市场的通知》（国发〔1998〕27 号）为结束标志的六年期货市场发展阶段，期货市场非常活跃的同时，市场操纵投机盛行，积累了大量可供研究市场操纵行为的素材。1998 年，我国期货品种已达 30 多种，但当时的期货行业操纵、投机盛行，整顿后，取消了当时 23 个交易品种，只保留了铜、大豆和小麦等 12 个期货品种，后来又进一步减少到 8 个期货品种。绿豆、红小豆、咖啡、啤酒大麦、高粱、胶合板、籼米等均是当时较活跃的品种，在整顿中被取消，主要原因就是这些品种无一例外都出现过大量逼仓行为。知名度比较高的逼仓行为包括：1996 年天然胶“6·08”合约“多逼空”事件；广东联合交易所籼米、红小豆期货事件；郑州交易所 2003 年硬麦“3·09”事件；苏州红小豆“6·02”事件；1994 年上海粮油商品交易所粳米期货多逼空事件；1995 年海南棕榈油 M506 事件；1996 年上海商品交易所胶合板“9607”事件；广东联合交易所豆粕系列逼仓事件；海南中商所“F703”咖啡事件；1995 年大连玉米“C511”暴涨事件；郑州商品交易所 1999 年的“118”绿豆事件等，这些事件在网上都有大量的讨论。

2. 苏州红小豆“6·02”事件及其启示

典型的多逼空案例当属当时苏州商品交易所的红小豆。① 苏州商品交易所于 1995 年 6 月 1 日正式推出红小豆期货合约交易，推出初期，红小豆现货市场低迷，成交量小，苏州商品交易所红小豆 1995 系列合约一上市就面临巨大的实盘压力，期价连创新低。然而，1995 年红小豆减产等利多消息促使很多资金入市抄底，随着 1996 年各交割月合约的陆续上市，多头利用交易所交割条款的缺陷和持仓头寸的限制，借助利多消息的支持，上演了在 1996 年红小豆系列合约上逼空行动，如 9602 合约期价于 1995 年 10 月中旬启动后便一路暴涨，至 12 月 19 日的近一个月的时间里价格从 3690 元/吨涨至 5325 元/吨。空头损失惨重，同时拉爆了很多套期保值者。由于红小豆产量过低，有效地增加仓单比较困难，空头缺乏有效的反制手段，最终损失惨重。多空博弈筹码不对等导致期货市场功能丧失。1996 年 3 月 8 日，证监会发布通知，停止苏州商品交易所红小豆期货合约交易。

3. 广东联合期货交易所籼米期货事件及其启示

与红小豆逼仓命运不同，广东联合期货交易所籼米期货事件最终结果是逼仓多头赔了夫人又折兵，不仅亏损同时又受到了处罚。广东联合期货交易所籼米合约于 1995 年 6 月推出，由于与前期实践的产

① 本案例分析背景资料主要来自《珠江期货：苏州红小豆“6·02”事件》（2007 年 10 月 10 日），http：//www. zjqh. com. cn/LearnView. aspx？hstkey = bck8WODSjUyLSrtSuq8JJTICryx Bm4 + E。

量低的商品不同，籼米产量高，理论上说，逼仓的可能性大大降低，因此，短时间内吸引了众多参与者，交易十分活跃。此时，部分市场领导竞争者试图复制其他品种多逼空的策略以牟取暴利，在期市大品种上进行了“多逼空”的尝试，这次“籼米事件”也称“金创事件”。[①] 自广东联合期货交易所 1995 年 6 月 12 日推出籼米期货交易始，期价便一路飙升，到 7 月上旬，活跃的 9511 合约由 2640 元/吨上升到 3063 元/吨，持仓量也稳步增加。随着夏粮丰收、交易所出台特别保证金制度，到 10 月，9511 合约已回落到 2750 元/吨左右，致使多头被套牢。到 10 月中旬，离 9511 合约进入交割月仅有半个月时间，广东金创期货经纪有限公司为核心的多头联合中国有色金属材料总公司、广东省南方金融服务总公司基金部、上海大陆期货经纪公司等会员大举进驻广联籼米期市，利用交易所宣布本地注册仓单仅 200 多张的有利形势，强行拉抬籼米 9511 合约，开始“逼空”，16 日、17 日、18 日连拉三个涨停板，至 18 日收盘时已升至 3050 元/吨，持仓几天内剧增 9 万余手。此时，空方开始反击，籼米现货保值商也积极参与。19 日开盘，尽管多方在 3080 元/吨之上挂了万余手巨量买单，但新空全线出击，几分钟即扫光买盘。随后多头倾全力反扑，行情出现巨幅振荡。这时多头阵营出现分化而获利平仓出局，多方力量减弱，当日 9511 合约收低于 2910 元/吨，共计成交 248416 手，持仓量仍高达 22 万手以上。收盘后，广东联合期货交易所对多方三家违规会员做出处罚决定。由此，行情逆转直下，9511 合约连续跌停，交易所于 10 月 24 日对籼米合约进行协议平仓，释放了部分风险。11 月 20 日 9511 合约最后摘牌时已跌至 2301 元/吨。至此，多方已损失 2 亿元左右，并宣告其逼空失败。11 月 3 日，中国证监会吊销了广东金创期货经纪有限公司的期货经纪业务许可证。这一案例，多头仍然采用在小品种期货市场上的习惯做法，虽然籼米 Q_c 数量小，但可转化为 Q_c 的 Q_2 数量庞大，价格

---

① 本案例分析背景资料主要来自《期货市场风险大事之一：广联籼米事件》，新浪财经，2010 年 1 月 5 日，http：//finance. sina. com. cn/gnfinfo/20040810/2215939011. shtml。

过度偏离市场均衡价格，必然引来大量套期保值者抛售，是空头市场领导竞争者在市场均衡力量的帮助下，取得了领导地位，使多头失道寡助，持仓量明显偏大而露出马脚，并受到处罚。显然，空头策略在价格偏离市场价是促成 Q_2 向 Q_c 转化策略成功的关键，而这在小品种上是很难实现的。

4. 郑州期货交易所绿豆合约疯狂博弈直至其退出中国期货市场

绿豆期货是中国内地最早上市的期货品种之一，历史上也出现过多次逼仓行为，但程度相对较低，在市场整顿的大环境下，1999 年郑州绿豆巨幅振荡及交易所采取干预措施引起的广泛关注①，成为市场博弈研究不可或缺的案例。自 1998 年的期货市场整顿，大量期货交易所与期货品种退出，使郑州绿豆期货成为当时的明星品种。1998 年，绿豆年成交量创出 5276.5 万手的历史最高水平，且 1998—1999 年连续两年，绿豆占当时全国期货交易量的一半以上，成为市场参与者集中关注的品种，期货市场的各种力量在此聚合，集中上演了期货市场博弈的众多策略。

1998 年，郑州绿豆从 5000 元/吨的高价区在一年之内下跌 2000 余点，由于绿豆现货供应相对充足，现货价格一直在跌，大概在 2400 元/吨。但 10 月市场突然冒出了逆大市而为的大多头，曾将绿豆期价拉抬到 4000 元/吨以上，并 GN901 合约上逼空造成套期保值商的套保头寸亏损巨大，期货与现货市场价格悬殊，致使持有现货者大量涌向期市，致使当时的郑州绿豆注册仓单数量超过 8000 张，大大超过总产量 5% 的常规水平。在此背景下，在 1999 年 1 月 4 日期价就开始大幅下跌，虽然多头主力积极护盘，空头主力毫不手软，逢高大笔打压，取得市场领导者地位；1 月 5 日，GN003 跌幅达 100 多点，其他各月紧紧跟随。在随后的几个交易日内，大盘平均每天下跌的幅度达到五六十点之多。1999 年 1 月 11—13 日，矛盾激化，大量期货交易资金进入郑州交易所绿豆期货市场，导致绿豆交易量、持仓量急剧扩

---

① 本节案例分析背景资料主要来源自《期货学堂·郑州绿豆合约“1·18”事件》，洋财网，2009 年 9 月 7 日，http://www.yangcai168.com/viewnews-175690。

大，各月份最高持仓达696180手（1手=10吨标准绿豆仓单）。9905合约和9907合约也均创单月最高成交纪录，分别为354792手和348032手。市场风险明显加大。市场一般认为，绿豆品种持仓量40万手以上便进入高风险区域，因为中国绿豆年产量一般在60万—80万吨。40万手的持仓量相当于当年总产量的5—6.67倍，而以通常的5%产量的交割量计算，市场持仓量与通常的交割量相比的倍数为100—134倍，引发多头逼仓的概率极大，早在绿豆期货推出的1995年郑州商品交易所便公告确定绿豆合约的市场持仓总量控制线，即每个交割月份单边20万手（持仓量40万手），虽然仓单数量大，期货价格比当时现货价格明显偏高，在适当的博弈策略下，双向逼仓都可以成立。为了控制市场风险，1月12日，郑州商品交易所出台有关文件，规定从1月12日起，将9907合约的保证金由5%提高至10%，并对9907合约超市场持仓总量控制线标准的新开仓部分在收取10%交易保证金的基础上，另外增收成交金额50%的追加保证金，应增收保证金在当日结算时收取。1月13日继续出台文件，规定自1月14日起，9903、9905、9907绿豆期货合约的涨跌幅度在±120元/吨的基础上扩大到±180元/吨，交易保证金分别按7.5%和10%收取。1月14日又出台文件决定：（1）绿豆9903、9905、9907合约的价格波幅调整为±6元/吨；（2）绿豆9903的交易保证金按100%收取，9905、9907的交易保证金按50%收取；（3）绿豆9903、9905、9907合约只能平仓，不能开新仓。这样规定的结果，使市场基本上被冻结了。在连续三天出台干预措施后，市场交易者依然无法平静，郑州绿豆大战已经出现失控状态。针对这种情况，1月18日，郑州商品交易所采取了极为罕见的措施，决定于18日闭市后，对绿豆9903、9905、9907的所有持仓合约以当日结算价对冲平仓，即这三个交割月的持仓量全部清仓为零，第一阶段的市场大战就这样在激烈的争议声中落下帷幕。

这一阶段的博弈过程是清晰的，选择空头方向的市场领导竞争者借助仓单量大——供应量大，期货价格高于现货价格——市场价格高于平衡价格而具有的价格下跌动力，顺势加入博弈推动力——逢高大量开空仓交易，从而取得第一阶段的市场领导者地位，推动绿豆期货价格下跌，当价格较低后，选择多头的市场领导竞争者大量参与交易使持仓量迅速上升，使仓单与持仓量比快速下降，从而化解仓单压力，并可以通过多逼空的手法，在进入交割期凭借大量的资金作后盾，迫使空头违约。但这种策略面临着被监管者认定为操纵而无法实现的风险，所以其是否能够取得市场领导者地位具有不确定性。在这种情况下，郑州商品交易所进行行政干预，最终化解了这一风险。

其后，郑州商品交易所通过努力恢复市场正常交易。1999 年 3 月 3 日，郑州绿豆又突然启动，破位上涨。大盘在一个月内上涨 200 多点。5 月 7 日，郑州商品交易所交易交割委员会召开了会议，会议认为，“一些迹象表明，从交割月仓单的数量、仓单的大规模出口到远期月份的扩仓，价格的滚动拉抬是少数人有计划、有目的操纵的”。对市场操纵行为进行警示，随后，市场便出现了大幅度下跌，自 1999 年 5 月 28 日至 6 月 8 日短短的十多个交易日，GN909、GN911 下跌幅度超过 650 点。至此，郑州商品交易所绿豆在大资金博弈下出现了暴涨暴跌的行情，期货市场功能难以体现。同年 12 月，中国证监会出台文件规定，郑州绿豆的期货价格波动幅度为零，而绿豆交易保证金则由 5% 提高到 20%，使其休克，至 2009 年正式退出期货市场舞台。

在 3 月后的价格上涨时，从郑州商品交易所会议传出的信息可以看出，选择多头交易方向的市场领导竞争者通过把绿豆仓单出口到国际市场等策略使供给减少，进而改变供求关系，推动市场均衡价格上涨，作为其在期货市场上通过大量开多仓交易推动期货价格上涨的协同策略，利用均衡价格上行的推动力与大量、集中开多仓交易产生的推动力形成一致的合力，有效地推动期货价格上涨，从而取得了市场领导者地位。这一策略被监管者发现并警告后，为回避被查处的风险，这两个力量都消失，市场推动力量逆转，从而使市场向相反的方向波动。由于市场参与资金量大，与市场均衡引力相比，博弈推动力过大而处于主导地位，导致价格脱离基本供求关系且波动幅度巨大，达到 30% 以上，相当于 5% 保证金的 6 倍，市场表现出博弈力量主导下的暴涨暴跌特征。1999 年，期货参与者在郑州商品交易所绿豆期货合约的博弈最终导致该品种退出期货市场舞台，清晰地展现了期货市场博弈的巨大力量，可见，博弈分析是期货价格波动分析不可或缺的一个组成部分。

尽管业内专家可以历数大量的逼仓行为，但真正被监管部门认定并处罚的案例只是九牛一毛，主要原因之一就是认定困难。大量学者对期货逼仓问题进行了研究，如吕筱萍、程大涛对期货逼仓行为预测的探讨；[①] 迟国泰、刘铁芳、余方平利用 SV 模型与 KLR 信号，尝试建立期货逼仓的预警模型[②]等。但是，这些研究结果尚未得出有效解决逼仓行为的方法。目前，主要的有效方法就是在交易品种选择上下功夫，那些可仓单化的量 Q_2 比较大的品种，因逼仓门槛高，风险较大而相对安全。逼仓问题在国内已有明显改善，主要原因就是国内期货交易的主要品种已经由早期的小品种试点转化为大品种期货为主的格局，恶性逼仓行为已不常见。但是，随着期货市场日益国际化，过去一直认为是大品种的期货品种，但在流动性过剩、全球范围内参与市场交易的资金规模越来越大的背景下，国际市场上逼仓风险越来越大，如始于 2003 年全球范围内大宗商品价格大幅上涨或多或少具有些多逼空的色彩，特别是国家物资储备局在伦敦铜市场被逼空的事件（详见第十一章有关内容），提醒我们对期货市场逼仓带来的风险有清晰的认识，并避免陷入被逼仓的被动境地。

二　简单的短期集中大量交易，影响市场价格

市场领导竞争者往往具有很强的资金支持，如果短期集中参与市场交易，有机会显著改变市场价格，若这种改变策略对自己有利，便成了可选的策略。像索罗斯管理的基金在亚洲金融危机中就采用了这种手法，其在汇率、股票、期货市场同时集中大量交易，改变了市场原有的状态，成为亚洲金融危机的导火索。类似的现象，在 1995 年 2 月 23 日，上海证券交易所国债期货上发生的震惊中外的“327 国债

---

① 吕筱萍、程大涛：《期市逼仓的预测方法》，《数量经济技术经济研究》1999 年第 11 期。

② 迟国泰、刘铁芳、余方平：《基于 SV 模型和 KLR 信号分析的期货逼仓风险预警模型》，《系统工程》2006 年第 7 期。

事件”① 体现得淋漓尽致，成为通过短期大量交易策略进行市场博弈的经典事件之一。327 国债是指 1992 年发行的三年期国债 92(3)，于 1995 年 6 月到期兑换。1992—1995 年中国处于高通胀时期，期间银行储蓄存款利率不断调高，最终实施保值贴补以保护存款人利益，保值贴补率由财政部根据通胀指数每月公布。而 1992 年发行的 92(3) 国债，其销售时利率为 8%，比当时 3 年期存款利率高，当时通胀低，并没有保值贴补的说法。但是，到 1995 年年初，由于存款利率多次上调，同期存款利率高于国债发行时的利率且有保值贴补，国家对 92(3) 国债到期兑付如何决策成为市场交易的焦点。因此，对财政部是否对 92(3) 国债进行保值贴补以及由此引发的对通胀率和保值贴补率的不同预期，成了 327 国债期货品种的主要多空分歧。国家为了维护国债的金边债券的美誉，保证更大规模国债的顺利发行，对已经发行的国债实行保值贴补（327 国债的最后贴息率为 12.98%），此消息于 1995 年 2 月 23 日得到确认，327 国债价值显著提升至与同期存款收益相当，以上海万国证券为首，327 国债期货上的空头机构将直面巨额亏损。当日下午 4 时 22 分，在 6 月交割的主要合约 F92306 上，短短的八分钟时间内，万国证券就抛出大量的卖单，最后一笔 730 万手的卖单让市场目瞪口呆，根据上交所规定，国债期货交易 1 手为 2 万元面值的国债，730 万手的卖单，面值为 1460 亿元，实际价值超过 2200 亿元，而当时 327 国债面值总额为 240 亿元，显然，这笔交易是非常巨大的，F92306 合约收盘时，价格被打到 147.40 元。若以此作为结算价，交易保证金为 2%（机构更低），像万国证券这样的大量集中交易，若市场价格跌幅超过 2%，其浮动盈利与保证金相当，从这个意义上讲，可以视为免费，多头者措手不及而导致大面积爆仓；相反，万国证券由巨额亏损转为巨额盈利，保证金也充裕，若不被认定为操纵，则根据上海商品交易所规定，第二天开盘时，爆仓的账户都要被执行强制平仓，万国证券等空头便获得对冲获利出局的机会。

---

① 缪缈：《上海国债期货 327 事件始末》，2010 年 5 月 10 日，新浪新闻——南风窗专题，http://news.sina.com.cn/c/2010-05-10/165720241612.shtml。

这种操作利用了交易所监管漏洞及保证金只有2%的低成本，巨量开仓交易，在较短的时间内就改变了市场的均衡，从简单的博弈策略上看，这是一种有效的方式，但是，其最大的缺陷在于其违背了327国债的价值，数量也异常大，恶意市场操纵十分明显，是其前期策略失败后的孤注一掷，必然受到相关监管机构的查处。上海证券交易所当天组织调查，取消了14点22分13秒以后的成交，结算价也调到151.3元，最终以相关责任人被追究法律责任，万国证券由赚42亿元瞬间变成赔60亿元[①]，巨额亏损导致当时排名靠前的万国证券公司被申银证券托管、合并而告终。这一案例是短期大额交易对市场影响的恶性表现，短期内实现了扭转乾坤的效果，显然，这种赤裸裸的违规行为是不能被接受的。但据此不难想象，通常在不违规的前提下，类似的短期集中交易行为对市场仍然可以起到明显的影响。

三　通过制造虚假信息达到影响市场的目的

近年来，中国股票市场爆出大量发表虚假信息的上市公司，中国证券监督管理委员会稽查一局编著的《证券期货稽查典型案例分析》（2001卷）主要对2001年立案稽查或做出处罚的36个证券期货市场上的违法、违规典型案例进行了分析[②]，每个案例基本上都离不开通过虚假信息达到其目标的情节。而在期货市场上案例并不突出，主要是因为期货市场虚假信息很难产生持续的重大影响，危害程度相对较小且取证困难。其中，典型的案例当属美国商品期货交易委员会（CFTC）2007年8月2日指控美国第四大石油公司Marathon Oil Corporation的子公司Marathon Petroleum Company（MPC），通过试图影响普氏公司（Platts）于2003年11月26日的WTI原油现货估价，以达

---

① 本案例主要背景资料来源：《327国债期货事件》，和讯网，2010年3月1日，http：//news. hexun. com/2010－03－01/122801006. html。

② 中国证券监督管理委员会稽查一局：《证券期货稽查典型案例分析》（2001卷），首都经济贸易大学出版社2004年版。

到操纵当日交割的原油现价目的。[①] 普氏公司是美国主要的能源信息发布商，其在每个交易日 NYMEX 原油期货场内交易结束后都提供半个小时的 WTI 原油“交易窗口”。各交易商在这半个小时内将当天的实物原油交易价格提供给普氏公司。普氏公司根据该时段内各公司报价形成的 WTI 原油市场估价是美国特定国内和国际原油贸易的重要参考。MPC 的原油炼制产能占美国的 6%，MPC 自身的油料产出不能满足其客户的需求，仍需进口原油以保证供应。MPC 每月有 730 万桶原油的实盘成交将依据普氏公司的 WTI 估价。作为进口原油的净买家，MPC 故意压低报给普氏公司的原油成交价，使之从低价原油采购中获利。CFTC 的调查发现，2003 年 11 月 26 日，MPC 在买入 NYMEX 的 WTI 原油（WTI 原油是 NYMEX 原油期货交易的基准标的品种，也是北美原油现货交易的定价基准）合约同时，在普氏交易窗口以较低价卖出 WTI 原油现货，以此压低普氏的 WTI 原油估价，进而实现降低其实际原油采购成本的目标。该案是自 1979 年以来 CFTC 处置的首个原油价格操纵案。从以上案例可以确认，通过制造虚假信息有可能达到实现影响市场的目的。

四　利用专业研究能力进行信息的挖掘及利用话语权进行有效传播

市场领导竞争者的特点不仅是资金雄厚，同时由于巨大的资本规模，可以支撑一个高水平的研发团队，其研发能力强大，一般投资者无法望其项背，媒体也乐于报道或转载他们的研究成果或言论以吸引读者，因此，他们便顺利地掌握了话语权。极强的研究能力及话语权，若再加上逐利目标，对于同样的经济问题，他们可以制造出结论完全不同甚至相反的不同版本的研究报告，根据自己的需要选择性地发布，形成舆论力量，达到自己的目标。近年来，金融危机的剧烈冲击与振荡，狂风大浪中这种行为露出了其冰山一角，为相关研究提供了宝贵的素材。

---

① 金士星：《CFTC 处置油价操纵案美国第四大石油公司被罚》，《中国证券报》2007 年 8 月 3 日。

实力强劲的市场领导竞争者——高盛作为美国最大的投资银行具有一定的代表性。高盛的专业研究能力与话语权无人可比，其利用专业研究能力及话语权影响市场，实现自己利益方面的卓越表现令人惊叹，随着时间推移及经济振荡使其操纵行为被发现、追究，使市场操纵策略得到部分揭示。例如，其在2003—2008年原油期货上的表现广受质疑（在第十章进行了详细讨论）；证据确凿的当属2010年4月16日美国证券交易委员会向纽约曼哈顿联邦法院提起的民事诉讼中，指控高盛在涉及次级抵押贷款业务的金融产品问题上涉嫌欺诈投资者，致使投资者损失超过10亿美元。美国证交会执法部门主管当天发表声明指出：高盛的问题是在允许客户做空金融产品的同时，却向其他投资者承诺该产品是由独立客观的第三方推出的。虽然高盛的这些金融产品复杂且有个新面孔，但其欺诈方式却是简单的老办法。该法律诉讼被看作是美国政府打击金融危机时期的金融衍生品欺诈行为的一次重要行动，而类似行为被广泛认为是金融危机罪魁祸首之一。信息发布后，高盛股价应声大跌，当日中午12时高盛股价跌幅超过10%。[①] 这显示出市场对高盛问题的认同。

根据美国证交会当天提起的诉讼，高盛被指控销售了一种基于次贷业务的抵押债务债权——抵押债务凭据（CDO），但高盛未向投资者披露美大型对冲基金保尔森公司（Paulson & Co.）对该产品做空的“关键性信息”。[②] 显然，高盛是基于业务需要，故意隐藏了投资者容易识别的风险信息，而向大众展示其精心加工的、看似非常专业的复杂难懂投资报告投资说明书等，以助其开拓业务、实现自己盈利的目标。

美国证券交易委员会（SEC）的起诉，揭开了高盛道德诚信袈裟，高盛随即便在全球陷入四面楚歌的境地。[③] 2010年4月19日，

---

① 刘洪、严锋：《美国证交会指控高盛集团欺诈投资者》，2010年4月16日，新华网，http：//news. xinhuanet. com/fortune/2010－04/17/c_ 1238830. htm。

② 陈璐、黄玉蕾、熊颖：《美国证监会控告高盛的起诉书》，财新网，2010年4月25日，新浪财经，http：//finance. sina. com. cn/roll/20100425/14487821974. shtml。

③ 杨博、高健：《遭遇四面楚歌，亮丽财报难成高盛遮羞布》，2010年4月21日，中国证券报中证网，http：//paper. cs. com. cn/html/2010－04/21/content_ 72093. htm？ div＝－1。

英国首相布朗率先批评华尔街最大的投资银行——高盛道德破产，希望英国金融监管机构调查被美国证监会起诉的高盛。2010 年 4 月 20 日，英国金融服务监管局（FSA）吊销高盛副总裁法布里斯·托尔雷伦敦金融城登陆交易执照，同时宣布将同 SEC 合作，开始正式就欺诈案中涉及英国银行的 8.41 亿美元损失对高盛英国伦敦分部的业务展开调查。2010 年 4 月 21 日，法国经济部长拉加尔德表示，鉴于美国高盛遭遇欺诈指控，法国监管当局值得对此展开全面调查。德国总理默克尔当日也建议，在美国证券交易委员会（SEC）对高盛的欺诈指控得出结果以前，希望德国政府暂时停止向高盛提供新业务，而德国金融监管局早在此前两天就已联络美国证券交易委员会，寻求获得有关高盛与德国工业银行（IKB）之间关系的细节信息。大量类似的报道令人目不暇接，这些露出马脚的操纵行为必然只是冰山一角。

不得不佩服的是高盛人才济济，仅 3 个月时间，到 2010 年 7 月 16 日，美国证券交易委员会宣布与高盛达成 5.5 亿美元和解[①]，迅速化解危机，作为和解协议的一部分，高盛承认自己所售抵押债务凭据（CDO）的推销材料“不完善”，高盛应向客户透露 CDO 的主要构建者：对冲基金保尔森公司（Paulson & Co.）在交易中所扮演的角色。此前已有多家媒体报道称 SEC 已与高盛达成和解，高盛的股价随即明显上涨，周四美股常规交易中，高盛在纽约证交所上市的股票高收 4.4% 以上。上述消息传出后，当日高盛当天股价涨幅超过 9%，达到每股 152.2 美元。股价的迅速上涨，投资者认为，这种和解对高盛绝对是利好，对高盛是有利的。市场评论认为，高盛是胜利的。[②]

尽管高盛被欧美政府监管部门全面围剿、一片喊打，但它在中国的境遇还是相当幸运的，事发期间，仍担任中国农业银行 H 股 IPO 牵头主承销商，但是，难掩国内大量学者对其的质疑，相关专著评论文章如李德林的专著《干掉一切对手：看高盛如何算赢世界》受到广泛

---

① 新浪财经：《美证交会宣布与高盛达成 5.5 亿美元和解》，2010 年 7 月 16 日，http：//finance.sina.com.cn/stock/usstock/c/20100716/04478305056.shtml。

② 闫磊：《高盛 5.5 亿美元化解欺诈门，华尔街多巨头待审判》，《经济参考报》2010 年 7 月 19 日。

关注[①]，腾讯财经网站转载朱益民文章《高盛中国二十年：一直在掠夺从未被揭穿》[②]，引来了网民的热烈讨论。2010 年 8 月 4 日，评论 1609 条[③]，对高盛的行为发表了自己的看法。财经评论员余丰慧对高盛在中国的阴谋也进行了总结[④]，其发表在凤凰网财的文章《高盛的中国阴谋与暗算何以能得逞》，引起了读者的广泛共鸣，至 2010 年 8 月 4 日，有网友评议 160 篇，从不同角度评述了其危害及形成的根源。文章历数了高盛在中国的“经典之作”——高盛在中国赚钱的行业几乎涉及所有领域：投资上海的房地产、西部矿业、双汇等公司股份使其大捞一把；与包括太子奶、深南电、国航及东航的对赌协议让其赚了个满盘金；入股工行四年赚 120 亿美元，盈利近 4.65 倍；充当多家中国公司 IPO 承销商并从中获取巨利等。其中，典型的案例首推高盛低价入股中国的银行事件，在 2004 年中国国有银行改制时，高盛相继发表研究报告，纵情诋毁中国国有银行，发表其研究成果指出，中国银行业的不良贷款率接近 40% 而成为亚洲之最糟糕银行，技术上中国四大银行已经破产。其结果是高盛等以极其便宜的价格在其上市前入股这些中国的银行，上市后便出现暴利。仅在中国工商银行上市时，高盛就通过入股成为战略投资者，四年后流通获利近 120 亿美元。通过唱衰以实现低价入股，与美国司法部门正在调查的其欺诈行为有异曲同工之妙。这种手段不仅仅是高盛在使用，其他资金雄厚的国际资本市场领导竞争者也能得心应手地使用。在国际机构聚集的香港市场，这样的案例比比皆是，杨颖桦总结了近年来香港股市上国际投行的操作行为，并指出，香港资本市场的话语权都牢牢地掌握在国际投行手中，他们可以充分发挥其言论的杀伤力。另外，香港股市中机构投资者的优势地位也决定了国际投行在操纵股

---

① 李德林：《干掉一切对手：看高盛如何算赢世界》，万卷出版公司 2009 年版。

② 朱益民：《高盛中国二十年：一直在掠夺从未被揭穿》，《21 世纪经济报道》2010 年 5 月 1 日，http：//comment5. finance. qq. com/comment. htm？ site = finance&id = 23674410。

③ 腾讯财经：《高盛中国二十年：一直在掠夺从未被揭穿》，2010 年 8 月 4 日，http：//comment5. finance. qq. com/comment. htm？ site = finance&id = 23674410。

④ 余丰慧：《高盛的中国阴谋与暗算何以能得逞》，凤凰网财经，http：//finance. ifeng. com/stock/special/lkltn/20100608/2288817. shtml。

价上更为得心应手。①

金融危机带来金融市场的剧烈波动，使这些市场领导竞争者的操纵违规行为得以暴露，几乎无处不在，“精彩纷呈”的博弈行为的市场影响是市场参与者不得不面对的市场影响因素。

综合以上案例，市场领导竞争者博弈策略可以归纳为两类：一类是市场领导竞争者之间的博弈；另一类是与市场其他交易者之间的博弈，如动量交易者等大众投资者的博弈等，这两类可能单独存在，也可能交织在一起。在市场领导竞争者因市场判断分歧而交易方向相反时，市场领导竞争者之间的博弈便展开了，使他们之间的博弈成为市场博弈的主要矛盾，成为决定期货价格波动的重要力量。例如，2005年年末，国际基金与国家物资储备局在伦敦铜期货上的博弈（详见第十一章有关内容），一般来说，这类博弈策略与过程的突出特征是争取市场的认同而壮大自己力量，汇总如图7－2所示。其中，M_{clu}表示看涨的市场领导竞争者；M_{cld}表示看跌的市场领导竞争者；E_{fti}表示交易标的。

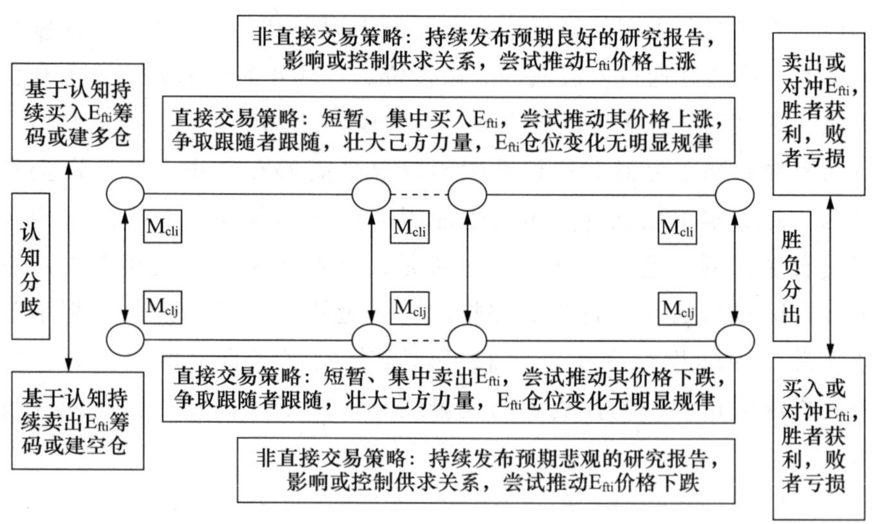

图7－2　市场领导者竞争者在期货、股票对立交易过程时博弈策略示意

---

① 杨颖桦：《国际投行坐庄港股揭秘：一边唱多一边出货》，《21世纪经济报道》2010年7月24日，http：//finance. ifeng. com/hk/dt/20100724/2440159. shtml。

另一种类型市场领导竞争者因联盟、默契或认知一致等原因在交易方向上基本一致，在竞争领导权时，有更重要的合作利益，这时其博弈对象主要是包括动量交易者的大众投资者，这类博弈的突出特征是通过趋势波动积累动能或利用交割等因素直接逼空，使大量中小投资者认赔出场，从而实现这些市场领导竞争者的盈利目标。一般来说，这类博弈的策略与过程如图 7－3 所示。其中，M_{cl}表示市场领导竞争者；M_p表示包括动量交易者的大众投资者；E_{fti}表示交易标的。

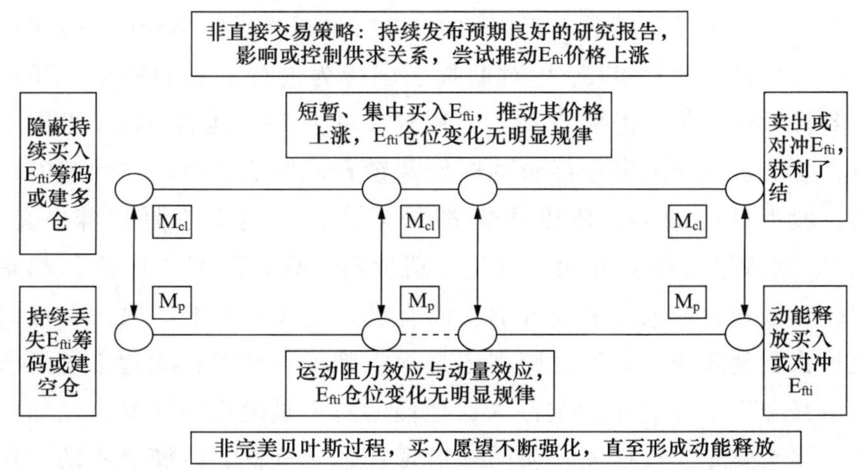

图 7－3　市场领导者竞争者在期货、股票价格上涨过程时博弈策略示意

五　市场领导竞争者博弈策略选择的外部约束——市场领导竞争者与市场监管者的博弈

面对市场领导竞争者的优势，中小投资者处于相对弱势，若他们再违背市场因素进行恶意操纵，对中小投资者与市场本身的健康发展危害都是极大的，这就需要有效的监管进行约束。但高盛等受到美国证券交易委员会的起诉只是他们行为的冰山一角，很多市场操纵行为难以准确地取证而逍遥法外。像美国监管相对比较完善，如反证券欺诈法律《马丁法案》除授予纽约州检察长充分的立案调查权外，《马丁法案》还在举证责任上比相应联邦法律要宽松，一般只要证明是虚假陈述并导致大众受害，而不需证明是恶意陷害，便能以欺诈定罪。而在香港比较成熟的资本市场监管中，并无类似的法律制度，新兴的内地市场就差得更远了。所以，面对市场操纵行为，市场参与者不能简单地把期望寄托在监管者手中，也要提高识别、防范的意识与能力。

（一）市场领导竞争者博弈不一定构成操纵

市场领导竞争者的博弈策略丰富多彩，并不一定构成操纵。如就坐庄行为而言，就存在不同声音。市场中小参与者对市场领导竞争者坐庄——“庄家”问题有极高的关注度，如和讯网 BBS 论坛的《证监会立案打击期货坐庄》[①] 对期货坐庄行为进行了热烈探讨，2010 年 8 月 4 日，其点击率为 2279，回复数量为 53，他们给出了不同观点，主要观点有大资金巨量的对倒和锁仓，形成了对散户的绞肉机器；股市只能做多，所以庄家都是多头，惯用手法是“养、套、杀”，这些早已尽人皆知。但是，期货不一样，所谓“庄家”都是明庄，增仓、减仓都是公开的，没有瞒天过海的可能。散户也可以明目张胆地跟庄，只不过跟多还是跟空就说不好了；期货市场的所谓“庄家”也不是散户的敌人，他们的对手是现货中间商，比如白糖，多头就是生产厂家，明明知道现在金融危机、白糖卖不动，却硬要把价格拉得那么高，目的只有一个，就是在现货市场上逼迫批发商以更高的价格买下他们的产品，从而把风险转移给批发商（或叫中间商），庄家是咱散户的朋友，是同一条战壕的战友，目的都是赚钱：庄家赚批发商的钱，咱们赚空头的钱；无数次证明，总有人企图操纵市场；水清则无鱼，期市股市没有庄家就是一潭死水，哪来的行情，散户能推动行情吗？庄越多越好，没庄家大家真的都得歇着去了，这样的政策是智能倒退，散户的赔与赚是由散户的技能高低决定。

---

① 《证监会立案打击期货坐庄》，2010 年 8 月 4 日，http：//futures. bbs. hexun. com/post_46_874527_1_d. aspx。

综合上述观点，可以归纳出以下几点：①“庄家”存在是市场活跃的必要因素，没有“庄家”，市场运动阻力难以克服，便是死水一潭，没有吸引力；②“庄家”有可能操纵市场，伤害散户，也是与其他操纵行为斗争的“领头羊”，让散户从中获益；③散户盈利要提高自己水平。可以看出，市场参与者对“庄家”的评价正面与负面因素同在，既有活跃市场、发现价值的正面作用，也有操纵市场、祸害其他投资者的负面特性。所以，市场领导竞争者的博弈行为不一定构成操纵。

（二）市场操纵的识别与界定

期货市场操纵危害大、风险高成为国内外大量学者关注的对象，例如，爱德华兹夫妇（Edwards and Edwards，1984）利用法律学研究方法对期货市场价格操纵行为进行了研究，提出了包括动机、行为和后果三个方面对价格操纵行为进行界定方法。[①] 贾罗（Jarrow，1992）探讨了实施无风险价格操纵策略需要满足的条件。[②] Kumar 与 Seppi（1992）研究了大资金市场操纵的方式与防范[③]，Pirrong（1995）构建了实物供给为非完全弹性时价格操纵分析模型。[④] 吉尔伯特（1996）通过分析 Sumitomo 公司操纵伦敦金属交易所金属铜事件，探讨了英国政府及伦敦金属交易所在防范市场操纵中存在的缺陷。[⑤] Pirrong 和 Olin（2004）提出了基于期货价格和现货价格数据，即被操纵期货合约的期货价格、其后续交割期期货合约期货价格、现货价格，通过分析它们之间的比价关系，借助统计模型识别期货市场价格操纵

---

① Edwards, L. N. and Edwards, F. R., A Legal and Economic Analysis of Manipulation in Futures Markets, *The Journal of Futures Markets*, 1984, 4, pp. 333 – 336.

② Jarrow, R., Market Manipulation, Bubbles, Corners, and Short Squeezes, *Journal of Financial and Quantitative Analysis*, 1992, 27, pp. 311 – 336.

③ Kumar, P., Seppi, D. J., Futures Manipulation with Cash Settlement, *Journal of Finance*, 1992, 47 (4), pp. 1485 – 1502.

④ Pirrong, C., Mixed Manipulation Strategies in Commodity Futures Markets, *The Journal of Futures Markets*, 1995, 15, pp. 13 – 38.

⑤ Gilbert, C., Manipulation of Metals Futures: Lessons from Sumitomo, *Discussion Paper* No. 1537, *University of London*, 1996.

行为的方法。[①] 休伯曼和斯坦兹尔（G. Huberman and W. Stanzl, 2004）探讨了价格操纵中运用类似套利策略的可行性。[②] 国内相关研究也比较活跃。如崔晓健、邢精平、李一军对期货操纵行为判别方法进行了探讨；[③] 马卫锋、黄运成尝试通过借鉴美国经验，提出了市场操纵认定的思路；[④] 刘庆富对中国期货市场价格操纵行为进行了总结，并提出了监管体系建设的建议[⑤]等。

然而，这些丰富的研究成果应用起来并不是十分有效，市场领导竞争者的市场操纵行为往往通过分仓等行为把操纵化为无形，为其提供的期货经纪公司也为了维护客户关系而尽力予以协助，使市场操纵行为认定困难，若采用一些学者提出的以一些经济指标作为判断标准，那么这些指标便成为操纵对象，实践中很难达到理想效果，中国期货业内专家可以历数大量的操纵事件，事实上，能够认定并对操纵者进行处罚的案例只是凤毛麟角。而国内解决这些操纵行为的主要办法就是交易所出台某些约束政策或干脆关闭该期货品种，很难真正厘清责任者并对其处罚，所以，相关监管有待继续深入探讨。其中，区分市场领导竞争者的博弈行为是否属于操纵的主要标准应该是看其行为是否属于“价值发现”即推动价格向市场均衡方向波动。若市场领导竞争者的博弈行为是促进价格向供求平衡区域移动，便不属于操纵；相反，市场领导竞争者不顾市场供求关系等基本因素，凭借自身实力优势，利用市场本身或规则等缺陷，通过博弈行为达到自己盈利目标的，属于操纵。市场监管者如果能够创造公平、透明、科学、规范的交易环境，使市场发育健全，那么市场竞争力量就是抑制操纵的

---

① Pirrong, S. C., Olin, J. M., Detecting Manipulation in Futures Markets: The Ferruzzi Soybean Episode, *American Law and Economics Review*, 2004, 6, pp. 28 - 71.

② Huberman, G., Stanzl, W., Price Manipulation and Quasi - arbitrage, *Econometrica*, 2004, 72 (4), pp. 1247 - 1275.

③ 崔晓健、邢精平、李一军：《期货市场操纵行为判别与预警》，《证券市场导报》2008 年第 9 期。

④ 马卫锋、黄运成：《期货市场操纵的认定：美国的经验及其启示》，《上海管理科学》2006 年第 2 期。

⑤ 刘庆富：《论中国期货市场价格操纵行为监控体系的构建》，《广东商学院学报》2006 年第 4 期。

最好手段，一般操纵行为通过市场力量即可解决；在恶性操纵行为出现时，应调动各方力量协助查处，特别是依靠市场参与者的力量，多方努力共同遏制操纵行为。

（三）监管约束下市场领导竞争者博弈策略选择

市场领导竞争者与市场监管者的博弈是比较复杂的，为分析便利，这里假设面对市场监管，市场领导竞争者有两种备选策略，即操作与不操纵，市场监管者有两种策略，即强力监管与一般监管。强力监管是指市场监管者调动大量人力、物力，以相对健全的法律法规为依据，对市场操纵行为严密监控并实施有效打击；一般监管是指市场监管者通过其常设机构，对严重的市场操纵行为进行监督。由此构成的矩阵，如表7－1所示。若市场监管者可以选择各自策略，那么对应损益情况如表7－1中的矩阵，在（一般监管，操纵）策略中，市场领导竞争者操纵行为可以取得超额收益，其损益为V_{cpj}，同时市场受损，市场监管者声誉受损，对应的损益为V_{pjc}；在（一般监管，不操纵）策略中，市场领导竞争者可以取得正常损益，其损益为V_{ncpj}，市场运行正常，市场监管成本也较低，市场监管者以低成本实现有效监管市场，损益为V_{pjnc}；在（强力监管，操纵）策略中，市场领导竞争者的操纵行为很可能被查处从而蒙受损失，损益为V_{cqj}，市场监管者强有力的监管打击了操纵行为，保护了市场秩序，建立了良好信誉，损益为V_{qjc}；在（强力监管，不操纵）策略中，市场领导竞争者取得正常损益V_{ncqj}，市场监管者在管维护市场正常运行时付出了较高成本，因此损益为V_{qjnc}。

表7－1　市场领导竞争者与市场监管者关于市场监管与操纵的一般博弈模型

市场监管者	操纵	不操纵
一般监管	V_{pjc}，V_{cpj}	V_{pjnc}，V_{ncpj}
强力监管	V_{qjc}，V_{cqj}	V_{qjnc}，V_{ncqj}

为简化分析，对不同状态损益值进行评估，使模型简化。其中，市场监管者损益评估比较复杂，这里把监管成本界定为：不仅包括其监管直接成本，还包括由于监管带来的市场冲击造成的负面影响。市场监管并不是简单地带来正面效果，出现市场监管行为时，也会引发市场出现不正常波动，如2010年9月9日期货、股票市场出现异动，市场普遍认为是监管传言所致。① 其他因素取值相对简单，若：$V_{pjc}=-1$，$V_{cpj}=2$，$V_{qjc}=2$，$V_{cqj}=-1$，$V_{pjnc}=1$，$V_{ncpj}=1$，$V_{qjnc}=-1$，$V_{ncqj}=1$，则这个博弈模型转化为如表7－2所示博弈矩阵。从这个模型看，市场没有纯战略纳什均衡，但有混合战略纳什均衡，即市场监管者与市场领导竞争者分别以一定的比例在一般监管与强力监管、操纵与不操纵组合成的混合战略中取得均衡。

表7－2　市场领导竞争者与市场监管者关于市场监管与操纵的博弈模型举例

市场监管者	操纵	不操纵
一般监管	－1，2	1，1
强力监管	2，－1	－1，1

若市场监管者强力监管的概率为 p_{qj}，市场领导竞争者操纵的规律为 p_{cz}，那么，市场领导竞争者与市场监管者的决策目标是他们损益的最大值：

$$\begin{cases} E_{Vml}=\max\{[p_{qj}\times(-1)+(1-p_{qj})\times 2]p_{cz}+ \\ \qquad [p_{qj}\times 1+(1-p_{qj})\times 1](1-p_{cz})\} \\ E_{Vmc}=\max\{[p_{cz}\times 2+(1-p_{cz})\times(-1)]p_{qj}+ \\ \qquad [-p_{cz}+(1-p_{cz})\times 1](1-p_{qj})\} \end{cases} \quad (7-1)$$

化简为：

① 李中秋、王超：《调查传闻重挫商品市场，拖累股市走低》，《中国证券报》2010年9月10日。

$$\begin{cases} E_{Vml} = \max[1 + (1 - 3p_{qj})p_{cz}] \\ E_{Vmc} = \max[(1 - 2p_{cz}) + (5p_{cz} - 2)p_{qj}] \end{cases} \tag{7-2}$$

由 $E_{Vml} = \max[1 + (1 - 3p_{qj})p_{cz}]$ 得：

$$\begin{cases} p_{qj} < \frac{1}{3}, \ p_{cz} \to 1 \\ p_{qj} > \frac{1}{3}, \ p_{cz} \to 0 \end{cases} \tag{7-3}$$

由 $E_{Vmc} = \max[(1 - 2p_{cz}) + (5p_{cz} - 2)p_{qj}]$ 得：

$$\begin{cases} p_{cz} > \frac{2}{5}, \ p_{qj} \to 1 \\ p_{cz} < \frac{2}{5}, \ p_{qj} \to 0 \end{cases} \tag{7-4}$$

由推导结果也可以看出，博弈不存在纯战略稳态的纳什均衡。但在给定的假设损益情况下，强力监管概率超过1/3时，市场领导竞争者操纵的概率趋于0，即如果市场监管者愿意付出高成本，市场操纵行为趋于消失。强力监管小于1/3时，市场领导竞争者操纵的概率趋于1即监管不力情况下，市场操纵将会泛滥。这一结论可以帮助理解在监管有力的市场操纵行为较少；相反，监管不力的地方操纵行为盛行的现象。

第三节　市场领导竞争者博弈力量的短期表象

市场领导竞争者博弈力量对市场价格波动的作用得到市场参与者的广泛认同，以致在市场中形成了“声誉”——实力较强的市场领导竞争者取胜的概率较高。那么，利用期货交易所每天公布的会员交易及持仓排名前20名的数据，发现筹码较多的一方——有更高的机会获得市场领导地位者，以此来判断短期市场趋势成为市场分析手段之一，部分投资者简单地以此为依据进行交易，也取得了良好效果。

市场领导竞争者能够取得领导地位，与其实力和可用于博弈的资源密切相关。随着市场不断成熟，个别市场领导竞争者很难取得领导地位，更多的情况是实力靠前的一群领导竞争者共同作用来取得市场领导权。而市场领导竞争者的博弈行为难以准确把握，投资者可以通过简单的市场领导竞争者的交易量与持仓量等数据推测他们对市场的判断及为此投入的筹码。显然，筹码越大，说明他们信心越足，愿意为此付出的努力也会越多，所以，交易所每天公布的会员交易及持仓量数据对市场分析具有较高的价值。交易所一般每天收盘后都会公布当天会员交易量、多头持仓量、空头持仓量的前 20 名，而这些前 20 名基本上囊括了市场上主要的市场领导竞争者，空头持仓量与多头持仓量之间的差异可以折射出市场领导竞争者的倾向。表 7 –3 至表 7 –4 给出了上海商品交易所 2010 年 8 月 18 日收盘后几个主要交易品种活跃合约的交易数据与持仓量前 20 名会员情况，根据会员的实力与其持仓量情况，可以作为预测市场领导竞争者博弈力量的参考指标。但是，由于期货市场交易活跃，换手率高，他们改变交易方向也很容易，同时不排除他们隐蔽分仓的可能性，所以，作为长期判断指标可靠性并不高，但作为短期分析指标，受到市场的广泛关注，最显著的表现在这些数据对第二天开盘价有一定的影响：若数据公布显示前 20 名合计持仓量明显较大的一方，第二天开盘阶段一般会受到影响，即如果前 20 名多头持仓总量明显大于前 20 名空头持仓总量，下个交易日开盘上涨概率较大；相反，下跌概率较大。

从这组数据来看，多头持仓总量（持买单总量）83640 手与空头持仓总量（持卖单总量）83632 手基本相当（见表 7 –3），当天收盘价为 17705，19 日开盘价为 17680，两者差距很小。

从这组数据来看，多头持仓总量（持买单总量）49858 手与空头持仓总量（持卖单总量）46344 手稍多（见表 7 –4），当天收盘价为 58240，19 日开盘价为 58270，高开的价差也很小。

从这组数据来看，多头持仓总量（持买单总量）321992 手与空头持仓总量（持卖单总量）472614 手明显少（见表 7 –5），当天收盘价为 4208，19 日开盘价为 4188，明显低开（相当于保证金的 5.9%）。

表 7－3　　上海期货交易所 Zn1012 合约会员成交及持仓排名

（交易日期：2010 年 8 月 18 日）

名次	会员简称	成交量（手）	名次	会员简称	持买单量（手）	名次	会员简称	持卖单量（手）
1	金瑞期货	57344	1	国泰君安	11561	1	中证期货	8683
2	长城伟业	54414	2	中财期货	11272	2	一德期货	8387
3	中国国际	51266	3	新纪元	5291	3	上海中期	6246
4	神华期货	50425	4	中国国际	4728	4	海证期货	5298
5	东证期货	43914	5	浙江大地	4414	5	中粮期货	4789
6	南华期货	43627	6	鲁证期货	4033	6	五矿实达	4513
7	迈科期货	38669	7	南华期货	3926	7	长城伟业	4401
8	鲁证期货	38189	8	浙江新华	3872	8	金瑞期货	4398
9	浙江永安	35203	9	浙江永安	3632	9	南华期货	4162
10	广发期货	34604	10	广发期货	3443	10	东证期货	3806
11	浙江新华	34330	11	浙江中大	3430	11	中钢期货	3499
12	国海良时	32587	12	浙商期货	3368	12	山西三立	3357
13	国泰君安	32457	13	海通期货	3114	13	迈科期货	3347
14	中证期货	31336	14	长城伟业	3072	14	云晨期货	3149
15	徽商期货	31038	15	银河期货	2887	15	北京首创	2875
16	海通期货	29205	16	迈科期货	2544	16	方正期货	2867
17	申万期货	27163	17	方正期货	2436	17	经易期货	2736
18	银河期货	26930	18	中粮期货	2360	18	宏源期货	2706
19	浙商期货	26029	19	江苏弘业	2162	19	浙江永安	2670
20	国元期货	21581	20	天琪期货	2095	20	申万期货	1743
合计		740311			83640			83632

表 7－4　　上海期货交易所 Cu1011 合约会员成交及持仓排名

（交易日期：2010 年 8 月 18 日）

名次	会员简称	成交量	名次	会员简称	持买单量	名次	会员简称	持卖单量
1	广发期货	10387	1	金瑞期货	4540	1	江苏弘业	4628
2	中证期货	9272	2	上海中期	3589	2	金瑞期货	4447
3	南华期货	8989	3	广发期货	3586	3	云晨期货	3561
4	浙江中大	7734	4	宏源期货	3370	4	江苏东华	2995
5	万达期货	7568	5	中粮期货	3205	5	海航东银	2538
6	鲁能金穗	7359	6	成都倍特	3136	6	浙江永安	2434
7	浙新世纪	6988	7	南华期货	2739	7	南华期货	2417
8	东证期货	6571	8	浙江大地	2701	8	中国国际	2316
9	经易期货	6489	9	一德期货	2642	9	安信期货	2132
10	浙江永安	6000	10	东海期货	2507	10	北方铜业	2110
11	江苏弘业	5796	11	国泰君安	2383	11	浙江大越	2027
12	浙商期货	5602	12	渤海期货	2089	12	中粮期货	2027
13	国元期货	5473	13	迈科期货	1983	13	一德期货	1999
14	方正期货	5345	14	中信新际	1963	14	经易期货	1730
15	国联期货	5221	15	上海东亚	1926	15	华安期货	1712
16	中国国际	5189	16	银河期货	1725	16	中钢期货	1581
17	海通期货	5111	17	江苏弘业	1577	17	广发期货	1476
18	浙江新华	4797	18	中证期货	1465	18	迈科期货	1474
19	银河期货	4732	19	五矿实达	1372	19	浙江中大	1435
20	申万期货	4397	20	浙江永安	1360	20	江苏苏物	1305
合计		129020			49858			46344

资料来源：上海期货交易所（http：//www. shfe. com. cn）。

表 7－5　　上海期货交易所 Rb1101 合约会员成交及持仓排名
（交易日期：2010 年 8 月 18 日）

名次	会员简称	成交量	名次	会员简称	持买单量	名次	会员简称	持卖单量
1	银河期货	184747	1	国泰君安	38769	1	沙钢集团	84027
2	新湖期货	97681	2	浙江永安	32974	2	中钢期货	77256
3	国泰君安	80441	3	海通期货	29880	3	国泰君安	45656
4	浙江永安	70451	4	南华期货	20253	4	浙江永安	31513
5	东证期货	64523	5	东海期货	17193	5	海通期货	30661
6	海通期货	51961	6	浙江中大	15650	6	东吴期货	26239
7	南华期货	48719	7	鲁证期货	15429	7	中国国际	22017
8	浙江新华	44473	8	光大期货	14806	8	银河期货	21851
9	浙商期货	36171	9	浙商期货	13953	9	华安期货	18365
10	方正期货	34288	10	长城伟业	13129	10	道通期货	16981
11	华元期货	33609	11	中国国际	12397	11	徽商期货	14433
12	申万期货	32823	12	宏源期货	12336	12	南华期货	13589
13	鲁证期货	31356	13	东兴期货	12073	13	国贸期货	12635
14	国联期货	31324	14	江苏弘业	11442	14	上海中期	12082
15	中国国际	30945	15	广发期货	11330	15	摩根大通	8883
16	江苏弘业	29735	16	中钢期货	11138	16	鲁证期货	8601
17	徽商期货	29242	17	银河期货	10752	17	经易期货	8170
18	大华期货	28733	18	北京中期	9823	18	北京中期	6781
19	华安期货	28576	19	东证期货	9432	19	长城伟业	6570
20	海证期货	26855	20	申万期货	9233	20	海航东银	6304
合计		1016653			321992			472614

资料来源：上海期货交易所（http：//www. shfe. com. cn）。

从这组数据来看，多头持仓总量（持买单总量）100794 手与空头持仓总量（持卖单总量）66053 手明显多（见表 7－6），当天收盘价为 24900，19 日开盘价为 25030，明显高开（相当于保证金的 6. 5%）。

表 7-6 上海期货交易所 Ru1101 合约会员成交及持仓排名

（交易日期：2010 年 8 月 18 日）

名次	会员简称	成交量	名次	会员简称	持买单量	名次	会员简称	持卖单量
1	鲁能金穗	67738	1	中证期货	16030	1	南华期货	6974
2	浙江永安	44170	2	浙江大地	14094	2	中国国际	6959
3	新湖期货	39481	3	银河期货	7526	3	浙江永安	5996
4	东吴期货	35813	4	浙江永安	6307	4	浙江大地	4106
5	海通期货	34476	5	上海东亚	5421	5	银河期货	3789
6	中国国际	34103	6	鲁证期货	4981	6	鲁证期货	3300
7	中证期货	32880	7	宝城期货	4943	7	方正期货	3167
8	银河期货	28786	8	国泰君安	4731	8	浙商期货	3133
9	南华期货	26005	9	一德期货	4150	9	广发期货	3066
10	浙江大地	24891	10	中谷期货	4050	10	国泰君安	2620
11	神华期货	24271	11	红塔期货	3614	11	金鹏期货	2522
12	金瑞期货	22151	12	江苏文峰	3378	12	海通期货	2508
13	浙江新华	21129	13	经易期货	3364	13	长城伟业	2480
14	长城伟业	20978	14	华闻期货	3063	14	国海良时	2462
15	国海良时	18523	15	长城伟业	2969	15	中信新际	2386
16	迈科期货	17061	16	道通期货	2816	16	信达期货	2199
17	浙商期货	15850	17	新湖期货	2782	17	浙江中大	2165
18	徽商期货	15056	18	中国国际	2483	18	宁波杉立	2164
19	国泰君安	14962	19	国金期货	2066	19	江苏弘业	2079
20	鲁证期货	13544	20	浙江新华	2026	20	浙江新华	1978
合计		551868			100794			66053

资料来源：上海期货交易所（http：//www. shfe. com. cn）。

为了验证上述结论，进行了这样的百日跟踪观察，这组数据是百日跟踪观察数据（无特别信息刺激样本）中任选的，涨跌数据在次日进行统计，这组数据与前述的判断完全一致，在没有特别的消息刺激或外盘明显波动影响的样本中，类似现象出现概率为 86. 15%（56/65），但由于其他因素影响无法准确识别判断，所以，放弃了从这个角度进行实证论证，而是从投资者调查分析角度进行研究。为此，设计了调查问卷，了解投资者对交易所公布的交易与持仓报告的理解和反应。从调查结果来看，投资者对这一信息的关注率达 72.97%（216/296），前 20 名持仓总量明显不平衡时，认为实力强的一方在短期获胜可能性大的比例为 94.26%（279/296）。这清晰地反映出投资者对此信息高度关注且对因筹码差异和市场短期波动的联系持肯定态度，所以，必然影响市场参与者的操作行为。从一般参与者角度也可以看到多空主力的实力或筹码相对优势在短期内对市场价格涨跌产生的影响，从而验证了市场领导竞争者博弈力量的存在与作用。

第四节 博弈分析与市场趋势的关系

复杂的市场博弈行为对市场价格会产生推动力量，其对市场波动趋势的影响表现在大量博弈力量的合力。

在市场领导竞争者数量较少或者少数有明显优势的市场上，这些少数人的博弈力量较大而最终决定博弈合力的方向，这样的市场，无论这些少数人顺应市场供求关系趋势还是逆市场供求关系趋势，都可以取得市场领导地位，这样的市场容易产生操纵，其博弈策略无明显规律，这时，通过博弈分析判断市场趋势就比较困难。

当市场领导竞争者较多且无明显具有优势的个体，通过市场领导竞争者的博弈策略分析，可以发现具有低成本、低风险、高认同度等特征的优势策略的竞争优势明显，因此，采用这种策略取胜概率较大。因为那些“聪明的”市场领导竞争者，其必然优先采用优势策略，助其在市场领导者的竞争中取胜。因此，市场优势策略产生的博弈力量有更多的机会取得主导地位，决定博弈合力的方向，影响甚至决定市场波动趋势。可见，发现优势策略成为市场参与者判断市场波动趋势的重要因素。这样，通过优势策略的把握便可以协助把握市场趋势，使市场趋势分析成为可能，并可通过适当的量化方法进行分析研究。

第五节 市场领导竞争者博弈推动力小结

有较强资金实力与信息收集、处理能力的市场领导竞争者不甘心简单地在市场中随波逐流，而是利用手中的资源，选择适当的博弈策略，通过参与市场领导者的竞争，对市场产生影响或控制，从而更好地实现其盈利的目标。由于这些博弈行为的存在而产生的对市场价格波动的推动力量，在某些条件下，甚至可以演化为市场的主导力量。违背“价值发现”的博弈行为——操纵行为对市场功能的发挥及公平竞争环境都具有明显的伤害，监管部门需要进行有效监管，但是，由于市场操纵的隐蔽性和复杂性，使市场监管任重道远，需要不断地提高操纵识别能力，并完善相关法律、法规。而市场领导竞争者也会不断地改变操纵手法，把操纵行为化为无形来应对不断完善的监管体系，市场操纵与反操纵的博弈仍将会长期存在。因此，市场领导竞争者的博弈分析是市场分析不可忽略的组成部分。

第八章　弹性系统的动能

第一节　弹性系统的动能的基本概念

弹性系统的动能是指资产价格因偏离平衡位置或在外力持续推动下形成明显的波动趋势，在价格沿趋势方向运行时，这种运动趋势信息通过刺激市场交易者及关注市场的潜在交易者，使其交易策略刻上了这一趋势的烙印，并以此来影响参与者与潜在参与者的交易决策。

与市场动能相关的研究也十分活跃，这些研究主要是以股票市场为例进行研究的，期货价格波动与股票价格波动从运动特征上没有明显区别，相关研究成果在两个市场基本一致。其中，最为接近的研究是 Jegadeesh 和 Titman（1993）提出的动量效应（又称“惯性效应”），其研究发现股票的收益率有延续原来的运动方向的趋势，即过去一段时间收益率较高的股票在未来获得的收益率仍会高于过去收益率较低的股票。① 此后，他们又对动量效应的策略进行研究，指出基于股票动量效应，投资者可以通过买入过去收益率高的股票、卖出过去收益率低的股票获利，这种利用股价动量效应构造的投资策略称为动量投资策略。其研究发现，在金融市场，过去上涨的资产价格有进一步上涨的趋势，例如，过去一段时间表现强劲的股票仍能继续跑赢

① Jegadeesh, N. and S. Titman, “Returns to Buying Winners and Selling Losers: Implications for Stock Market Efficiency”, *Journal of Finance*, 1993, 48, pp. 65 - 91.

那些过去表现逊色的股票，经大量统计分析，过去表现强劲的股票下一阶段的回报率平均每月高出 1% 。①

市场动量效应现象的发现激发了人们尝试运用金融理论进行解释的热情，依据市场有效性假说的现代金融学认为，价格上涨须供求关系变化或其他相关新信息才能引致，资产价格上涨本身并不能为价格继续上涨提供有效依据，金融学者一般把这一现象归于行为金融学的认知偏差，丹尼尔、赫施莱弗、萨伯拉曼亚姆的研究认为，动量效应源于人的反应不足、过度自信和自归因偏差。② 巴伯斯、施莱弗和维什尼也有近似的研究结论。③ 然而，克罗姆贝兹（Crombez）研究发现，动量效应在理性交易者中同样出现。④ Hong 和 Stein 的研究也有相同结论，其基于投资者交互作用机制的 HS 模型对动量效应进行解释，HS 模型强调了投资者的异质性，把交易者分为信息观察者和动量交易者两类，私人信息在信息观察者之间是逐步扩散的。得到结论：信息扩散慢的股票的动量效应或反转效应高于信息扩散快的股票，因此，公司规模小、换手率低的股票具有更高的动量收益或者反转收益。但是，随后，Lee 和 Swaminathan 研究发现，高换手率的股票动量效应收益更为明显⑤，HS 模型的结论受到质疑。N. Balsara 和 Lin Zheng 将疾病传播模型的思想引入 HS 模型中，认为信息扩散程度同时受到两个因素的制约：信息传播速度和信息吸收程度。⑥ 信息传播

---

① Jegadeesh, N. and S. Titman, "Profitability of Momentum Strategies: An Evaluation of Alternative Explanations", *NBER (NATIONAL BUREAU OF ECONOMIC RESEARCH) Working Paper*, w7159, 1999, pp. 1 – 38.

② Daniel, K., D. Hirshleifer and A. Subrahmanyam, "Theory of Overconfidence, Self – Attribution, and Security Market Under and Over – reactions", *Journal of Finance*, 1998, 53, pp. 27 – 64.

③ Nicholas Barberis, Andrei Shleifer and Robert Vishny, "A Model of Investor Sentiment", *Journal of Financial Economics*, 1998 (49), pp. 307 – 343.

④ Crombez J. Momentum, "Rational Agents and Efficient Markets", *The Journal of Psychology and Financial Markets*, 2001 (2), pp. 190 – 200.

⑤ Charles M. C. Lee and Huascaran Swaminathan, "Price Momentum and Trading Volume", *The Journal of Finance*, 2000, 10 (5), pp. 2017 – 2069.

⑥ N. Balsara and Lin Zheng, "Explaining Momentum Profits with an Epidemic Diffusion Model", *Journal of Economics and Finance*, 2006 (30), pp. 407 – 422.

速度是一个客观指标，与换手率、波动性等相关。信息吸收程度则表示信息的有用性或可靠性，取决于一些主观因素。这些研究对市场动量、惯性做了有益的研究探讨，虽然一定程度上有利于对市场的把握，但这些研究成果互相也验证了彼此的不足，限制了其应用与推广，影响力不足。

第二节 弹性系统的市场动能的形成原理

一 非理性行为

趋势技术分析的自我实现。价格沿着某一趋势波动时，应用技术分析法可以识别、判断这样的波动趋势，使用这些分析工具的投资者则会按照技术分析法的提示——“顺势操作”进行市场交易，这种交易行为使这一趋势得到加强与延续，使趋势本身成为价格运动的一种能量。

行为金融学研究的大量非理性行为也是动能产生的源泉。例如，趋势的持续对交易者的心理产生多种影响，如“羊群效应”、动量效应等，使价格波动趋势成为影响这些交易者的潜在能量。以“羊群效应”为例，可以发现其形成过程。

期货市场与股票市场中的“羊群效应”只是社会上众多从众现象之一，社会心理学实验证明，当客观现实很模糊时，大众的行为就成为信息源，或者说大众的行为提供了一个人应如何行动的信息。“羊群效应”的广泛影响使相关研究比较活跃，例如，Lakonishok、施莱弗和维什尼（1992）以股票市场为例指出，“羊群行为”是指投资者在同一时间段内跟随其他投资者买入或售出相同的股票。① 萨夫斯坦和斯坦（Scharfstein and Stein，1990）认为，“羊群行为”是指投资者违反贝叶斯理性人的后验分布法则，从而跟随他人做同样的事情，忽

① Lakonishok，J.，Shleifer，A. and R. W. Vishny，“The Impact of Institutional Trading on Stock Prices”，*Journal of Financial Economics*，1992，32，pp. 23 - 43.

略其私人信息。①

“羊群行为”发生的原因主要有四个方面：一是节约成本。期货市场信息丰富，鱼龙混杂，获取、去伪存真、归纳分析不仅有成本，也需要能力，而模仿他人的行为则简单易行，既节约成本又节约脑力。二是与真正的羊群一样，聚群者生命力更强，特别表现在委托—代理关系的基金投资经理、经纪人与分析师身上，通过责备分担效应，躲过失误所承受的责难与声誉损害，即如果某代理人与众人交易策略相同，这时的失败则可以通过类似“系统风险”等托词掩饰而过，若与众人交易策略相反，一旦失败，其行为则被归咎于能力有限、策略失当，责难与毁誉难当。因此，代理人甚于一般投资者，都有与别人趋同的愿望，以求生存。三是信息在传递过程中，在人群的沟通过程中产生了传染，进而导致群体行为出现收敛。四是从众心理。从众心理是指人们通常希望与他人行为保持一致的本能，这样即使失败，也能因他人同时失败而得到心理宽慰，降低挫折感。

“羊群效应”是非理性行为的一种，通常，投资者所处的信息环境具有不确定性，同时信息处理能力也限制了投资者信息的依赖，从而模仿他人决策，或者受舆论所左右，而不进行基于信息的获取与研究的决策。

由于“羊群行为”涉及较多投资者的互动行为，其结果对于市场趋势的形成与保持产生显著影响，也与金融泡沫的产生、破灭有着密切关系，是投资者行为研究必不可少的环节。

“羊群效应”成就了价格波动趋势的持续性。例如，牛市形成后，投资者即使认为期货价格超过平衡值，由于受“羊群效应”的影响，也不会轻易改变交易策略，使市场保持了惯性，继续保持牛市格局，价格从低估走向高估，信息由反应不足走向反应过度，促成弹性系统模型所示的从平衡的一端移动到平衡的另一端。熊市市场的情形类

---

① Scharfstein, David and Jeremy Stein, “Herd Behavior and Investment”, *American Conomic Review*, 1990, Vol. 80, pp. 465 – 479.

似。另外，所有“羊群行为”的发生基础都是信息的不完全性。因此，一旦市场的信息状态发生变化，如新信息的出现，“羊群行为”就会瓦解。这意味着“羊群行为”具有不稳定性和脆弱性，使市场也表现出波动性特征。

二 非完美贝叶斯推理与动能的形成

（一）贝叶斯推理基本原理

贝叶斯推理是18世纪英国学者贝叶斯发现的归纳推理方法。经过大量研究者长期研究、应用与完善，形成了有影响的统计学派，其主要工具就是贝叶斯法则（贝叶斯公式），它是人们根据新的信息从先验概率得到后验概率的基本方法。在统计学中，人们把修正前的判断称为先验概率，根据新信息修正后的判断称为后验概率。基于对贝叶斯法则的统计推断则称为贝叶斯推理。

假定分析对象 i 有 k 个可能的类型，有 H 个可能的行为，若 a^h 和 θ^k 分别代表特定的类型与一个特定的行动，若 i 属于 θ^k 的先验概率 $p(\theta^k)\geqslant 0$，$\sum_{k=1}^{n}p(\theta^k)=1$，给定 $i\in\theta^k$，i 选择 a^h 的条件概率（或称基础概率）为 $p(a^h\mid\theta^k)$，则 i 选择 a^h 的边缘概率为：

$$prob\{a^h\} = \sum_{k=1}^{n} p(a^h \mid \theta^k)p(\theta^k) \tag{8-1}$$

后验概率为：

$$prob\{\theta^k \mid a^h\} = \frac{p(a^h \mid \theta^k)p(\theta^k)}{prob\{a^h\}} = \frac{p(a^h \mid \theta^k)p(\theta^k)}{\sum_{k=1}^{m} p(a^h \mid \theta^k)p(\theta^k)} \tag{8-2}$$

这就是贝叶斯法则，是人们修正信念的基本方式。贝叶斯法则是人们根据新的信息，从先验概率得到后验概率的基本方法。

（二）行为金融学对贝叶斯法则的质疑与观点

在行为金融学有重要影响的 Kahneman 和 Tversky 对贝叶斯法则进行了探讨，他们发现，人们直觉的概率判断忽略了先验概率的现象并提出了启发法策略论。他们认为，人们直觉的概率推理受到认知策略的影响，这是一种基于经验的判断推理，因此会经常出现判断错误的现象。① 人们的主要认知策略分为代表性启发和可得性启发两类：代表性启发是指人们倾向于根据样本与总体的代表性或相似性来判断其出现的概率大小，越能代表总体或与总体越相似的，被判断的出现概率则越大；相反，其被判断的出现概率越小。② 可得性启发是指人们倾向于依据分析对象在知觉或记忆中容易得到的情况来估计其出现的概率大小，他们在实验中通过人们对英语单词首个字母与中间字母的（记忆）敏感程度不同而引发的误判来证明他们的观点。③

（三）期货参与者的非完美贝叶斯推理

期货投资者在对事件概率判断的过程中，其可得性启发现象容易识别，一般地，投资者对经历过的类似事件比较敏感，判断事件的概率较高，然而，这样的现象在投资者根据信息判断事件概率时所占的比例很小，因为事件基本相同的情况并不常出现，经济的复杂性，使某些看似类似的事件也有很大差异。基于这种理论无法全面准确地把握投资者的判断推理过程。

经过长期研究、实践、探讨分析发现，投资者的信息判断是非完美贝叶斯过程，即投资者的判断与贝叶斯推理决定的判断概率变化方向是一致的，但变化幅度与贝叶斯法则有差异。即投资者认知方面体现了贝叶斯推理的特性，但程度与理论值存在差异，从定性角度来看，符合贝叶斯推理的特征；从定量角度来看，与贝叶斯推理理论值不一致。

若分析对象 $i=$ 市场趋势。

$K=3$ 市场趋势有 3 个类型，即：$\theta^1=$ 牛市、$\theta^2=$ 熊市、$\theta^3=$ 牛皮市。

市场行为 a^h 有很多种，那样影响投资者对市场状态判断的信息

① Tversky, A. and Kahneman, D., "Judgment under Uncertainty: Heuristics and Biases", *Science*, 1974, 185, pp. 1124 – 1130.

② Kahneman, D. and Tversky, A, "Subjective Probability: Judgment to Representativeness", *Cognitive Psychology*, 1972, 3, pp. 430 – 454.

③ Tversky, A. and Kahneman, D., "Availability: A Heuristic for Judging Frequency and Probability", *Cognitive Psychology*, 1973, 5, pp. 207 – 232.

都是待考察的市场行为，典型的有上涨、下跌、持平、创新高、创新低等，牛市的典型行为有上涨、创新高，均线系统向上发散排列等。

期货投资者的市场判断是不断重复进行的，即根据新信息不断修正对市场的判断，从动态持续角度研究，贝叶斯过程与市场的进程密切相关。例如，在牛市市场中，随着牛市走向深入，贝叶斯推理对认知的强化程度呈前低后高，不断强化的特征。

对于牛市初期市场上涨与牛市末期市场上涨，投资者的贝叶斯推理是不同的。为描述贝叶斯推理对人们判断影响的程度，引入贝叶斯推理效率参数来描述：

若 a^h 出现后，人们实际的概率判断为 $prob_r(\theta^k)$，则贝叶斯推理效率为：

$$\lambda = \frac{prob_r(\theta^k)}{prob\{\theta^k \mid a^h\}} \tag{8-3}$$

$$prob\{\theta^k \mid a^h\} = \frac{p(a^h \mid \theta^k)p(\theta^k)}{\sum_{k=1}^{m} p(a^h \mid \theta^k)p(\theta^k)} \tag{8-4}$$

为了说明相关问题，进行以下实践验证。首先，以专家评价法，评估先验概率。通过加权平均法得出以下参考数据：牛市中，某日价格创一周新高概率约为 25.2%，熊市市场价格创一周新高概率约为 9.1%，牛皮市中价格创一周新高的概率约为 13.7%。以沪铜为考察对象，通过专家组成员对周围的投资者进行跟踪，然后汇总，推算投资者对市场判断的概率。研究对象如图 8-1 所示的沪铜期货 1105 日线图，2009 年 7 月，投资者对市场涨跌的判断：这时期铜从金融危机中恢复不久，处于牛市初期，27—29 日，实验观察组访谈调研得出以下判断：投资者对市场判断为继续保持牛市概率均值约为 55.3%，牛皮市概率均值约为 24.6%，熊市概率均值约为 20.1%。2009 年 7 月 30 日创一周新高，这时，通过调查得到的上涨概率判断的均值为：$prob_r(\theta^k) = 58.5\%$，而理论值：

$prob\{$牛市持续$|$价格创一周新高$\}$

$$= \frac{25.2\%}{25.2\% \times 55.3\% + 9.1\% \times 24.6\% + 14.5\% \times 20.1\%} \times 55.3\%$$

$$= 73.0\%$$

$$\lambda = \frac{prob_r(\theta^k)}{prob\{\theta^k \mid a^h\}} = 80.1\%$$

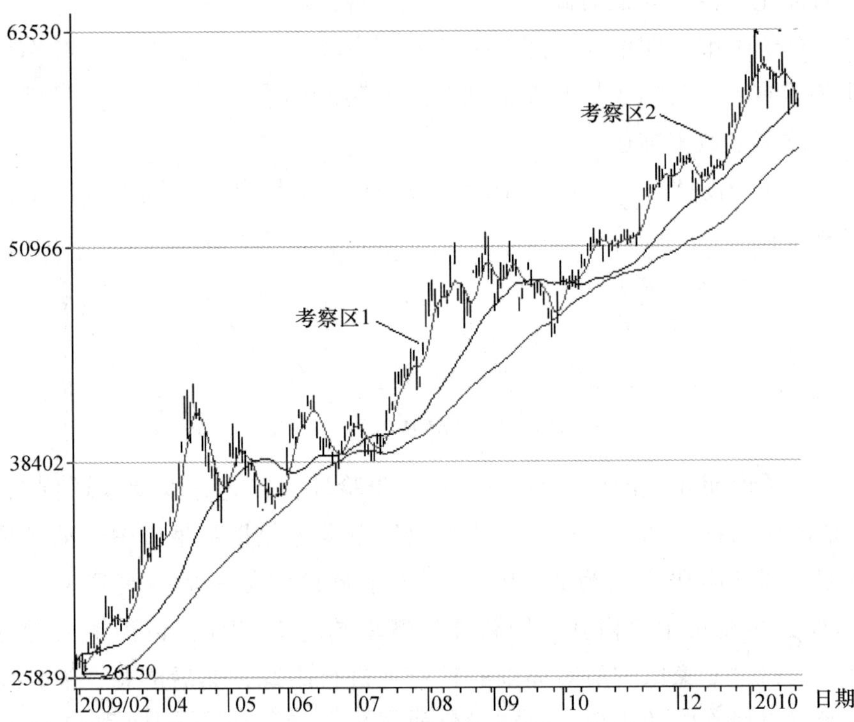

图 8-1 沪铜期货 1105 日线图

实际上，投资者对市场判断：继续保持牛市比贝叶斯法则计算数值小，由于上涨时间短，投资者对这样的市场因为敏感度没有充分激活，与可得性启发是一致的。

在市场牛市继续持续上涨 3 个多月后，2009 年 11 月 13 日，投资者判断市场继续保持价格上升的概率均值约为 58.3%，牛市概率约为 21.2%，熊市概率约为 20.5%。2009 年 11 月 16 日明显创出一周新高，实际调查投资者判断市场上涨概率均值为：$prob_r(\theta^k) = 89.6\%$，而理论值：

$$prob\{牛市持续 \mid 价格创一周新高\}$$
$$= \frac{25.2\%}{25.2\% \times 58.3\% + 9.1\% \times 21.2\% + 4.5\% \times 20.5\%} \times 58.3\%$$
$$= 83.7\%$$

$$\lambda = \frac{prob_r(\theta^k)}{prob\{\theta^k \mid a^h\}} = 107.1\%$$

截至2009年11月，由于沪铜牛市持续了较长一段时间，金融危机阴影已经消除，投资者经历市场创一周新高次数明显增加，对此现象越来越敏感，从两个考察点的对比可以看出，后期贝叶斯推理效率明显高于前期水平。一般地，在一定时期内，一个事件反复出现，会刺激贝叶斯推理的效率快速上升，如图8－2所示。

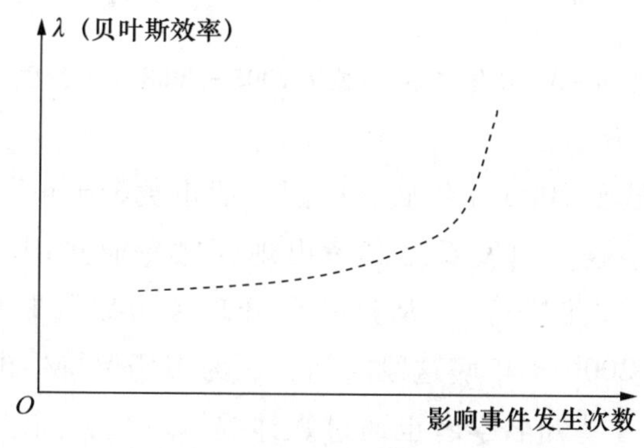

图8－2　贝叶斯效率与影响事件发生次数关系

这样的现象还可以通过大量可观测信息的股票市场来分析，如图8－3所示，2006—2008年，中国A股出现了大牛市。

这一过程，可以划分为几个阶段。从2005年年中到2006年年底这段时间，中国股市持续一年多小幅上涨，这一时期人们对市场判断的贝叶斯推理效率较低，表现在：根据网上收集信息的不完全统计，这期间证券分析师评论、其他媒体信息均未出现主流观点，各种评论

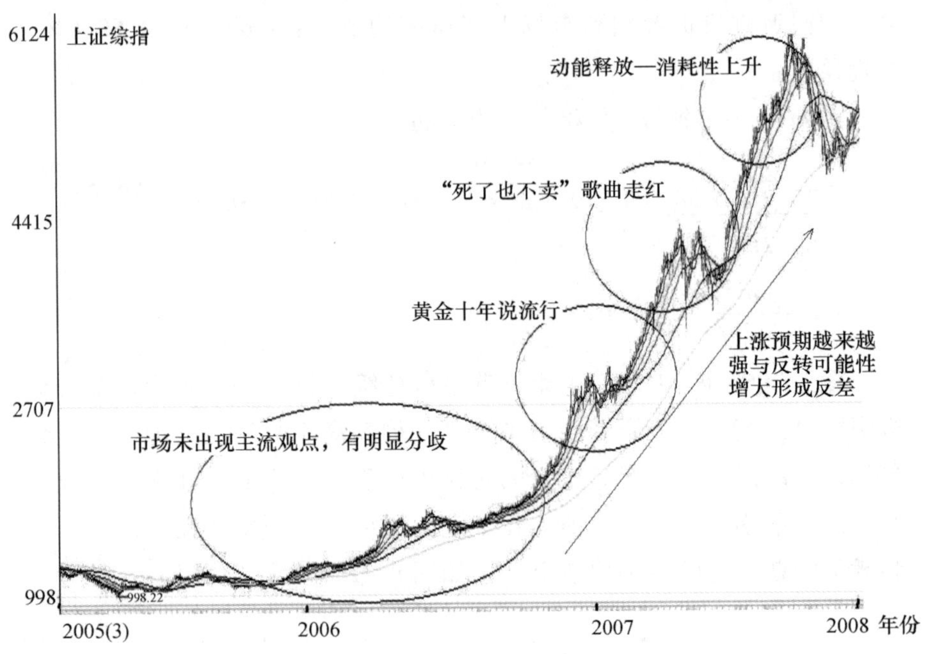

图 8-3 中国 A 股沪综指 2005—2008 年日线图

有明显分歧；截至 2006 年年底，中国“股市黄金十年”说见诸媒体，随即成为流行话题，引发 6 月高考出现金融专业热；[①] 2007 年年中，“死了都不卖”歌曲流行。[②] 从这些公开现象可以判断出：投资者在 2005 年年中到 2006 年年底这段时间，认为市场保持牛市的概率不高，2006 年年底，一些知名学者也通过媒体提示风险；到了“黄金十年”流行时期，唱空的分析师、学者噤若寒蝉，投资者乐观地认为股市继续长期上行成为主流观点，人们认为，市场继续上涨的概率明显提升；再到歌曲“死了也不卖”流行时期，投资者认为，市场保持牛市的概率极高，到了毋庸置疑的地步。显然，前期的牛市，投资者在贝叶斯过程中提高牛市判断的概率增加缓慢，而到了后期明显快速上升，符合贝叶斯推理效率初期低、后期高的假设。

---

① 李薇薇：《“股市黄金十年”引发金融专业热》，《云南法制报》2007 年 6 月 14 日。

② 王瞬：《死了也不卖是否合适》，《证券时报》2007 年 6 月 16 日。

另外，一些社会现象也有异曲同工之妙。例如，2010 年南非世界杯期间，章鱼保罗预测知名度及可信度在中国出现的质变过程也体现了贝叶斯推理效率的问题。2010 年 7 月 9 日，通过百度搜索：章鱼保罗三连胜，无相关信息，章鱼保罗四连胜，无相关信息，而章鱼保罗五连胜，百度搜索信息有 7 页。这时，各大门户网站世界杯专栏章鱼保罗五连胜的消息基本上占据了头条位置，其后预测比赛结果的视频充斥着网络与电视媒体，如凤凰卫视新闻节目连续报道了相关预测活动。显然，在中国，人们对章鱼保罗第五次预测前的认可度很低，百度上搜索不到相关信息，而到第五次预言兑现后，人们对其关注度出现了质变，这种关注度在一定程度上也反映了人们对他的认可程度，此后其预测视频，纷纷成为网络媒体、电视媒体的重要新闻。这一过程也反映了贝叶斯效率起始阶段低、某个时期出现突变、效率显著提高的特征。

贝叶斯推理这种不断增强的效率使投资者对市场趋势概率的判断得到不断强化，市场投资者对市场的认知又会转变成交易行为，这样便形成了正反馈的强化过程，使市场动能不断积累。从投资者认知的角度看，非完美贝叶斯推理反映了动能的增加原理与过程。

三　人们对信息挖掘的偏好

（一）分析师市场评论分析与当前市场涨跌高度相关

人们对影响市场价格的因素挖掘与市场特征是密切联系的。当价格明显上涨时，解释价格上涨合理性的分析评论文章成为各媒体主流；当价格下跌时，分析价格下跌原因的评论文章成为各种媒体的主流。市场分析师努力挖掘与市场波动方向一致的信息，以表明其分析的科学与正确，是其挖掘特定信息的动力之一。如图 8－4 所示，沪铜 2010 年 7 月 19 日价格小幅走低，而 7 月 23 日价格则明显上升，虽然时间在同一周内，大智慧收录的这两天分析评论判断未来趋势出现几乎是相反的判断。其中，与当日价格一致性评价指标中，一致是指评论判断的趋势与当天的价格波动方向相同；基本一致是指评论判断的趋势与当天走势相近或预测不够肯定；不冲突是指评论未对趋势做出判断，或分析重点不在趋势判断上；冲突是指分析判断趋势与当日波动方向相反。19 日收录 9 家评论，23 日收录 8 家评论，其中只有 23 日有 1 家评论与当日价格波动方向是冲突的，占比仅为 5.3%；其他一致与基本一致占主流，两者合计占比高达 14/19 = 73.7%，详见表 8－1 与表 8－2 的数据统计。由此可以看出，分析师价格波动预测与当日价格波动方向高度相关。

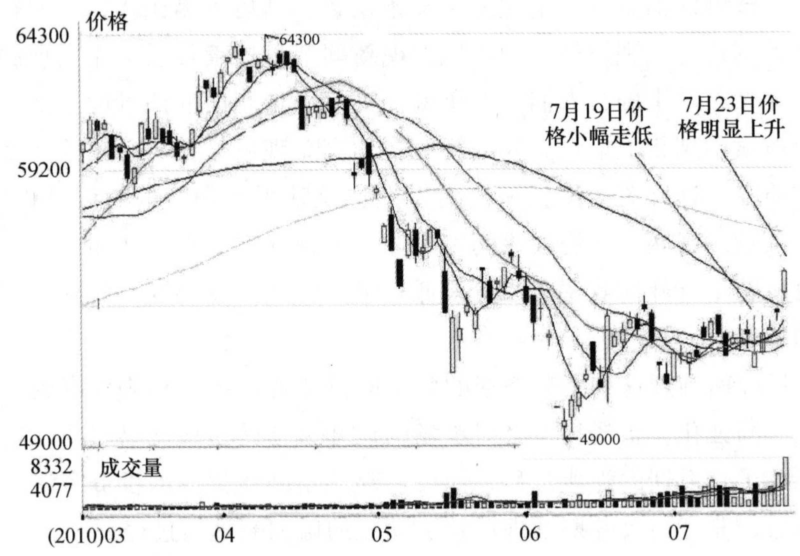

图 8－4　沪铜 1012 合约 2010 年 3—7 月价格波动

表 8－1　　　　沪铜 2010 年 7 月 19 日主流分析评论对比

评论机构	简要标题	趋势判断	与当日价格一致性
首创期货	金属跌势再现	振荡下跌	一致
大地期货	关注急跌的买入机会	若大幅下跌则会反弹	基本一致
西部期货	欧美股市重挫，拖累伦铜回落	下跌	基本一致
国际期货	形成向下突破，短期偏空	下跌	一致
东亚期货	低开高走，维持振荡	低位振荡	基本一致
先融期货	关注三角形突破	不明朗	不冲突
银河期货	低开高走，生产分歧	下跌	基本一致
北京中期	低开高走，下降空间不大	低位振荡	基本一致
海勤期货	沪铜跳空低开	下跌	一致

资料来源：大智慧分析系统。

表 8－2　　　沪铜 2010 年 7 月 23 日主流分析评论对比

评论机构	简要标题	趋势判断	与当日价格一致性
首创期货	外盘金属上涨至 2 个月前水平	上涨	基本一致
一德期货	外盘上行，国内反弹强劲	上涨	一致
西部期货	伦铜初步突破，强势格局可期	上涨	一致
新湖期货	欧经济数据走强，铜价继续大涨	上跌	一致
东亚期货	短期三连跳，短期强势尽显	上涨	一致
海通期货	国内铜价偏弱	下跌	冲突
上海中期	延续涨势，多单持有	上涨	一致
海勤期货	高位运行，200 日均线处承压	振荡	不冲突

资料来源：大智慧分析系统。

（二）投资者言论与当前市场价格涨跌也有明显关联

分析投资者言论，一方面通过各种正式或非正式的讨论会，了解投资者言论与市场价格波动特征的相关性。另一方面通过网络交流论坛，分析投资者的发帖与评论，统计分析各种言论与市场价格波动特征的相关性。在期货论坛中，实达期货论坛十分活跃①，选择 2010 年 7 月 18—23 日一个交易周论坛统计分析，预测市场的发帖数为 266 个，帖的评论回复共 1593 个，其中，发帖观点与当天市场波动特征一致的比例达 69.7%，回复支持的比例平均为 72.6%；与市场波动不一致的，反对回复平均为 81.9%。可见，评论吧发帖观点明显与市场价格波动特征存在联系。

第三节　弹性系统的动能定性分析

一　宏观物理学系统动能的启示

物理学系统动能大小取决于作用力，运动特征（速度 v）持续的

① 实达期货论坛网址，http：//www. starfutures. com. cn/bbs/。

时间 t，如式（8－4）是动能的基本表达式。弹性系统模型中的动能也有类似特征：首先是市场趋势运行特征，如波动趋势的斜率；波动形式复杂程度，如简单沿着趋势方向运行还是在过程中有振荡；振荡的幅度、规则性等对交易者产生的影响是有差异的，越是简单明确，刺激性越强。另外，重要因素是市场趋势持续时间。持续时间越长，交易者不断受到交易状态的刺激，反复刺激将不断强化交易者的感受，趋势本身对交易者影响力不断增强，动能不断增加。

$$\Delta E = W = fs = fvt \tag{8－4}$$

从物体运动时的动能可以得到启发，与影响物体的运动模式一样，动能与惯性影响资产价格未来的波动模式。对应物体运动的 fv，期货市场上可以理解为市场状态的强度，因此，期货波动动能大小取决于运行状态刺激的强度与刺激持续的时间，市场趋势越清晰明显，运行状态刺激的强度越大，市场沿趋势运行的时间越长，刺激积聚越明显，对市场参与者影响力越强。

二 市场动能微观存在特征

市场动能的表现本质是蕴藏于微观的交易个体，市场价格波动呈现趋势时，市场交易者由于心理、行为特性、认识的非完美贝叶斯过程、信息的偏好等原因越来越相信趋势的存在与延续，交易者在这种认知的基础上，必然反映到交易行为中来，当这样的状态反复进行时，则趋势信念得到进一步强化。相反，当受到其他对价格波动趋势判断相反信息刺激时，会动摇这一信念，表现为惯性能量衰减，一旦交易者改变了趋势判断，这时这一动能就会消失。与宏观物体动能渐变不同，期货市场的动能可以因交易者的观念不排除突然改变而呈现出突变现象。市场动能的释放可能是渐变的，也可能是突变的，可能在不同时点，会以不同的方式释放。例如，期货市场上，反趋势交易者可能会在趋势的中后期集中认赔出场而释放出强劲的价格推动力，牛市中表现价格快速上涨，持仓量快速下降；熊市表现为价格快速下跌，持仓量下降。

第四节 系统动能的验证

一 系统动能导致波幅过度，动能耗尽后期货价格难以维持

从宏观上看，大量的市场现象可以证明系统动能的存在，如在趋势明显且持续较长时间的市场中，必然产生明显的动能，使价格从“反应不足”走向“反应过度”。通过对国内外主要期货市场的主要交易品种进行观察分析，发现在价格波动趋势维持超过一年的56个市场的阶段性交易中，在其趋势结束后，价格全部没有维持在结束的位置上，出现向原趋势相反的方向波动这一显著特征的有52个，占92.9%，具有明显的代表性，如图8－5至图8－8所示是其中几个典型的例子。一般来说，当市场从反应不足向平衡价格运动时，产生了动能，超越平衡位置后，由于动能的释放，导致价格沿原有趋势继续进行，最终使其偏离均衡价格，在动能耗尽后，价格必然向均衡位置回归，出现相反的波动趋势。在研究其他无显著特征的案例中，大多存在市场成交量较低、市场不活跃、其他力量如博弈力量、基本面的供求关系不明朗等特征，这样的状态产生的市场动能较低，偏离均衡不明显而维持相对稳定。在趋势持续一年以上的市场中，这种较长时间的持续动能积累，使其能量较大，其他市场因素很难掩盖其作用，使市场过度反应成为必然。另外，技术分析法中把一段趋势的最后阶段称为消耗性上升（牛市）或下跌（熊市），例如，牛市的消耗性上升是空头与多头经过前期搏斗中反复失败，最终认输而平仓，推动了价格上涨，这一时期市场往往价格已经偏高，市场表现出非理性快速上扬的特征，这可以理解为前期积累动能集中释放。

同样，在股票市场进行验证分析发现，股票市场的这一特征不如期货市场显著，主要是因为股票市场换手率低，主力推高出货需要较长时间，打低价格吸纳时，这时一般股市十分低迷，换手率更低，主力很难快速拿回筹码，需要打压控制股价，需要更长时间完成吸筹任务，期间博弈力量明显，造成动能特征表现不是十分显著。

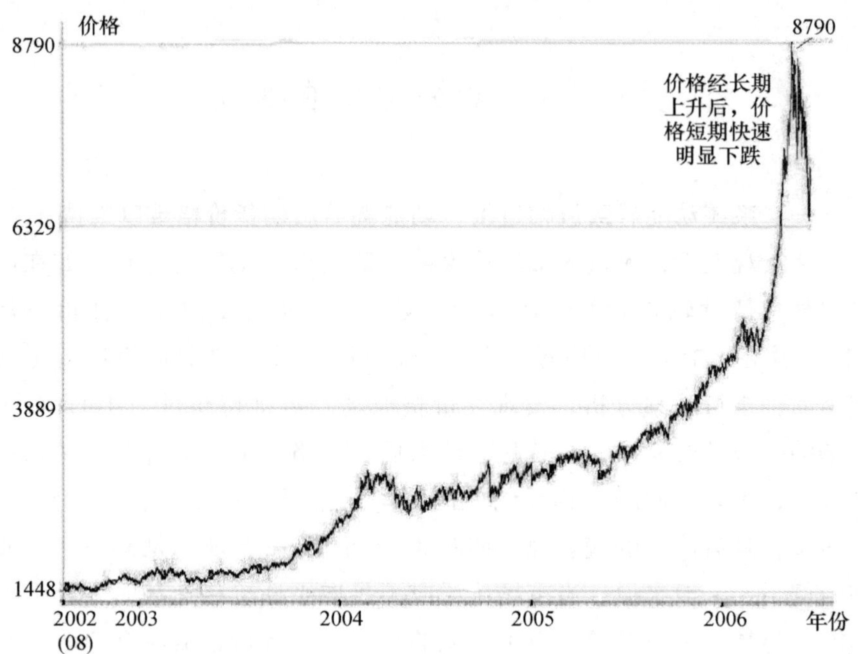

图 8－5 LME 铜 5101 合约价格波动日线图

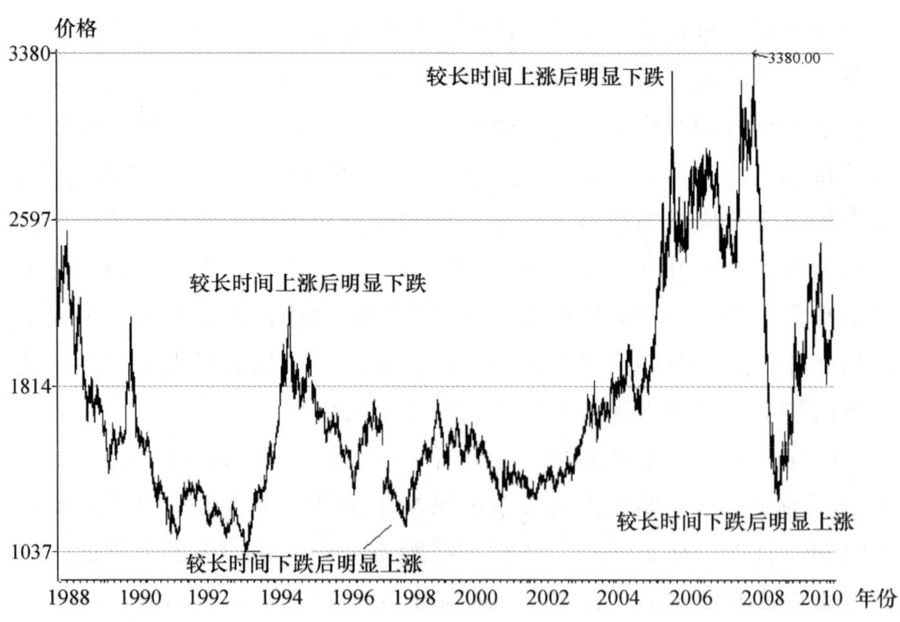

图 8－6 LME 铝合约价格波动日线图

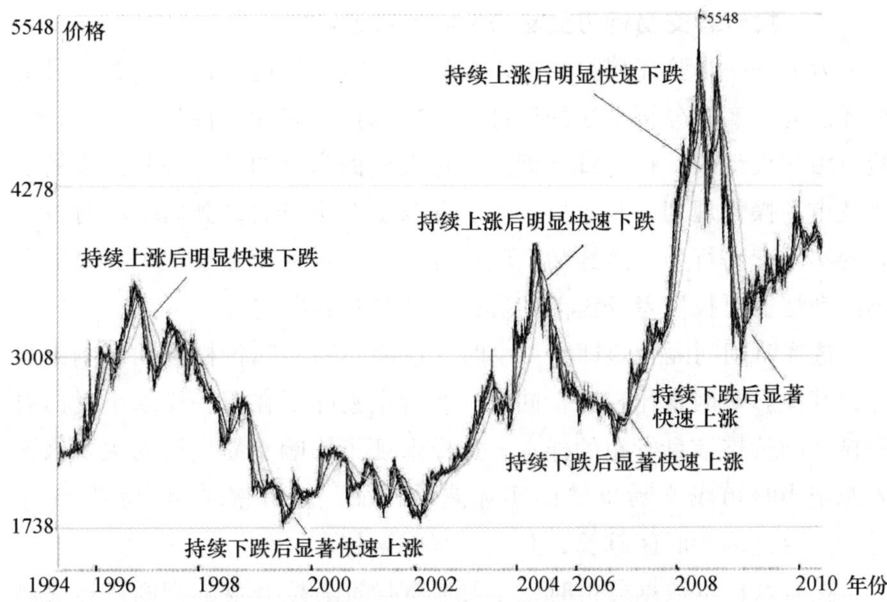

图8-7 大连交易所大豆合约价格波动

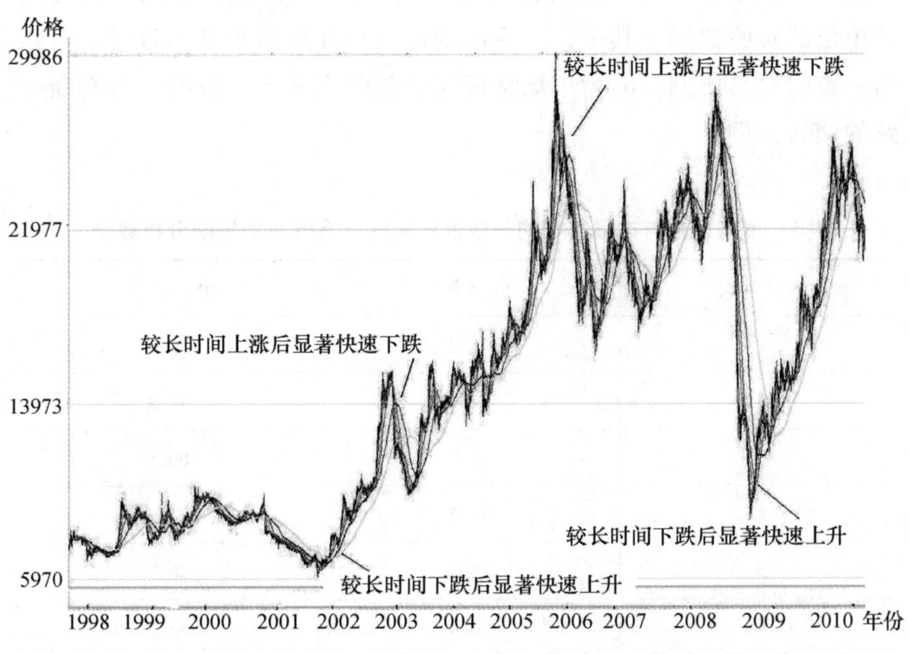

图8-8 上海期货交易所橡胶合约价格波动

二　投资者交易行为受趋势影响的实证研究

为了进一步验证相关结论，在新纪元期货公司进行为期 3 个月的实证研究。实验分析方法的设计：首先选择具有代表性的实验组，实验组由 9 人组成，在每日开盘前，每人根据当时的信息判断当天的走势及市场操作规划，收盘后，汇总开盘 1 个小时后，其后 1 小时投资者的实际交易行为。这样的实验设计，在一定程度上反映了当时的市场波动特征对投资者开盘前的价格趋势判断的影响。

选择时间间隔较短即为 1 小时，这期间除实际价格波动影响因素外，其他影响因素比较少，同时，实验中剔除了在第一交易小时内有明显影响价格信息发布的样本，这样保证了影响交易决策的主要因素来源于当时市场交易价格的实际波动特征，而考察时期为其后 1 小时，主要是因为时间越长，其他干扰因素越多。

在有效样本数据分析时，主要考察投资者按开盘前判断进行交易的比例，把开盘前判断与当日市场波动特征不一致的投资者和开盘前判断与当日市场波动一致的投资者分类统计。表 8－3 是以一周为统计单位的实验数据。其中，p_{tc}为市场特征与开盘前判断一致时，与判断一致的交易比例，p_{td}为市场特征与开盘前判断不一致时，与判断一致的交易比例。

表 8－3　市场预判与市场特征的一致性对实际交易行为的影响分析数据

统计周次	p_{tc}（%）	p_{td}（%）
1	91.2	50.4
2	87.2	31.3
3	96.3	66.5
4	91.5	21.4
5	88.7	26.7
6	86.4	55.3

续表

统计周次	p_{tc}（%）	p_{td}（%）
7	92.5	35.5
8	84.7	58.2
9	90.1	37.8
10	88.6	61.7
11	83.1	37.6
12	96.7	29.3
13	90.4	45.8
均值	89.8	42.9

从表8－3中的均值来看，p_{tc}与p_{td}差异显著，p_{tc}数值接近90%，明显高于p_{td}的不足50%，这一显著差异主要是由市场预判与市场特征的一致性所导致的，可以看出，市场特征本身对投资者交易行为的影响是存在的，市场特征使投资者更愿意跟随市场特征进行交易，这种影响从宏观上就表现为动能。

第五节　弹性系统的动能释放

一　弹性系统动能释放的特征

与物理学的弹性系统模型的动能线性渐变相比，期货市场和股票市场的动能释放具有集中性、突发性、非理性的特征。动能积聚与释放的过程表现为动能的缓慢积聚到突变与群体共振释放的过程。

以巴菲特中国石油H股买卖特点，可以很好地说明这样的特征。2002—2003年，股神巴菲特买入中国石油H股，当持仓量超过5%披露门槛后，引发了股价的快速上升，显示出巴菲特的非凡号召力，如图8－9所示。

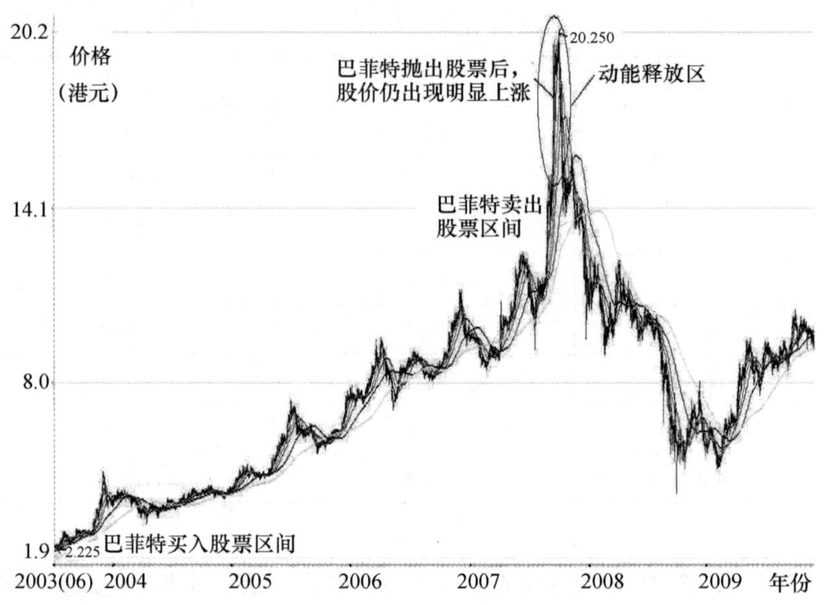

图 8－9 中国石油 H 股价格波动日线与巴菲特操作情况

从 2007 年 7 月 12 日巴菲特旗下伯克希尔·哈萨维公司（Berkshire Hathaway）开始分批减持中石油。巴菲特于 2007 年 10 月 19 日表示，他已悉数清仓所有中石油股份。巴菲特于 2004 年买入中石油 23.39 亿股，斥资约 38 亿港元。巴菲特说："当年入股中石油的价格为 20 美元（美国预托证券价格，每份 ADR 相当于 100 股中石油 H 股）出售价介于 160—200 美元，总共获利 35.5 亿美元（约 277 亿港元），相当可观。"以此计算，其所持中石油股份的套现均价约为 13.47 港元。当时有传言指巴菲特减持是迫于政治因素，但巴菲特在接受 *Fox Business Network* 采访时澄清说："我们的出售是基于股价，这百分之百是根据估值的考虑做出的决定。"他强调，与 5 月股东大会否决出售中石油股份时比较，中石油的股价已上升约 1 倍，此次出售股份完全是基于股价的考虑。[①] 对于巴菲特的减持，市场价格却迎

---

① 李宇：《巴菲特清仓中石油赚 277 亿，坦言出售"有点过早"》，《中国证券报》2007 年 10 月 22 日。

来了又一轮快速上涨，当时市场对巴菲特的减持行为一片惋惜！《中国证券报》2007年10月27日刊文说巴菲特犯了低级错误①，《上海证券报》2007年10月12日的文章说巴菲特少赚20亿元②，《京华时报》2007年10月20日的文章说巴菲特后悔抛得太快。③

在期货（股票）市场动能研究调查专题调研中（见附录3），问题8——在了解巴菲特的投资者中，问他们巴菲特依据投资价值而清仓的股票，你会买吗？答案为“不会买”的比例达到100%。接下来，问题9对上述案例如何评价的问题，认为当时大家太疯狂了是主流选择，比例高达87.6%。当时的股价节节攀升，几个主流媒体都在为巴菲特的错误而惋惜，与现在调查投资者的看法大相径庭，其差别就是分析问题所处的环境差异，当时股票市场持续两年多的牛市，积聚的动能能量十分庞大，那时市场的动能出现了集中释放，使牛市进入最后疯狂阶段，股神巴菲特的抛售也丝毫不动摇那些买入的冲动。这种动能的释放不仅体现在投资者行为上，大量媒体参与的积极性及其言论也反映出媒体舆论也是动能积聚与释放的载体之一。而当动能释放后，人们重新理性审视这一现象时，顿感不可思议。

二　动能释放清晰地体现在技术分析中的消耗性上升或下跌上

牛市中，动能积聚体现在多头的特征为：自信心的不断膨胀，最后出现盲目自信；体现在空头的特征为：自信心不断受到打击，最后出现信心崩溃的过程。而个体的心理体验具有相似性，同时在共同的舆论环境下，容易引起共振，这时动能就会集中释放出来。动能释放体现在技术分析中的消耗性上升或下跌上，即技术分析中的消耗性上升或下跌就是动能释放的结果，只是技术分析法并未对其形成原因给出合理的解释。

三　动能释放的微观解释

微观上看，通过市场交易参与者的调查研究，也可以体会到动能

---

① 章开尧：《巴菲特犯低级错误，没预测到中石油业绩持续增长》，《中国证券报》2007年10月27日。

② 杨[illegible]betweenㄣ：《巴菲特抛中石油套现百亿少赚20亿》，《上海证券报》2007年10月12日。

③ 张艳：《巴菲特抛空中石油收益超两百亿，后悔抛得太快》，《京华时报》2007年10月20日。

的积聚与释放。通过调查期货市场与股票市场某些特殊交易现象，考察动能的积聚与释放。在股票（期货）投资相关问题调查中发现：期货市场上，在牛市末期空头斩仓，熊市末期多头斩仓的行为是普遍存在的，有81.4%的交易者确认有这样的交易记录，有53.7%的交易者表示前期对市场判断与市场运行状态不一致时，因交易反复错误而信心崩溃，认赔离场休息调整。而顺应趋势操作的交易者可能获利丰厚，抗风险能力增强，且反复成功的顺势操作使交易行为得以强化，即使市场价格已经过度反应，仍然敢于顺势交易。另一种现象是，市场交易者预期市场翻转时，经过多次预测错误，最终不敢预测市场反转，只能顺势操作。由于这些因素共同作用，导致市场进入非理性的趋势延续阶段。

股票市场上也有类似现象，因为受趋势反复刺激而对市场趋势深信不疑，牛市中，由于相信会有更高的价位出现，为自己提供卖出获利的机会，即使当前价格高估，也要买入；熊市情况也类似，这就是常说的“博傻”现象。事实上，这是较长时间的趋势刺激形成的动能释放的表象之一。

总之，当价格波动形成趋势时，技术分析法理论促使趋势强化与维持，行为金融学中的非理性行为如动能效应、“羊群效应”等也促进趋势的强化与维持，期货市场上，投资者认知的非完美贝叶斯推理等使投资者对趋势认知在不同时期效果不同。在趋势形成初期，价格的波动特征刺激效果较小；在市场趋势运行的末期，效果明显放大，使动能显著增加，这些现象使价格波动产生了动能。动能有助于市场维持趋势惯性，在某些因素如市场持续长时间上涨（或下跌）的刺激下，动能会出现集中释放的现象，导致市场出现最后的疯狂。

第九章　弹性系统模型求解及应用方法探讨

第一节　市场分析关注的几个参数及其相关要素

在第四章弹性系统模型构建中，提出了市场分析预测要解决的主要参数指标，如波动趋势 ψ_{pi}，预期幅度 λ_{pi}、波动速率 v_{pi} 与周期 ω_{pi} 等，这些参数与弹性系统模型中的博弈合力，系统特性系数，市场价格偏离均衡价格的程度，静、动态摩擦系数，系统动能，以及随即扰动等因素相关，以函数形式在第四章做了探讨，表达式为：

$$\begin{cases} \psi_{pi}=f(\sum F_j,\ K_e,\ \Delta p_i,\ \mu_1,\ \mu_2,\ E_{pi},\ \zeta) \\ \lambda_{pi}=f(\sum F_j,\ K_e,\ \mu_2,\ E_{pi},\ \zeta) \\ \omega_{pi}=f(\sum F_j,\ K_e,\ \mu_1,\ \mu_2,\ E_{pi},\ \zeta) \\ v_{pi}=f(\sum F_j,\ K_e,\ \mu_1,\ \mu_2,\ E_{pi},\ \zeta) \end{cases}$$

从这些关系来看，以最主要的预测参数波动趋势 ψ_{pi} 为例，它与弹性系统模型的市场博弈合力 ΣF_j，市场有效性程度 K_e，市场偏离平衡价格程度 ΔP_i，市场运动阻力系数 μ_1、μ_2，市场动能 E_{pi}，外部随机扰动 ζ 等都有密切关系，如何在前几章对这些因素研究的基础上进行综合分析，成为最终实现良好分析效果的关键。然而，这些因素在市场中交织在一起，很难像物理实验那样把这些不同要素进行分离，如果获得明确的解析关系，就必须寻找其他解决问题的办法。

第二节 弹性系统模型的定性分析

在第五章至第八章对弹性系统模型中探讨了参数的原理、特征，这些因素综合在一起共同作用，决定了市场的运行特性，典型的市场运行态势如图 9－1 所示，价格上涨过程划分为 S_{pu1}—S_{pu4}四个状态。

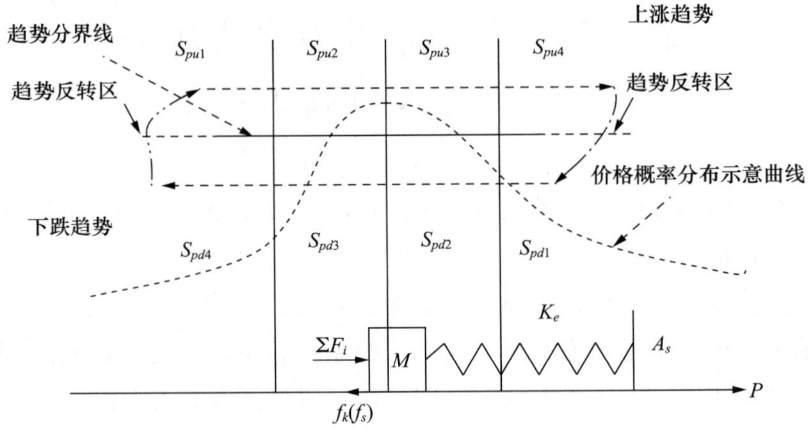

图 9－1 期货市场典型的运行状态

S_{pu1}为价格上涨的初始阶段，这时市场一般有两种可能性：一种是市场从盘整开始，另一种是价格下跌周期的结束。当市场从盘整状态起步时，这时市场对价格上涨因素反应不足或者市场趋势不明确，也没有表现出明显的价格趋势（这时从行为金融学角度讲，市场缺乏动量交易者；从技术分析角度讲，市场未发现明显趋势，技术派也缺乏买入动力）。从弹性系统模型看，这时市场缺乏动能，市场阻力主要表现为静摩擦力，因此阻力较大，市场领导竞争者的博弈策略为明着打压，暗中建（多）仓，对价格上涨推动作用不明显，价格小幅振荡较常见。随着时间的积累，期货价格与市场均衡偏离越来越大，这时均衡引力明显加大，即市场中基于基本分析的交易者开始建立多头仓位，市场领导竞争者也加大开多仓力度，采用振荡洗盘策略，这时市场开始进入初期上涨阶段，这阶段市场分歧较大，市场表现反复，价格上涨缓慢。另一种状态是价格从下跌周期结束，这时市场“超跌”，价格偏离均衡价格明显，下跌动能释放完毕后，下跌动能作用消失，市场均衡引力较大，市场领导者开始“空翻多”，推动价格上涨，这两股力量处于主导地位，价格快速上涨，但上涨一定幅度后，由于原下跌动能残余（人们对市场下跌记忆犹新，做空冲动仍部分存在）发挥作用，市场领导者持有多仓有限，逢高打压以获得更多低价筹码是其常用策略，使得市场剧烈振荡。

S_{pu2}为上涨第二阶段，经过S_{pu1}缓慢或不稳定的上涨过程后，市场趋势日趋明朗，这时市场上涨动能得到初步积累（技术分析派认为，趋势形成，行为金融学派认为动量效应开始出现，基本分析派认为价格仍然低估），市场领导竞争者开始拉抬价格，系统均衡继续为价格上涨提供正面推动，期货价格进入明显上升阶段。

进入S_{pu3}阶段，期货价格已经超越市场均衡，市场均衡对价格上涨的动力消退，市场动能得到一定积累，市场领导者表现活跃，运用多种博弈策略，推动价格上涨，市场阻力表现为动态阻力，阻力较小（技术分析派不改变策略，行为金融定量效应仍在，基本分析法对价格高估开始谨慎）。

进入最后一个阶段S_{pu4}后，市场领导者推动力充分发挥，市场稳定上升，市场动能快速积聚，基本分析法者丧失信心，市场阻力仍然属于动态阻力（行为金融学派定量效应何时结束？技术分析法能否识别顶部？这些问题都值得怀疑），在某些因素的刺激下，市场动能释放，反向交易者认输出局，跟风者疯狂买入，市场领导者获利出局，市场上涨周期结束，市场进入趋势反转区，相反的趋势酝酿形成。当趋势反转后，市场便进入S_{pd1}—S_{pd4}这四个下跌阶段，这阶段市场特征与上涨过程相似，只是趋势相反。

弹性系统模型演绎出的期货市场运行状态也具有虚拟经济的主要特征，期货市场的复杂性已经得到充分论证。市场主要运行偏离平衡的区域，即介稳性，市场动能是一种正反馈。从高风险角度来看，这个典型的模式并不是市场运行的固定模式，不同要素的变化可以使运行状态出现复杂变化，如博弈力量具有极高的不确定性，可以顺市操作，也可以逆市操作，其策略也可能出其不意，制造各种陷阱等。另外，策略的改变直接影响市场价格波动的动力，因此，这种力量有突变性，当博弈力量足够强大时，完全可以在 S_{pd3} 阶段或 S_{pu3} 阶段反转也很正常。另外，突发信息影响市场均衡，对市场的引力也会随之变化。市场的交易本身又是与外界物质和能量的交换，短期随机性明显，交易本身又会使参与者产生心理和行为的影响，这种不稳定的耗散结构使市场的趋势以复杂的形态进行表现。所以，常见的趋势反转区一般也是一个较宽的区域，难以准确把握。市场运行状态的周期性变化与经济周期相联系，其寄生性与周期性也是清晰的。

定性分析有助于正确理解市场状态，对提高市场识别准确度有明显帮助，但需要注意：市场是变化无形的，也不一定是规范的四个过程。如遇到实力强大的交易者，在阶段三（S_{pd3} 或 S_{pu3}）进行反趋势操作，这时趋势逆转也是正常的。另外，反转区范围也比较宽，何时反转难以精确把握，这些局限性需要通过定量分析加以弥补。

第三节 期货、股票市场分析中常见的定量分析法

一 长时间、大样本归纳的定量分析法

（一）宏观经济学关于美国股票市场的定量分析

金融市场也是宏观经济学研究的内容之一，国际上很多有影响的宏观经济学专著进行了相关探讨，例如，鲁迪格·多恩布什（Rudiger Dornbush）等著的《宏观经济学》在金融市场研究章节中对股票价格波动进行了定量分析，在第八版（2001）到第十版（2008）相关内容基本没有变化，其主要分析案例是通过对加拿大、美国标准普尔股票指数进行统计分析，其研究方法是探讨某一时点的股票价格对数与滞后一个时间单位的股票价格对数的关系，并得出了股票市场价格的

随机性结论。[①] 其定量分析结果如图 9－2 与图 9－3[②] 所示。

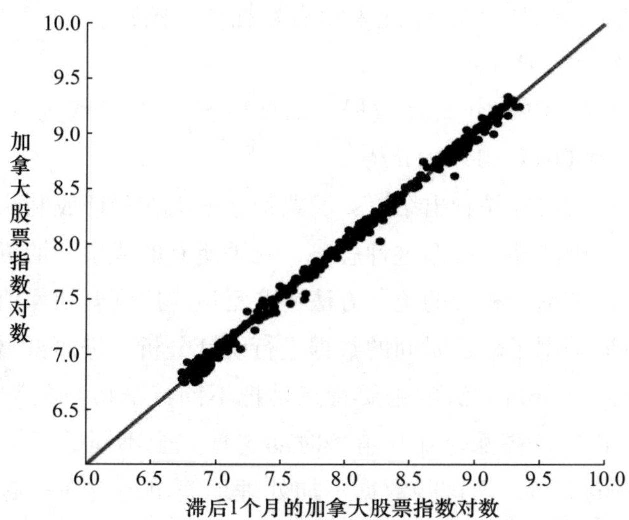

图 9－2　加拿大股票价格指数与过去价值的关系

资料来源：DRI/McGraw Macroeconomic Database。

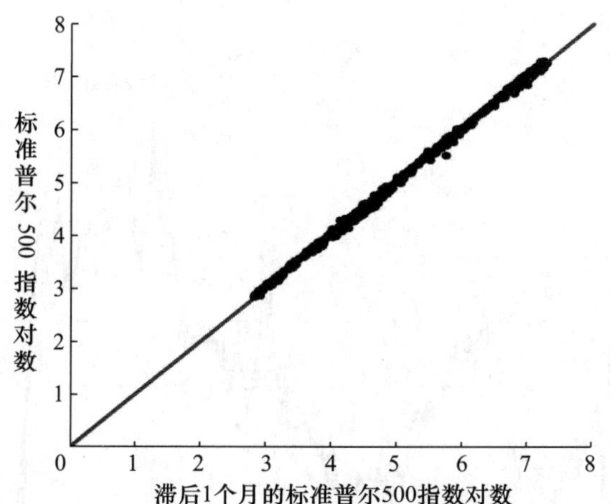

图 9－3　标准普尔 500 种股票价格指数与过去价值的关系

资料来源：Haver Analytics Macroeconomic Database。

---

① Rudiger Dornbush, Stanley Fischer, Richard Startz, *Macroecnomics* (*tenth dition*, *chapter* 18), The McGraw－Hill Companies, Inc., 2008.

② Rudiger Dornbush, Stanley Fischer, Richard Startz. *Macroecnomics* (8*th dition*, *chapter* 17), The McGraw－Hill Companies, Inc., 2001, pp. 405－410.

为进一步说明图中参数，假设 t 时刻股票价格 P_t，那么 t+1 时刻的价格为 P_{t+1}，贴现率为 r，ε 表示实际扰动，则：

$$P_{t+1} = (1+r)P_t + \varepsilon \tag{9-1}$$

利用 1947—1999 年月度数据，估计出图 9－3 直线的方程为：

$$\ln P_{t+1} = 0.0014 + 1.001\ln P_t \tag{9-2}$$

从这个公式很容易看出结论：股票价格波动在预期股利收益的基础上，表现为随机波动。遵循这种思路，几乎所有的股票、期货价格都可以得出类似的结论。相似的统计方法还广泛地应用到套期保值率优化模型中，其主流采用了较长时间的数据进行统计分析，进而得出结论。

但是，这种分析方法的主要特点是把不同特征市场的数据不加区分，例如，在经济高涨时期与萧条时期这种完全不同的经济状况下的市场特征完全不同，把这些数据不加处理地简单地放在一起统计，其合理性值得探讨。

若用图 9－4 所示的沪铝期货价格进行类似回归分析，那么结果又将如何呢？

图 9－4 沪铝日线（对数）回归分析（1996—2010 年）

资料来源：大智慧信息港（本书若无特别提示，数据皆来源于此）。

首先，对沪铝期货（连续）数据，即从1994年10月5日到2010年8月31日共3456个收盘价数据，利用SPSS分析软件，进行参数估计。可得数据分布图（见图9－5）和分析结果参数表（见表9－1）。表9－1所示，P值为0，可决系数0.995，可以确定回归分析的有效性，根据反馈参数，解析式如：

$$\ln P_t = 0.026 + 0.997 \ln P_{t-1} \qquad (9-3)$$

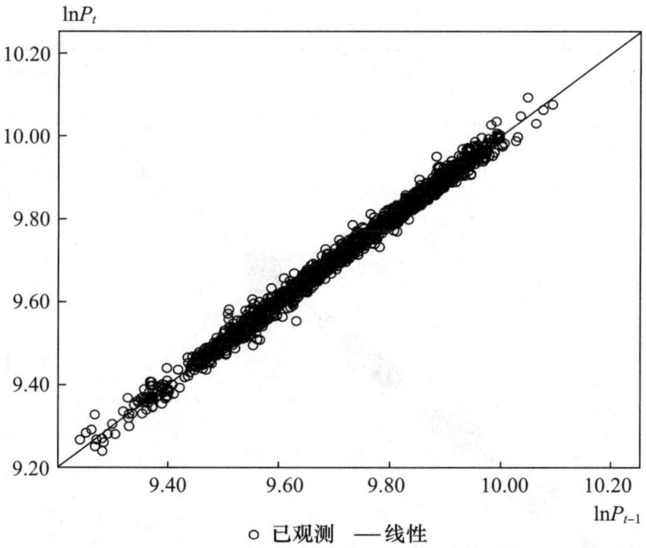

图9－5　沪铝期货价格与上一交易日的关系（1994年10月至2010年8月）

表9－1　沪铝期货价格与前一交易日价格关系回归分析参数
（1994年10月5日至2010年8月3日）

模型汇总和参数估计值							
因变量：$\ln P_t$							
方程	模型汇总					参数估计值	
	R^2	F	df1	df2	Sig.	常数	b1
线性	0.995	642276.355	1	3450	0.000	0.026	0.997
自变量为 $\ln P_{t-1}$							

由于系数值为0.997，也近似为1，从这个结果似乎也可以得出

这样的结论：铝期货价格的波动特征也是随机的。

其次，如图 9－4 所示，通过趋势识别，样本按不同的趋势划分为 a－i 共 9 个区域。以 i 段为例进行相关分析，在 p_t 与 p_{t-1} 关系分析时，可得数据分布图（见图 9－6）和估计参数表（见表 9－2）。表 9－2 显示，P 值与可决系数均满足回归检验要求，可以确定回归分析的有效性。因此解析式为：

$$\ln P_t = 0.047 + 0.992\ln P_{t-1} \tag{9-4}$$

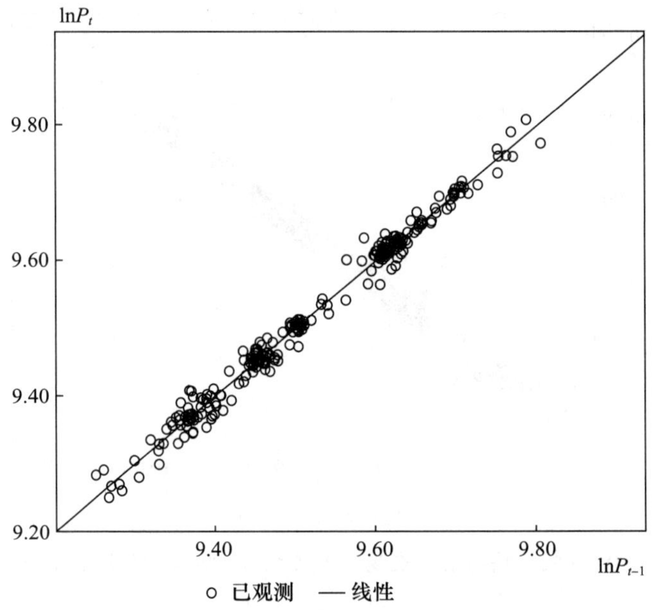

图 9－6 沪铝期货价格与上一交易日的关系(2008 年 12 月 9 日至 2010 年 1 月 17 日)

表 9－2 沪铝期货价格对数与前一交易日的价格对数关系回归分析参数

(2008 年 12 月 9 日至 2010 年 1 月 17 日)

模型汇总和参数估计值							
因变量：$\ln P_t$							
方程	模型汇总					参数估计值	
	R^2	F	df1	df2	Sig.	常数	b1
线性	0.987	19089.205	1	261	0.000	0.074	0.992
自变量为 $\ln P_{t-1}$							

从对比图 9－5 与图 9－6，从直观上看，“线性”线与对角线基本重合，只有仔细观察才会发现图 9－6 与对角线有差异，而图 9－5 则看不出区别，对照解析式（9－3）与式（9－4），其数据差距也比较小，考察 $\ln p_{t+1}$ 与 $\ln p_t$ 的关系，数值差距小，分布图也无显著差距。是不是这个 i 区间与整体区间真的相似，只具有随机性的特征？

若以 i 段的价格对数值进行回归分析，在回归分析时，以时间为自变量，以起始时间为 1，其后以交易日为单位递增。假设期货价格与时间关系为：

$$P_t = P_0 + kt + \varepsilon \tag{9-5}$$

同样，利用 SPSS 分析软件分析期货价格对数，可得数据分布图（见图 9－7）、模型汇总和参数估计值表（见表 9－3）。表 9－3 显示，P 值与可决系数均满足回归检验要求，可以确定回归分析的有效性。因此解析式为：

$$\ln P_t = 9.314 + 0.002t \tag{9-6}$$

表 9－3　沪铝期货价格对数（$\ln P_t$）回归分析参数

（2008 年 12 月 9 日至 2010 年 1 月 17 日）

模型汇总和参数估计值							
因变量：$\ln P_t$							
方程	模型汇总					参数估计值	
	R^2	F	df1	df2	Sig.	常数	b1
线性	0.942	4223.722	1	261	0.000	9.314	0.002
自变量为 t							

若以 i 段的价格值进行回归分析，可得数据分布图（见图 9－8）、模型汇总和参数估计值表（见表 9－4）。表 9－4 显示，P 值与可决系数均满足回归检验要求，可以确定回归分析的有效性。因此解析式为：

$$P_t = 10901.657 + 22.441t \tag{9-7}$$

表 9－4 沪铝期货价格对数回归分析参数

（2008 年 12 月 9 日至 2010 年 1 月 17 日）

模型汇总和参数估计值							
因变量：P_t							
方程	模型汇总					参数估计值	
	R^2	F	df1	df2	Sig.	常数	b1
线性	0.938	3942.287	1	261	0.000	10901.658	21.441
自变量为 t							

无论从式（9－6）或式（9－7）都可以清晰地发现 i 段期货（对数）价格与时间的线性关系，图 9－7 与图 9－8 也直观地反映了这一特征。对照这两种参数选择的不同，可以看出 $\ln P_t-\ln P_{t-1}$ 的关系分析因相对变化量过小而湮没了其趋势性，这种方法解析出的仅仅是随机性特征，而以时间为自变量的 $\ln P_t-t$ 关系或 P_t-t 关系都可以清晰地解析出其趋势性。期货价格的趋势性与随机波动性共存，因此期货价格波动特征也显示出两象性。

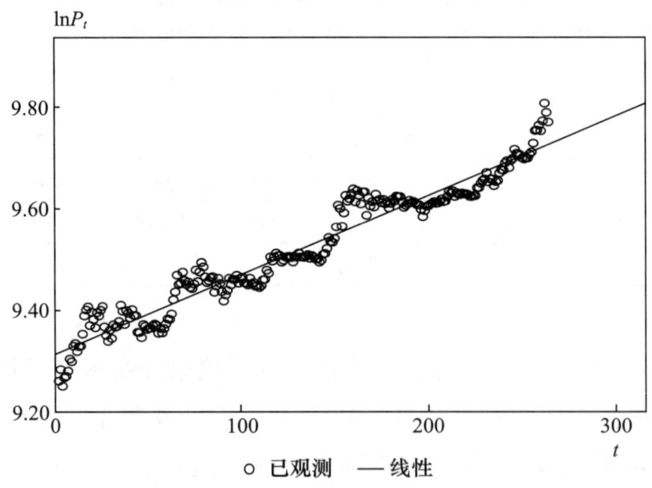

图 9－7 沪铝期货价格对数分布

（2008 年 12 月 9 日至 2010 年 1 月 17 日）

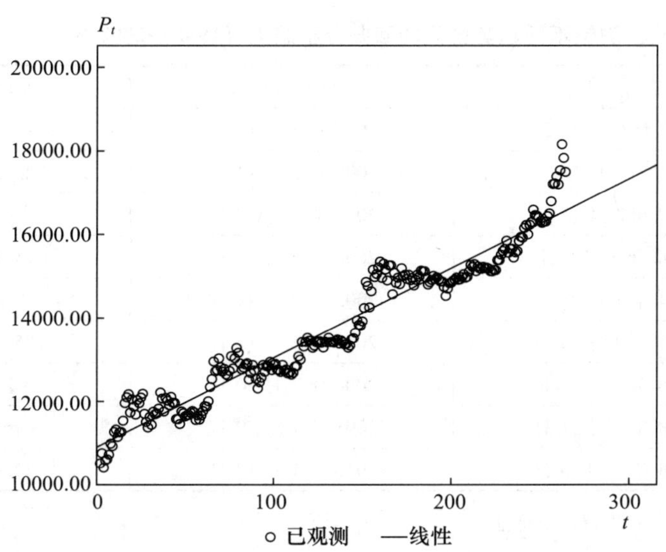

图 9－8　沪铝期货价格分布（2008 年 12 月 9 日至 2010 年 1 月 17 日）

（二）回归分析法

上节验证趋势性存在中使用了回归分析法，回归分析法可以识别趋势的存在，历史上的趋势是否可以预测未来，以及这些趋势之间是否存在规律性呢？

若对图 9－4 所示的沪铝期货 9 个细分区域进行分别回归分析，可得各区间的参数 k 值，结果如表 9－5 所示。从表中的 k 值可以看出：牛市区域与熊市区域的系数有显著差异，其趋势性是显著的，如果把这些数据混在一起分析 $P_t - P_{t-1}$ 关系，也会同样得出随机性的结论，这样就掩盖了市场在特定时期的趋势性特征。相连的两个趋势有明显的不同，不同趋势之间缺乏连续性，同样是牛市区域，k 值也有明显差异，没有显然的规律性。

同样，运用回归分析法，对如图 9－9 所示的沪橡胶 1998 年 3 月到 2000 年 6 月日交易数据进行回归分析，首先进行趋势识别，划分为 9 个不同的细分区间，分别回归计算对应回归参数，得出 k 值结果列表（见表 9－6），并在日线图中画出其回归线。同样可以看出：这些直线之间差异明显，细分区间的回归线也不具有相似性，且与这一

表 9－5 沪铝不同趋势区间的回归分析结果（1995—2008 年）

起始日期	终止日期	k 值
1995 年 6 月 23 日	1997 年 7 月 16 日	－19.7
1997 年 7 月 16 日	2000 年 2 月 14 日	20.3
2000 年 2 月 15 日	2001 年 11 月 8 日	－14.6
2002 年 8 月 5 日	2004 年 4 月 20 日	15.3
2004 年 4 月 23 日	2005 年 9 月 29 日	4.7
2005 年 9 月 30 日	2006 年 5 月 12 日	25.3
2006 年 5 月 13 日	2008 年 7 月 10 日	－5.3
2008 年 7 月 11 日	2008 年 12 月 9 日	－96.7
2008 年 12 月 9 日	2010 年 1 月 17 日	22.4

资料来源：大智慧信息港。

区间的总回归线有明显差异。显然，选择不同时间、区间进行回归分析会得出不同的结论，因此，回归分析法可以有效地应用与识别过去或现在的趋势，但难以判断趋势是否可以进行保持或终止，所以，仅仅从回归分析难以有效地预测出未来的趋势。

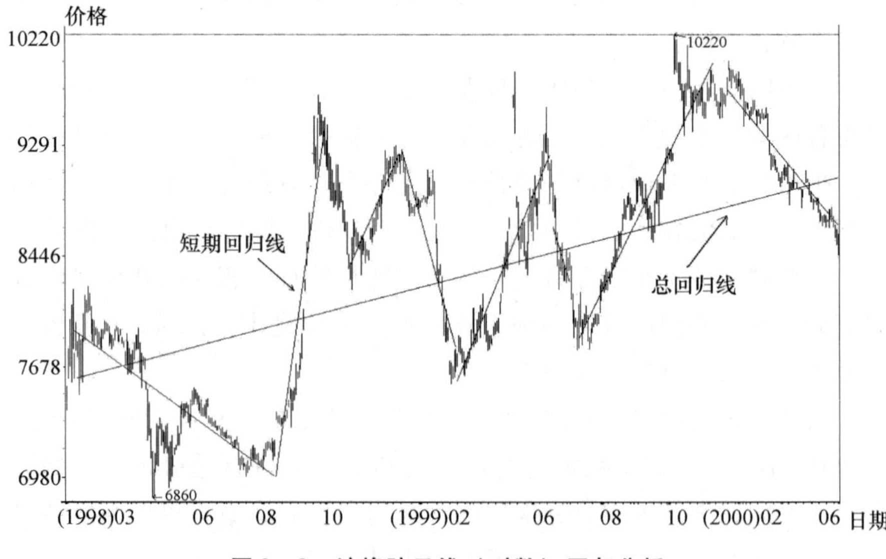

图 9－9 沪橡胶日线（对数）回归分析

资料来源：大智慧信息港。

表 9 - 6 沪橡胶回归分析结果

起始日期	终止日期	k 值
1998 年 1 月 21 日	1998 年 8 月 20 日	-5.6
1998 年 8 月 21 日	1998 年 9 月 28 日	97.9
1998 年 9 月 30 日	1998 年 10 月 29 日	-65.5
1998 年 10 月 30 日	1998 年 12 月 10 日	21.5
1998 年 12 月 11 日	1999 年 3 月 18 日	-46.4
1999 年 3 月 20 日	1999 年 6 月 14 日	34.7
1999 年 6 月 15 日	1999 年 7 月 12 日	-69.1
1999 年 7 月 14 日	1999 年 10 月 13 日	35.1
1999 年 10 月 14 日	2000 年 6 月 15 日	-30.5
1998 年 1 月 21 日	2000 年 6 月 15 日	4.8

从表 9 - 6 可以看出，相邻周期的 k 数值符号基本上相反，绝对值差距大，看不出规律性，总区间的 k 值与各分区间相比，数值明显偏小，因此，长周期的 k 值不能代表短周期的数值。这种分析方法可以应用到所有的期货品种的价格波动规律分析，得到的分析结论也相似。另外，如图 9 - 10 所示是大连大豆期货价格波动的回归分析结

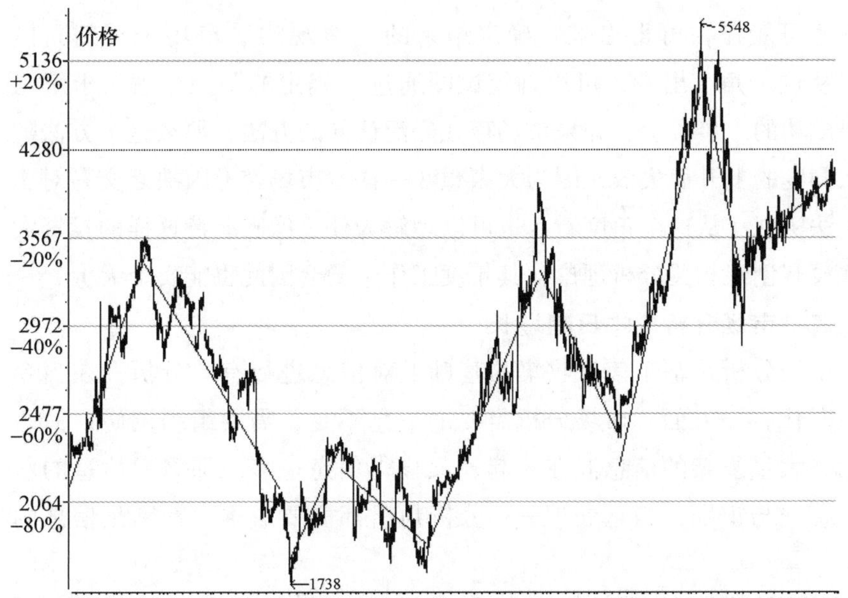

图 9 - 10 大连大豆回归分析结果

果，同样显示不同时间阶段，回归结果差异大，不同趋势区间之间缺乏规律性。所以，通过回归方法寻找有普遍指导意义的规律可能性较低。

第四节　定量分析法与市场特性的冲突

在期货价格波动定量研究中，常有突破市场预测约束条件的理想想法，即得到理想的数学判断模型，在实践交流中，也遇到一些市场研究人士对模型是否能够客观、准确地预测市场的质疑。事实上，由于受市场自身的本质特性和分析成本两大因素约束，使市场分析模型很难达到“准确、客观”的目标。

一　市场分歧是市场的基本属性

市场分歧是包括期货市场在内的金融市场的基本属性，也是市场交易的主要动力。与一般消费市场的需求不同，金融市场主流是基于市场价格波动趋势判断而产生的交易行为，其动力源于判断分歧，所以，不可能存在可得出唯一确定结果的“客观的”市场分析判断模型。从这个角度出发，可以判定试图通过“确定的”数学解析求解是难以成功的。事实上，如果市场存在广泛认同的方法，那么这个方法随着认同度的上升而失效，因为大家想法一样，市场交易因缺乏交易对手而无法实现。从这个角度看，也可以理解为什么像巴菲特这样的投资大师并没有创建相关分析理论，其年度工作午餐会因此也能卖个天价。①

二　市场分析成本日趋增长

市场分析是基于信息收集的基础上对信息进行有效分析。在当今信息时代，一方面，市场分析需要的信息不足，需要组织调研；另一方面，大量复杂的信息混在一起，又显得信息过多。那么，信息的获得、筛选与识别，信息处理——分析判断都需要成本。特别是信息的

---

① 萧然：《巴菲特午餐拍卖拍出 263 万美元创纪录》，新浪科技，2010 年 6 月 12 日，http：//tech. sina. com. cn/i/2010 – 06 – 12/10324305524. shtml。

识别与处理已经成为当今的稀缺资源，市场分析的成本有不断增长的趋势。

三　定量分析法在分析预测准确、可靠性方面难有突破

从定量分析常见的分析方法与回归分析法尝试可以看出，长期大样本分析只能得出随机性结论，短期回归分析得到的趋势只存在特定时期的连续性，但不同时期缺乏连续性、相关性，即从上一时期的趋势回归难以预测下阶段的市场特征。可见，这两种常见的定性分析方法对趋势预测难有帮助，通过实用的数学解析分析法来体现市场的分歧本质尚存困难。另外，市场价格波动本身受大量因素影响，而目前仍无法有效地对不同的影响因素进行定量分离并进行数学模拟，影响市场变量很难量化求解。那么，探讨可以满足市场特性和成本两大约束条件，也不进行因素定量分离的方法是可行的。

第五节　弹性系统模型定量分析
——模板比较法

一　模板比较法概述

弹性系统模型对影响市场因素进行了有效细分，在期货市场分析中，并不是所有的要素在所有时间都起到相同的作用，在不同的市场、不同的阶段，某个或某几个要素扮演主要角色，其他要素作用较小，如逼仓行为以博弈力量为主导；在经济周期性变化带来的供需改变时，市场均衡价格发生变化，由此产生的向均衡价格靠拢的市场引力成为重要因素，是市场的主要矛盾之一。总之，市场在不同阶段，主要矛盾是不同的。那么，在某一个或某几个要素处于主要矛盾时，历史上相近的背景下，以这些要素为主要矛盾的市场波动应该具有相似性，这一判断与技术分析法的基本假设“历史会重复但不会简单重复”的思想是一致的。基于这一基础，构造了相对分析法——模板比较法，把过去的市场状态作为比较模板来分析预测当前的市场。

使用模板比较法，首先要建立有鲜明特征的参照模板。鲜明特征

是指市场价格波动是在某个或某几个要素起主导作用的条件下，这时，这些要素是市场主要矛盾，市场波动特征与这些影响要素具有密切的相关性，即处于主要矛盾的市场要素与市场波动特征之间的联系具有一定程度上的因果关系，那么这个关系可以作为未来出现类似情景市场分析的参考基础——模板。其次要通过当前市场因素研究，界定各要素的作用与特征，然后在历史模板库中寻找最相似的模板，作为对比分析的参照模板，接着再根据模型中各要素的差异，推断市场波动与模板之间的差异，最后基于差异对模板修正，从而预测期货价格波动的特征。这种分析方法称为模板比较法。模板比较法基本上满足了市场分析成本与市场特性的约束，回避了因素定量分析。

二 模板库的建立方法

金融市场上，人们对投资经验非常重视，事实上，这些经验就是模板的一种表现形式。投资者参与的过程就是不断积累“模板”的过程，只不过这个过程是下意识的或者是不规范的。

建立高质量模板是模板比较法应用的前提。模板质量的评价主要包括模板构建的规范性、准确性、可识别性等要素。规范性是指模板构建时，要有明确的标准或准则及特定的表现形式。准确性是指提炼的市场特性与影响市场因素之间的对应关系有很强的因果关系，即模板构建中要准确把握期货价格波动的特征与影响因素之间的必然联系。可识别性是指市场特性、影响因素具有鲜明的特征，易于识别。

基于弹性系统模型的模板建设有良好的基础。主要表现在要素划分清晰。弹性系统模型把影响市场的因素划分为价格偏离均衡值产生的内在引力、市场领导竞争者博弈产生的市场博弈合力以及由投资者心理、行为形成的市场动能，另外还包括市场的运动阻力及随机扰动等因素，这些划分清晰、易识别，应用实践中，市场参与者基本上可以正确识别市场不同要素，特别是在专家组讨论中，要素识别、界定几乎没有分歧。

弹性系统模型的模板建设适合团队协作，为模板建设提供了良好的平台。基于弹性系统模型规范、清晰的影响要素划分，使团队力量可以得到有效协同，众人从不同要素研究角度出发的研究成果可以有效地整合到模型中来，因此，有更大机会得出全面、可靠的判断。有效地化解了分析团队从不同研究角度、研究方法之间的分歧。

弹性系统模型模板可以有效地整合不同风格的市场研究报告，使模板建设具有开放性。来自不同机构的市场分析员的分析报告，差异性极大，如果不能有效整合，就难以得出整体结论。例如，以沪铜期货分析为例，大智慧平台上每日提供几家不同分析机构的市场分析报告，如何解读这些“各说各话”的研究报告是困扰很多投资者的难题，类似的还有媒体的股市分析专题节目，分析师发表评论，众说纷纭，很多投资者看过更是一团雾水。表 9 – 7 是大智慧 2010 年 9 月 2 日提供的市场分析报告汇总表，其中意见分歧、分析角度也有差异，如果把这些要素整合到弹性系统模型中，便可以得到综合、全面的结论。因此，团队外的分析报告也可以成为模板建设的素材来源之一。

表 9 – 7　　大智慧提供期铜分析报告汇总（2010 年 9 月 2 日）

分析机构名称	分析报告名称	市场判断	主要角度
上海中期	突破关键阻力位，期铜多单继续持有	上涨	动能、技术
招金期货	沪铜追涨意愿不强，6000 点考验市场信心	不确定	市场均衡
银河期货	铜价高位振荡，等待周五就业数据	不确定	市场均衡
国信期货	中美制造业数据优于预期，市场信心重燃助涨	上涨	市场均衡
一德期货	高处不胜寒，基础金属冲高回落	下跌	市场均衡
先融期货	向上仍有空间	上涨	市场均衡
东亚期货	沪铜高位小幅调整，多头格局依然不改	上涨	动能、技术
广发期货	多头谨慎持有，可适当获利	上涨	动能
西部期货	铜价再现强势格局	上涨	动能
国际期货	铜市多头依旧，跟随但不建议跟进	上涨	动能

资料来源：大智慧信息港。

总之，弹性系统模型清晰的要素细分，不仅为模板建设提供了良好的平台，同时可以促进团队合作，并吸收团队外的研究成果，使模板建设成为团队协作和开放的工作，也使大量、高质量的模板库建设成为可能。另外，这一过程可以促进金融市场重要财富——“经验”实现共享。

三 模板库细分与归类

模板库建立后的重要工作就是模板细分。模板细分参数选择弹性系统模型参数，依据一个或多个参数，把模板进行细分，然后归类。

模板归类后，在同类模板中，那些相似度高的模板分析参数之间常常存在差异，这些有差异的参数一定程度上反映了参数变化区间。在即时分析中，那些时间领先的品种也可以作为滞后品种的模板。一般而言，相近的模板越多，该模式下的市场运行特征就可以得到较准确的界定。例如，2008 年爆发的金融海啸冲击了几乎所有品种的商品期货，这一时期金融海啸的冲击成为期货价格下跌的最主要原因，把全球主要的期货受金融海啸冲击的结果进行归纳，可以看出金融海啸的巨大冲击力，同时也体现了不同期货品种对金融海啸的敏感程度不同即响应时间与跌幅有明显的差异，农产品类影响幅度较小，工业品跌幅较大。由于中国强劲的经济刺激，金融海啸的冲击在中国结束的时间较早，使中国市场成为全球期货市场反弹的领先指标。如表 9－8 所示，这组数据具有明显的影响共性——金融海啸，又体现了其他不同要素差异的影响。

表 9－8　　弹性系统模型分析模板库之金融海啸篇

期货名称	主要决定因素	市场趋势	价格波动范围	运行时间区间
大连大豆	金融海啸爆发——市场均衡发生显著变化是主要矛盾	期货价格大幅下跌	5180—2852	2008 年 7 月 2 日至 2008 年 12 月 8 日
大连玉米			1991—1442	2008 年 5 月 8 日至 2008 年 12 月 16 日
大连棕榈油			10822—4152	2008 年 7 月 2 日至 2008 年 11 月 21 日
沪铝			19750—10254	2008 年 7 月 9 日至 2008 年 12 月 10 日
沪燃油			5528—2100	2008 年 7 月 10 日至 2008 年 12 月 2 日
沪铜			64325—22210	2008 年 7 月 4 日至 2008 年 12 月 23 日
LME 铜			8940—2818	2008 年 7 月 4 日至 2008 年 12 月 22 日
LME 铝			3380—1278	2008 年 7 月 10 日至 2009 年 2 月 23 日
美原油			146. 9—46. 1	2008 年 7 月 14 日至 2009 年 2 月 19 日
美燃料油			429. 4—132. 9	2008 年 7 月 15 日至 2009 年 2 月 17 日

资料来源：大智慧信息港。

四　模板分析法的应用

从应用角度看，只有成功选择的高相似度的模板，并进行有效的差异分析与差异修正，才能达到良好的分析预测效果。模板相似度越高，参照价值就越高，但是，再相似的模板也不可能与分析对象完全一致，接下来必须进行差异分析，在准确把握差异的基础上，进行差异影响评估，修正模板提示的参考指标，提高分析预测的准确性与可靠性。

如果在某一时期，不同商品对相同的影响因素响应时间有差异，或者类似事件在不同品种发生有时间差但差距较小，那么那些先行响应的期货品种成为其他期货品种分析良好的模板。第七章以 LME 铜作为模板分析美国原油期货的案例，就是基于这样的思路进行选择的，从经济环境和价格弹性方面近似的这两个品种，市场领导竞争者博弈发生的时间有差异，使先发生博弈推动的铜期货成为美原油期货良好的参照模板。这种分析方法不仅可以应用于期货市场分析预测，也适用于股票市场研究，如 2009—2010 年沪深股市重组失败的股票走势特征明显相似，有关重组失败的市场价格走势以之前的类似环境的案例做模板分析，可靠性极高。

实际应用中，弹性系统模型这种定量、定性相结合的方法取得了较好的效果，在应用效果评价中，应用弹性系统模型进行期货或股票交易的验证人员，调查中使用该方法超过一年以上者，认为能投明显提高盈利能力的比例为 55. 56%，另外 44. 44% 的认为，盈利能力有一定提升。这样的结果还是令人鼓舞的。

在 2010 年的期货分析中，以金融海啸前期货价格的上涨情况作为模板，成功地预测了 2010 年 7—11 月的上涨趋势，在黄金期货分析中，应用了铜期货 2003—2006 年的牛市周期模板，较成功地预测了 2010 年黄金期货持续的牛市，根据模板比较，其目标可达 1500—1800 美元/盎司以上，但考虑黄金的“避险”功能，其参与者的风险意识若较强，也有可能达不到这一高度。目前，黄金牛市趋势尚未结束但进入了上涨的第 4 阶段。

第六节 结论

在各因素分析的基础上，通过弹性系统模型的综合分析，可以预测价格的趋势等市场特性参数。弹性系统模型分析需要定性分析与定量分析相结合，以提高分析的可靠性。定性分析把弹性系统中的价格波动分为价格上涨 4 个阶段和下跌 4 个阶段，不同阶段有明显不同的特征，期货市场也有虚拟金融的 5 个基本特征，简单的 8 个区域的划分是粗轮廓的，有助于提高预测正确的概率但不能准确预测。利用模板比较法的定量分析，可以使预测判断更加“精细”，两者结合可以较好地提高分析预测的准确性与可靠性。基于弹性系统模型的模板比较法内容规范，形式开放，有利于团队合作与吸收外部研究成果。

第三篇　弹性系统模型的应用

第十章 弹性系统模型在企业套期保值中的应用

第一节 中国企业套期保值的发展

一 期货市场主要功能——套期保值的相关研究

套期保值理论在企业风险管理中作用突出，因而成为一个重要的研究课题。经典的套期保值理论是凯恩斯（1930）①—希克斯（1946）② 的套期保值理论，认为套期保值者为了规避现货头寸的价格风险，需要在期货市场上持有等额相反头寸，来锁定价格，规避价格波动风险。这种基本思路与理念，一直延续下来。后续的研究认为，套期保值者主要承担基差变动带来的风险，这种风险相对较小。因此，国内外关于套期保值研究的核心集中在以基差风险为主要研究对象，进而确定最佳套期保值比率（套保率）这一领域。相关研究成果主要分布在基于均值—方差资产定价理论框架下的套期保值理论和基于下侧风险框架的套期保值理论等研究方向。在基于均值—方差资产定价理论框架下的套期保值理论方面，国外学者主要创建了 OLS 模型、ECM 类模型和多元 Garch 等模型，Mathew 和 Holthausen 等提出运用动态规划方法构筑动态的套期保值策略等。③ 国内学者成果也比较

① Hicks，J. R.，*Value and Capital*，London：Oxford University Press，1946.

② Keynes，J. M.，*A Treatise on Money*，London：Macmillan，1930.

③ Mathews，K. H. and Holthausen，D. M.，"A Simple Multiperiod Minimum Risk hedge Model"，*American Journal of Agricultural Economics*，1991（73），pp. 1020 – 1026.

丰富。如在理论研究方面，林孝贵等提出了以收益风险比为优化目标的套期保值方法①；黄长征建立了基于效用最大化、非线性套期保值模型②等。在基于下侧风险框架的套期保值理论方面，Mao 等提出的下偏风险矩（lower partial moments，LPMs）③ 等。这些方法、模型在实践应用中，目前尚无明显、持续有效的例证，也是这些研究的主要“软肋”。

二 中国企业套期保值饱受挫折

随着市场经济的不断发展，越来越多的企业开始利用期货这一金融工具来规避价格波动风险，完善风险管理体系。如 2008 年我国铜加工企业 80% 以上都参与了期铜交易；航空、远洋运输企业也陆续参与到燃料油市场中。期货市场与企业经营越来越密不可分。

然而，自 1998 年株洲冶炼厂在伦敦金属交易所（LME）大量卖空锌期货合约、亏损 15 亿元人民币开始，拉开了中国企业在国际期货市场上巨亏的序幕。2005 年，国家物资储备局在伦敦金属交易所铜期货亏损超 2 亿美元，最为显著的是，在 2008 年国际金融危机中，套期保值成为部分企业业绩巨亏的罪魁祸首，有信息披露义务的中国上市公司中，例如，东方航空 2009 年 1 月 12 日发出公告④指出，公司航油套期保值合约于 2008 年 12 月 31 日的公允价值损失约为人民币 62 亿元，公司 2008 年业绩将出现大幅亏损。2009 年 1 月 17 日，中国国航公告⑤指出，按照 2008 年 12 月原油平均价格 42.04 美元/桶计算，公司 2008 年 12 月 31 日燃油套保合约公允价值损失扩大到 68 亿元人民币。受燃油套保亏损等因素影响，中国国航预期 2008 年全

---

① 林孝贵：《基于收益与风险比率的期货套期保值策略》，《系统工程》2004 年第 1 期。

② 黄长征：《期货套期保值决策模型研究》，《数量经济技术经济研究》2004 年第 7 期。

③ Mao，J.，“Models of Capital Budgeting，E – V vs E – S”，*Journal of Financial and Quantitative Analysis*，1970（4），pp. 657 – 675.

④ 《中国东方航空股份有限公司关于航油套期保值业务的提示性公告暨 2008 年度业绩预亏公告》，2009 年 1 月 12 日，巨潮资讯网，www. cninfo. com. cn。

⑤ 《中国国际航空股份有限公司关于燃油套期保值的提示性公告及 2008 年度业绩预亏公告》，2009 年 1 月 17 日，巨潮资讯网，www. cninfo. com. cn。

年业绩将发生大幅亏损。中国远洋控股股份有限公司 2008 年 12 月 16 日发布公告[①]称，年初至 12 月 12 日，所属干散货船公司持有的远期运费协议（FFA），公允价值变动损失合计为 53.8 亿元，较 9 月 30 日扩大了 30.7 亿元。看到大量企业巨亏的同时，大家期盼相反情形的出现，因为市场价格是双向波动的，从单纯的偶然性角度看，获得相应的巨大收益概率与出现巨亏的概率应该相等，所以，这不应该是奢望。事实上，多少年以来，竟然没有一家上市公司因在套期保值活动中获得巨大收益而使企业大幅盈利，在沪深上市公司 2008 年年报披露的套期保值交易信息中，仅发现西部矿业获得 2 亿元收益，这种现象发人深省。

第二节　套期保值风险的形成与特征

一　基于基差的分析无法揭示企业套期保值导致业绩巨亏的机理

按照现在的套期保值理论，企业套期保值的风险主要来源于基差变动。在 2008 年国际金融危机中，中国大量企业套期保值时期，套期保值交易对象的基差并没有出现剧烈变化的现象，理论上说，应该没有风险。如按当今套期保值理论，航空企业套期保值的巨亏应该与企业消耗航油燃料的价格下跌带来的额外收益相对冲，不应该导致企业年度经营的巨额亏损问题。而事实上，巨额亏损出现了。可见，企业依据的套期保值理论、方法体系无法自圆其说。

二　套保巨亏是否属于套期保值名下的投机过度

2008 年年底，东方航空、中国国航等都因在套期保值合约中蒙受巨额亏损而饱受诟病，有些人甚至认为，他们以套期保值为名，行投机之实。以亏损最严重的东方航空为例，据东方航空 2008 年度报告披露，截至 2007 年 12 月 31 日和 2008 年 12 月 31 日，其原油套期保

---

① 《中国远洋控股股份有限公司公告》，巨潮资讯网，2008 年 12 月 16 日，www. cninfo. com. cn。

值实际交割量占航油现货采购量的比例分别为 34.20% 和 41.58%。没有超越国资委规定的央企套期保值的红线："央企做金融衍生品业务的预算安排要坚持套期保值原则，预算交易规模应控制在现货的 90% 以内，以往年度出现严重亏损或缺乏经验的企业，应该控制在现货的 50% 以内。"[①] 从交易规模上看，套期保值量在套期保值范围之内，也没违规，从持有合约特征来看，具有对冲公司经营主要消耗品航油价格上涨风险的特征，符合套期保值规则，有些学者批评其以套期保值之名，行投机之实，但没有发现明显的证据。

三　有代表性的套保巨亏企业——东方航空套期保值组合特性

根据东方航空的定期报告以及对媒体披露的信息，公司采用的套期保值活动是通过与国际金融机构签署场外期权组合方式进行的。场外期权在国际上也是大企业常用的套期保值手段之一，期权可以看作期货的特殊形式。东方航空所持有的航油套期保值合约是在 2008 年与国际投行签订的场外结构性期权合约，套期保值品种主要是以 WTI 原油和新加坡航空煤油等为基础资产的金融衍生产品，是由看涨期权与看跌期权构成的组合，合约交割期为 2009—2011 年，跨度 3 年。其功能为在航油价格持续上升时，降低航油采购价格波动的影响。公司对套期工具及其他衍生工具的公允价值主要采用适用的模型以及市场上可用的信息参数计算，并参考交易对手的市场报价以及第三方评估机构的评估结果。模型中采用的主要数据和假设包括未来原油价格走势、波动率、均值回归速度、长期均衡价格、无风险利率以及信用利差等。[②] 公司 2008 年年报称：倘若油价较 2008 年 12 月 31 日的收盘价下降 5%，则 2008 年 12 月 31 日的公允价值损失将增加 5 亿元；倘若油价较 2008 年 12 月 31 日的收盘价上升 5%，则 2008 年 12 月 31 日的公允价值损失将下降 5 亿元。于 2008 年度，在其他变量保持不

---

① 国资委统计评价局：《国资委有关负责人就〈关于进一步加强中央企业金融衍生业务监管的通知〉答记者问》，2009 年 3 月 24 日，http：//www.sasac.gov.cn/n1180/n1566/n258203/n259460/6272419.html。

② 孙中元：《国资委重申央企套保红线东航仍与高盛"对赌"》，《证券日报》2009 年 10 月 19 日。

变的情况下，倘若航油价格上升或下降5%，公司航油成本将上升或下降约人民币9亿元。2008年，公司共发生公允价值变动损失64.01亿元，比上年增加64.85亿元，主要是由于原油期货市场价格2008年下半年大幅下降导致公司原油期权合约产生的公允价值变动损失比上年增加了63.53亿元，公司2008年业绩大幅亏损139.28亿元。[①]从以上数据可以推算，若以2008年12月31日原油价为45美元/桶推算，推算其套期保值总量为：5/(45×5%)=2.22（亿桶），东方航空2008年航油成本184.88亿元，若油价以均价90美元/桶计算，其燃油成本相当于184.88/90=2.05（亿桶）原油。显然，套期保值量超过了1年的耗油量，分摊到3年，套保率与公司目标35%接近，但这种3年的超长期合约，浮亏2008年全额计算，显然也放大了风险。

根据东方航空的套期保值损益表现，其签订合约综合损益如图10-1所示，对比图10-2标准的看涨期权损益图，可以看出：简单地看涨期权通过价格低于B点时付出Ψ成本，获得价格高于C点时价格上涨带来的收益，成本是固定的，收益随着价格的上升，是不封顶的，这是最简单的规避价格上涨风险的期权，而东方航空签署的合约，是复杂的组合合约，如图10-1所示，当价格在AB区间，其获得ω的收益，超过B点时，获得价格上涨的收益，而价格低于C点时，承担价格下跌的损失。一般情况下，ω的数值是比较小的正数，也可能是负数，金融机构为了便于推销产品，一般不采用负数。所以，这种组合期权方式，本质上就是以承担价格低于C点的风险获得价格高于B点的收益，在价格处于AB区间时变异的期货交易合约，与简单看涨期权通过承担一定成本来获得价格高于B点的收益，回避价格上涨的风险完全不同。这种期权组合具有“对赌”特征。所以，东方航空签署的套期保值协议被媒体称为“对赌协议”，就是基于这样的特征。根据东方航空的定期报表套期保值损益数据，可以判定，到2009年9月，仍处于A点左边。在原油价暴涨到140美元/桶以上

① 《东方航空2008年年报》，巨潮咨询，2010年6月5日，http://www.cninfo.com.cn/finalpage/2009-04-16/51323621.PDF。

时，没见到公司有巨大浮动盈利的公告，可以判定，B 点不可能比原油价格 140 美元/桶低很多，与媒体报道的 140 美元/桶是基本吻合的。

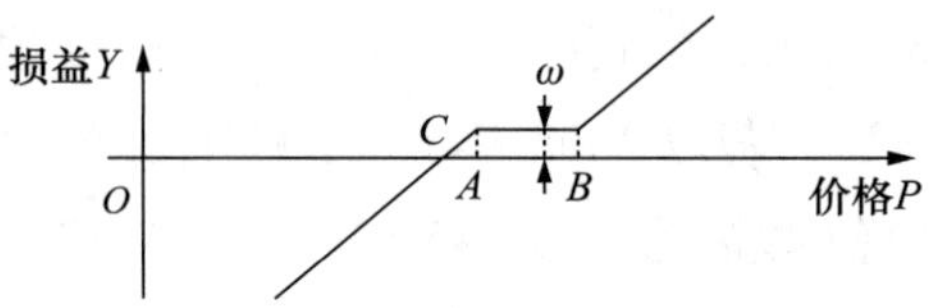

图 10－1 东方航空期权组合合约损益示意

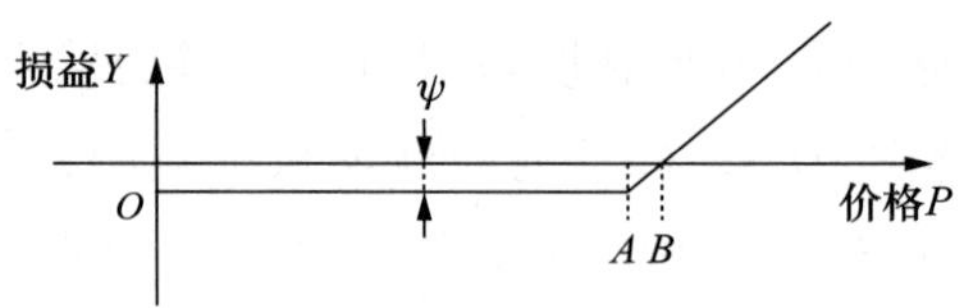

图 10－2 看涨期权损益示意

四 东方航空场外期权组合套期保值组合效果

如图 10－3 所示的 2004—2010 年美原油期货（12 月合约）价格波动日线图可以发现，从 2007 年年初到 2008 年 8 月，原油价总体上一直处于上涨趋势，其涨幅不低于国际金融危机原油价格跌幅的 80%。而如表 10－1 所示，东方航空 2007 年套期保值收益仅 1. 2 亿元，浮盈不足 1 亿元，而 2008 年油价下跌时，浮亏达 62. 56 亿元，两者盈亏数值不在一个数量级上。一方面，2007 年在原油处于较低位置时，企业套期保值交易消极而在 2008 年原油处于高位时，公司套期保值则过于活跃，一次性签订了 3 年的套保协议；另一方面，受制于协约谈判的能力，其签订期权合约的有效性有待商榷。再从公司 2009 年半年报的信息来看，公司航油套期保值期权合约产生的公允价值变动净收益约为人民币 27. 94 亿元，公司航油套期保值合约实际交割现金流出约为人民币 12. 89 亿元，可见，若这期间不出现交割，则实际变动额应该在 27. 94 亿—40. 83 亿元（27. 94 + 12. 89），可以想象，若企业这期间进行套期保值交易，这会获得丰厚的回报，这一时期，却没有中国企业因为套期保值而盈利。在套期保值巨亏时，中国企业大量在位；在可以盈利时，中国企业却集体缺位了。值得反思。

图 10 - 3　2007—2010 年美原油期货（12 月合约）价格波动

表 10 - 1　　东方航空燃油成本分项统计　　单位：百万元

年份	2008	2007
燃油成本	18480	15237
已变现对冲亏损/（盈利）	8	（120）
燃油成本总额	18488	15117
未变现公允价值计量对冲亏损/（盈利）	6256	（97）

资料来源：根据东方航空定期报告整理。

场外期权组合套期保值合约内容的设定十分关键，设计得好，会比利用期货市场更佳，否则会更差。因此，需要足够的智慧和经验才能胜任合约的设定谈判，而东方航空相关工作人员面对媒体采访时，自称不能判断价格走势，只会重复“不进行套期保值比进行套期保值风险更大”这样基础教科书上的教条，与国际金融机构的职业金融工程师相比，水平差距巨大，与他们签订的组合协议，在价格上涨的有利环境下，只能获得蝇头小利；在价格下跌不利情况下，承受了高风险。即市场不利时，体现的是期货高杠杆特性；市场有利时，缺乏期货高杠杆特性。事实上，油价暴跌前几个月，美国次级债问题显现，此后才出现“蝴蝶效应”并开始蔓延，而这些次级债的设计者对其演化成危机是不缺乏预感的，签署这些协议，这些金融结构应该是胸有成竹的。而中国企业从来没有因为类似的协议而大赚一笔，基于类似的背景，并不令人感到意外。

第三节 企业套期保值风险形成的原理

基差不是巨额亏损的罪魁祸首，投机过度也不能成立，那么，套期保值理论可能会忽略某些重要问题。研究发现，主流的套期保值理论研究问题的基本假设前提是简单的封闭环境，如对上游原材料进行套期保值时，不会考虑上游原材料价格的变动对下游产品价格的影响，简单地认为，下游产品价格是不变的，对上游原材料的套期保值的损益，可以在产出环节有效对冲，进而实现经营环境、经营目标的稳定，达到风险管理的目标；同时，也没有考虑套期保值可能导致企业在行业竞争地位的相对变化等重要影响，而这些要素在现实的竞争环境中是普遍的且重要的要素。套期保值隐藏的假设前提与现实状况的差异才是问题的源泉。

一 基差波动风险有限性、可控性

一般情况下，套期保值风险研究主要是针对基差波动造成的风险，这种研究仅仅考虑基差带来的影响而不考虑其他影响因素。通常情况下，由于套利交易的存在，使基差被压制在比较小的数量级上，其风险水平是比较低的。而上述企业套期保值出现巨大亏损并不是由于基差的剧烈波动导致的，因为这一时期现货与期货的基差没有出现明显偏离。显然，相比之下，这些套期保值造成的风险比基于基差的风险大得多。

二　在竞争环境下，企业套期保值的本质是风险转换

现有的套期保值理论只有在封闭环境条件下才能成立，在竞争环境下，这些理论具有明显的缺陷，它忽略了套期保值时，外部复杂环境对企业整体经营状况、企业竞争力的影响。以航空公司为例，航油价格下降，那么航空运营成本下降，如果收入不变，会带来更多收益可以用来补偿期货上的损失。但在竞争环境下，油价下降，航空服务价格也会相应下降，企业无法获得油价下降带来的额外收益，这样的套期保值无法实现“保值”的功能。所以，企业在进行套期保值时，不仅要考虑基差风险，对上游原材料套期保值时，要关注上游原材料价格与下游产品或服务价格的联系；对下游产品或服务套期保值时，要关注套期保值导致企业经营业绩与行业整体水平出现的相对变化对企业经营的影响，这些风险在竞争环境下影响深远。

若考虑竞争环境下这些复杂的要素，便可以清晰地揭示企业套期保值的风险。从东方航空套期保值的案例可以看到：在竞争环境下，成本下降，必然引起产品或服务价格下降，对消耗材料的套期保值，无法在产品或服务环节进行有效对冲，达到相对平稳经营环境的目标。在航油价格下降时，其套期保值会带来亏损，同时产品或服务价格下降，很难实现超额收益，因此，无法有效对冲套期保值中的亏损，这时，其经营业绩明显劣于未套期保值的企业；在航油价格上涨时，其套期保值可以实现盈利，同时服务价格因行业成本上升而上升，其经营业绩不会出现明显下滑，并没有需要套期保值收益来予以补充的窘境，这时企业经营业绩明显优于未进行套期保值的情况。由此可见，竞争环境中，企业套期保值并没有实现风险回避和相对稳定的经营目标。企业对经营过程中的主要原材料进行套期保值，回避了原材料价格上涨导致企业经营成本上升的风险，与行业内未进行套期保值的企业相比，取得了成本优势；相反，价格下降时，进行套期保值的企业需要承受无法分享行业成本降低的风险，这时，市场竞争导致的企业下游产品无法获得超额利润来弥补套期保值的损失，或者不能像行业内其他未参与套期保值的企业那样获得成本降低的好处，使企业在行业中的竞争地位受损，当企业经营业绩与行业水平变化差距巨大时，企业被竞争对手收购的成本大幅降低，因此被收购的风险大增。

若是基金管理公司出现类似情况，其管理的基金则会面临被大量赎回，甚至导致基金被迫清盘等风险。随着股指期货的推出，中国基金管理公司将迎来套期保值时代，套期保值盈利或亏损，将直接影响基金管理公司的竞争力。以下模拟基金投资实例来揭示其中的风险，假定某基金管理公司，其管理的某指数型基金，若 α 为持有股票比例，I_i 为对应的股票指数，则每份基金市值为 V_i 为：

$$V_i = V_0(1-\alpha) + \alpha V_0(I_i/I_0) + \varepsilon_1 \tag{10-1}$$

式中，V_0 表示基期市值；I_0 表示基期指数；ε_1 表示其他因素引起的价值变量。

若取 2007 年 7 月时，沪市综指 4000 为基期指数，取 α = 0.8，ε 忽略不计。若这时进行套期保值交易，套保率为 100%，那么接下来 2 个月股指上升到 6000 时，其市值仍为 V_0；而同样满足式（10－1）的其他基金，其市值 $V'_i = 1.4V'_0$，增长率为 40%，即这一时期进行套期保值的这个基金市值增幅落后于指数 50%，落后于同类型基金 40%。显然，这种套期保值在回避价格下跌风险的同时，却造就了价格上升时收益远远低于指数与同类型基金的风险。而基金净值随指数下降而降低时，同类基金表现大致相同，往往被认为是系统风险，投资者承受能力相对较强；基金净值明显落后于指数或同类型基金增幅时，则会被认为是基金管理人水平问题，进而影响公司声誉，可能招致大量赎回的风险。在对基金投资者的调查研究中，也验证这样的判断，在附录 2 投资者调查问题 12 的回答分析中，发现当基金市值落后指数升幅 50% 时，超过半数的投资者会选择坚决赎回，而不考虑任何原因。这正是基金管理者要注意规避的风险，也正是为了避免这类风险，成就了金融市场的“羊群效应”。从这个角度来看，基金管理公司利用股指期货进行套期保值时反而面临更严峻的风险。可以预计，在不远的将来，随着基金管理公司套期保值业务的开展，基金公司因套期保值的损益而出现更大的分化。

总之，在竞争环境下，无论是生产、传统服务型企业，还是风险投资理财类基金管理公司，进行套期保值交易时，回避了价格向不利于经营业务方向波动的经营风险，同时产生了价格向有利于经营业务方向波动时，经营业绩落后于行业水平或竞争对手的不利局面。简言之，企业套期保值的本质是风险转换，即把经营中某要素的风险转化为另一要素的风险，而没有实现“保值”的功能。

三　套期保值损益与价格和数量的关系

在竞争环境下，企业经营各要素相互联系，动态变化，企业套期保值活动损益与价格和数量的关系密切。以东方航空为例，自 2008 下半年起，公司套期保开始恶化，经营业绩也大幅下滑，2008 年上半年仍处于盈利状态，年末亏损已经十分严重，这样巨大的变化不仅有价格因素影响，数量影响也十分明显。

从价格因素来看，中国通过燃油附加的形式调节航空公司的运营价格，根据发改价格〔2008〕1568 号文，2008 年 7 月 1 日起调整国内航线旅客运输燃油附加收取标准，其中，800 千米以下航段由每位旅客人民币 60 元调整为人民币 80 元，800 千米（含）以上航段由每位旅客人民币 100 元调整为人民币 150 元。鉴于 2008 年下半年以来，国际原油价格大幅下调，2009 年 1 月 14 日，国家发改委和民航局发出通知，自 2009 年 1 月 15 日起暂停收取国内航线旅客运输燃油附加费。从这一规定来看，航空服务价格（票价 + 燃油附加）通过燃油附加的形式随油价变化而变化，燃油价格下降，航空服务价格也要下降，这虽然是政策规定，但体现了竞争市场的自然特征，与燃油附加费延时反应成本不同，航空公司极其灵活的票价折扣政策，及时地体现成本、供求关系等要素的变化，油价下跌，机票折扣力度随即加大，油价暴涨，机票打折则消失。可见，市场竞争使企业的产品与服务的价格随着成本等因素变化而变化，航油价格的下降并不能给航空公司带来额外的利益。

从数量因素来看，套期保值数量的影响也是显著的，数量评价不仅是考察绝对数量的多少，更重要的是，考察套期保值数量与公司实际消费数量的比，即套保率。东方航空套保率目标为35%以内，其2007年套保率为34.20%，而2008年则增加到41.58%，表现出较大的波动性。2007年价格上涨，对公司有利，套保率低；2008年，套期保值是亏损的、不利的，套保率反而增加了。这种变化并不是公司故意增加套保率，主要是由于国际金融危机导致公司航油需求下降引起的。若公司航油总需求为 Q_{hy}，其计算公式为：

$$Q_{hy} = \alpha + f(Y_i)f(p_i) + f(Y_n)f(p_n) + \varepsilon_2 \tag{10-2}$$

式中，Y_i 表示相关国际经济总量；p_i 表示国际航空服务价格；p_n 表示国内航空服务价格；Y_n 表示国内经济总量；ε_2 表示偶然波动因素；α 表示常数项。

2008年的国际金融危机中，Y_i 明显下降是主要矛盾，国际金融危机导致相关国际经济总量 Y_i 降低，$f(Y_i)$ 因与 Y_i 正相关而降低，需求量下降，导致价格降低，$f(p_i)$ 因与 p_i 负相关而上升，因 Y_i 降低是主导因素，则 $f(Y_i)f(p_i)$ 降低，最终导致航油需求量 Q_{hy} 下降。在企业套保率目标相对稳定的情况下，套期保值数量是由预期需求量决定的。当实际需求量下降时，表现为套保率显著上升，东方航空2008年套保率比2007年显著上升主要是由于公司航油实际消费量下降引起的，而不是套保率目标的改变。对航空服务业而言，价格上升一般是由航空市场需求量上升引发的，这时经济活跃，航油价格一般也会处于上升时期。航油价格上升时，企业套期保值应该处于盈利状态，在特定的航油消费预期下，这时的套保率会低于预期；相反，在价格下跌时，套期保值处于亏损状态，这时套保率反而较高。2007年油价上升，对企业套期保值有利，这时套保率低；2008下半年油价下跌，对企业套期保值不利时，套保率反而上升了。可见，在竞争环境下，市场供需变化会导致需求量的改变，从而使企业套期保值的套保率出现波动，是企业套期保值风险又一来源。国内外大量对套保率的研究成果在更优化、更精确方面展开激烈竞争，而竞争环境下，企业套保率的巨大波动，使这些研究的价值大打折扣。

第四节　竞争环境下套期保值风险的评价

2008年国际金融危机，充分暴露了竞争环境下企业套期保值风险。为了准确评价其风险，需要建立完善的评价体系。在国内A（B）股上市的几家航空公司的套期保值行为比较典型，通过这些案例探讨，可以总结出相关的评价体系。在A（B）股上市的航空公司主要包括上航航空、东方航空、中国国航、海南航空、南方航空、山东航空等，上海航空与东方航空于2010年年初合并。这些航空公司在国内航空市场上处于主导地位，基本可以代表国内航空业。这些企业中，套期保值亏损严重的主要是东方航空和中国国航，上海航空比较少，其他航空公司很少参与或者没有参与套期保值。

一　套期保值风险评价的主要财务指标

选择恰当的评价指标，是科学评价企业套期保值效果、影响的基础。针对上市公司样本，避免分析过于复杂，这里选取证券市场主流分析工具采用的主要指标，与流行的考评指标一致，主要包括每股收益（元）、每股收益扣除（元）、每股净资产（元）、净资产收益率（%）、投资收益（万元）、净利润（万元）和总股本（亿股）。当然，其他指标如所有者权益、总资产、资产负债率等也很重要，为了简化分析，这里不采用。以这些主要指标为基础，探讨企业套期保值对企业经营业绩与企业在行业中竞争地位的影响。表10－2至表10－6是这些企业不同时期的套期保值风险评价主要财务指标。

表10－2　　东方航空（600115）主要财务指标

财务指标	2009年12月31日	2009年9月30日	2009年6月30日	2009年3月31日	2008年12月31日	2008年9月30日	2008年6月30日	2008年3月31日	2007年12月31日
每股收益(元)	0.084	0.2030	0.2369	0.0080	－2.860	－0.471	0.0086	0.0433	0.120
每股收益扣除(元)	0.005	－0.503	－0.559	－0.260	－1.700	－0.564	－0.078	0.043	－0.049
每股净资产(元)	0.32	－0.440	－0.437	－2.370	－2.380	0.1086	0.5881	0.6069	0.520

续表

财务指标	2009年12月31日	2009年9月30日	2009年6月30日	2009年3月31日	2008年12月31日	2008年9月30日	2008年6月30日	2008年3月31日	2007年12月31日
净资产收益率(%)	17.39	-35.44	-34.68	-0.347	—	—	1.450	7.130	23.99
投资收益(万元)	-2274	-2437	-2922	1388.1	10583	7608.6	6468.9	2100.1	15518.0
净利润(千万元)	53.97	119.67	117.35	4.01	-1392.8	-229.22	0.13	21.08	60.39
总股本(亿股)注	95.817	77.417	77.417	48.669	48.669	48.669	48.669	48.669	48.669

注：股本变动原因：2009 年增发 135000.00 万股，增发价格 4.75 元/股；2009 年增发 143737.50 万股，增发价格 3.87 元/股。

资料来源：根据公司定期报告整理。

表 10-3　　中国国航（601111）主要财务指标

财务指标	2009年12月31日	2009年9月30日	2009年6月30日	2009年3月31日	2008年12月31日	2008年9月30日	2008年6月30日	2008年3月31日	2007年12月31日
每股收益(元)	0.42	0.32	0.25	0.08	-0.77	-0.055	0.11	0.09	0.31
每股收益扣除(元)	0.10	0.06	0.02	0.02	-0.23	-0.092	0.08	0.09	0.30
每股净资产(元)	2.02	1.99	1.92	1.69	1.61	2.46	2.62	2.61	2.49
净资产收益率(%)	21.02	16.14	12.88	4.73	-46.27	-2.25	4.12	3.27	12.11
投资收益(千万元)	61.04	46.03	31.11	-95.67	-115.2	14.92	41.03	36.43	123.56
净利润(千万元)	502.9	381.09	292.56	98.121	-914.9	-80.60	116.54	104.02	369.86
总股本(亿股)	112.51	112.51	112.51	112.51	112.51	112.51	112.51	112.51	112.51

资料来源：根据公司定期报告整理。

表 10-4　　海南航空（600221）主要财务指标

财务指标	2009年12月31日	2009年9月30日	2009年6月30日	2009年3月31日	2008年12月31日	2008年9月30日	2008年6月30日	2008年3月31日	2007年12月31日
每股收益(元)	0.09	0.0990	0.0510	0.0100	-0.400	0.0140	0.0880	0.0800	0.17
每股收益扣除(元)	-0.21	0.0520	0.0030	0.0100	-0.500	-0.003	0.0810	0.0800	0.16
每股净资产(元)	1.86	1.8400	1.7900	1.7500	1.7400	2.1900	2.2600	2.2500	2.14
净资产收益率(%)	5.11	5.3980	2.8100	0.5200	-23.19	0.6500	3.8900	3.6100	8.28
投资收益(万元)	889.20	716.60	604.20	210.40	3210.2	1520.3	1091.7	128.70	1321.6
净利润(千万元)	33.47	35.05	17.50	3.18	-142.4	5.018	31.09	28.67	62.69
总股本(亿股)	35.302	35.302	35.302	35.302	35.302	35.302	35.302	35.302	35.302

注：2010 年 2 月增发 59523.81 万股，增发价格 5.04 元/股。

资料来源：根据公司定期报告整理。

表 10－5　　南方航空（600029）主要财务指标

财务指标	2009年12月31日	2009年9月30日	2009年6月30日	2009年3月31日	2008年12月31日	2008年9月30日	2008年6月30日	2008年3月31日	2007年12月31日
每股收益(元)	0.05	0.05	0.006	0.03	－0.74	0.004	0.19	0.18	0.42
每股收益扣除(元)	－0.04	0.1500	－0.190	－0.120	－0.870	－0.120	0.080	0.160	0.21
每股净资产(元)	1.29	1.2900	1.0800	1.1100	1.0700	1.87	2.98	2.96	2.80
净资产收益率(%)	3.46	3.12	0.54	3.06	－68.98	0.23	6.42	6.14	15.14
投资收益(千万元)	34.70	30.80	21.90	0.800	34.00	30.70	11.00	4.20	37.30
净利润(千万元)	35.80	32.20	3.80	22.20	－482.9	－2.10	80.90	77.40	182.00
总股本(亿股)	80.03	80.03	65.61	65.61	65.61	65.61	43.74	43.74	43.74

资料来源：根据公司定期报告整理。

表 10－6　　山东航空股份有限公司（200152）主要财务指标

财务指标	2009年12月31日	2009年9月30日	2009年6月30日	2009年3月31日	2008年12月31日	2008年9月30日	2008年6月30日	2008年3月31日	2007年12月31日
每股收益(元)	0.7600	0.6800	0.2800	0.1500	0.2000	0.1000	0.1500	0.1300	0.17
每股收益扣除(元)	0.5100	0.4200	0.0800	0.0500	0.2300	0.1100	0.1600	0.1300	0.13
每股净资产(元)	2.1300	2.0600	1.6600	1.5078	1.3800	1.2000	1.2400	1.2200	1.17
净资产收益率(%)	35.470	33.130	16.980	9.8200	14.720	8.5900	11.830	10.580	14.53
投资收益(万元)	371.59	644.46	482.98	93.30	1117.5	113.06	113.06	—	—
净利润(千万元)	30.23	27.25	11.25	5.92	8.09	4.11	5.86	5.17	6.80
总股本(亿股)	4.000	4.000	4.000	4.000	4.000	4.000	4.000	4.000	4.00

资料来源：根据公司定期报告整理。

从这些财务指标可以清晰地反映出这些企业经营业绩的数值变化。企业的核心使命是为股东创造投资回报，若以投资者角度考察企业套期保值的风险，主要考察企业的经营业绩、经营业绩的稳定性等指标。从投资收益水平看，主要考察企业经营主要财务指标：对比这5家公司2007—2009年的主要财务指标，可以发现：东方航空、中国国航由于套期保值，在国际金融危机影响航空服务业务的同时，出现巨大亏损，在这5家公司中，2008年年末与上年同期比较，衰退最严重的是东方航空，到了资不抵债的程度；紧跟其后的是中国国航；未进行套期保值或套期保值影响小的海南航空和南方航空受到的冲击相对较弱；山东航空，由于其主要是国内业务，受到的影响最小。可见，套期保值业务在这期间对东方航空和中国国航的负面影响是显著的。反映在财务指标上，如每股盈利指标，东方航空由 2007 年每股盈利 0. 12 元到 2008 年每股巨亏 2. 86 元，出现了严重点亏损。从相对排序看，2007 年 5 家公司排序为南方航空（0. 42 元）、中国国航(0. 31 元)、山东航空（0. 17 元）、海南航空（0. 17 元）和东方航空(0. 12 元)，2008 年每股盈利排序为山东航空（0. 2000 元）、海南航空（－0. 400 元）、南方航空（－0. 74 元）、中国国航（－0. 77 元）和东方航空（－2. 860 元）。套期保值导致中国国航排名下降，东方航空仍然居末位，同时下降幅度远远超过其他公司。其他指标、每股净资产、净资产收益率、总利润（每股收益 × 总股本）等指标也验证了相同的结论。

二 经营业绩的相对变化

考察经营业绩稳定性，主流方式仍然是处于封闭环境下的分析，主要看经营业绩绝对值的稳定性。一般认为，经营业绩平均水平相同时，方差小说明经营业绩稳定，风险小。事实上，除极少数垄断企业外，绝大部分企业所处的环境是竞争环境，竞争环境下，企业业绩与行业总体水平的相对变化更加重要，这种重要性体现在企业经营业绩向下偏离行业整体水平时存在重大的风险，如公司价值下降，若是上市公司，其表现就更为直观，其股价表现明显低于行业指数，市值占行业总值会大幅下降，其结果是投资者的投资收益明显低于行业平均水平，企业被收购的成本相对降低，被收购的风险增加。另外，在市场竞争中，企业经营业绩相对下降，导致企业业务开拓能力明显弱于行业水平，企业市场容易受到冲击导致市场占有率下降。在相反的情况下，若企业经营业绩向上偏离行业整体水平时，便会得到相应的优势，即市值上升，市场竞争力增强等。但这种优势与风险的作用并不对称，就像一个游离于羊群的羊，其获得更多食物的优势与被猎杀的风险是不对称的，风险比优势更加突出。若从方差角度考察，套期保值可以使企业经营方差降低，但相对于行业平均经营水平，却恰恰相反，方差增加，即降低了封闭环境下的风险，却增加了竞争环境下的风险。

以季度收益指标为例，若季度收益不具有明显的时间趋势时，通过季度每股收益的离散系数，可以充分反映其风险。离散系数又称变异系数，是标准差与平均数的比值，若用 C_V 表示标准差与均值的比率，其计算公式如式（10－3）所示。在投资风险分析中，离散系数越大，风险越大。

$$C_V = \sigma/\mu \tag{10-3}$$

以季度收益为例，本案考察的航空公司 C_V 值如表 10－7 所示。由于出现负值，不利于充分揭示波动特性，为了清晰地揭示其波动程度，有必要进行坐标变换。若把季度最低业绩作为考察基点，其离散特性并不受影响，设基点变化后的离散系数为 C_{VR}，则：

$$C_{VR} = \sigma/(\mu - I_{min}) \tag{10-4}$$

式中，$I_{\min}$表示所有考察对象季度收益最小值，样本中 $I_{\min}$表示东方航空 2008 年第四季度的－2. 39 元。计算结果如表 10－7 所示。

表 10－7　　航空公司 2008—2009 年度季度收益数据分析

公司名称	季度收益均值（μ）	季度收益方差（σ）	季度收益离散系数（C_V）	相对基准季度收益离散系数（C_{VR}）
山东航空	0. 120	0. 123	1. 022	0. 049
东方航空	－0. 347	0. 794	－2. 289	0. 389
中国国航	－0. 044	0. 269	－6. 164	0. 115
海南航空	－0. 039	0. 148	－3. 822	0. 063
南方航空	－0. 086	0. 266	－3. 080	0. 115

从表 10－7 的计算结果看出，季度收益方差最大的是东方航空，值为 0. 794，明显高于其他企业；其次就是中国国航。相对离散系数最大的也是东方航空，值为 0. 389；其次是中国国航，数值也比较高。这组数据可以明显看出这两个进行套期保值的企业有较高的经营业绩

风险，而其他没进行套期保值的企业，业绩风险明显处于较低水平。如山东航空经营业绩，收益方差、离散系数都处于最优水平，可以看出，经营良好的企业不仅业绩优良，业绩波动风险也最低，表现出良好的协同性，折射出良好的管理水平。

三 套期保值的行业竞争地位评价

随着市场经济的发展，中国企业基本上是在竞争环境中生存与发展的，企业在行业中的相对表现，日益成为投资者判断企业价值的主要依据。企业的相对地位的变化，甚至比企业经营业绩本身，更加重要。例如，企业经营不佳时，若是由行业景气问题造成的，若这时企业在行业的相对地位没有明显变化，企业风险并不大。另外，即使企业经营业绩良好，但逊色于行业表现，企业在行业的相对竞争地位会降低，公司相对价值会降低，被收购等风险增加。可见，行业相对竞争力是十分重要的，也正是基于对行业相对地位的追求，导致基金经理被迫随波逐流，导致证券市场上出现明显的“羊群效应”。

如何反映企业在行业的相对竞争地位。不同的行业有明显的区别，如投资基金，主要看资产盈利率与行业均值的相对比较，在行业中的名次等；生产（服务）企业主要指标是盈利能力和市场占有率，从长期来看，市场占有率最终也由盈利能力决定。具体到考察的样本——国内 A（B）股上市的航空公司，净利润指标最具代表性，它既是股东获得投资回报大小的基本因素，也是企业经营管理决策的基础，评价企业盈利能力、管理绩效和偿债能力的一个基本工具，反映企业在行业地位的重要指标之一。样本企业整体在航空业处于主导地位，某个航空公司净利润占样本总利润的比例，一定程度上反映了这一航空公司的行业竞争地位。

假定 y_{inm} 表示 m 公司 n 年度 i 季度的净利润，行业企业样本数为 k，ρ_{inm} 为 m 公司净利润占样本企业总利润的比例，则：

$$\rho_{inm} = y_{inm} / \sum_{m=1}^{k} y_{inm} \qquad (10-5)$$

那么，ρ_{inm} 的数值变化可以直接反映出其在行业中的竞争地位的变化。显然，数值变大，行业地位提升；数值降低，行业地位降低。

在 ρ_{inm}不具有明显时间趋势时，不同季度收益的均方差反映出企业净利润占样本总利润的变化程度。数值越大，在行业中越不稳定，风险较大。根据这些在 A（B）股上市的航空公司定期报告，计算结果如表 10－8 所示。

表 10－8　　ρ_{inm}数值统计

公司名称	2009 年第四季度	2009 年第三季度	2009 年第二季度	2009 年第一季度	2008 年第四季度	2008 年第三季度	2008 年第二季度	2008 年第一季度	方差
山东航空	0.049	0.105	0.017	0.044	−0.002	0.003	−0.379	0.022	0.150
东方航空	−1.074	0.015	0.367	0.030	0.444	0.427	11.511	0.089	4.084
中国国航	1.992	0.579	0.629	0.735	0.318	0.367	−6.879	0.440	2.741
海南航空	−0.026	0.115	0.046	0.024	0.056	0.049	−1.330	0.121	0.492
南方航空	0.059	0.186	−0.060	0.166	0.183	0.154	−1.923	0.327	0.740

表 10－8 所示的这组数据方差差异十分明显，最大的是东方航空，套期保值影响最严重的航空公司；其次就是中国国航，其套期保值影响也十分明显；另外三家未从事套期保值企业的方差数值明显较低，两类企业方差数值相差巨大，可明显区分。清晰地表明了东方航空、中国国航的收益占样本企业总收益的比例具有明显的不稳定性，因此风险较高。需要提醒的是，考察企业套期保值对行业地位影响时，样本数量和结构对分析结果有显著影响，行业规模越大，参与套期保值企业越少，效果越清晰、显著。

四　经营业绩稳定性与股票市场表现

2008—2009 年，市场经历了油价暴跌到油价反弹的过程，财务指标已经清晰地反映了套期保值对企业经营业绩的影响，不同时期经营业绩的变化，使这些公司在行业中的竞争地位发生了显著变化。在 2008 年 8 月到年末这一段时期，套期保值阵营企业年度经营业绩巨亏，导致净资产大幅下降、资产负债率上升、金融信誉评级下降、品牌受损等负面影响，导致其竞争力在行业中的相对水平明显下降。作为上市企业，其市值出现大幅缩水，影响严重的企业则很可能被收购甚至破产。如2008年年底东方航空已经资不抵债，如果不是国资大股东连续注入资本金进行扶持，进行金融信誉担保，那么其破产或者被收购的命运必然来到。在股票市场上，股票价格会直接反映企业行业地位的变化，虽然目前中国资本市场尚不成熟，大股东行为影响也非常显著，但国内资本市场对这些变化仍有体现，东方航空股价从最高的23.99元跌到最低2.65元，在航空公司中跌幅第一。在中国香港这个更成熟的市场上，股价反应更加明显，东方航空在中国香港市场上的跌幅明显高于A股市场，其股价从10.5元跌到最低0.65元，虽有国资背景大股东的鼎力相助，但也成为跌幅最大的航空公司。从2009年第一季度开始，随着油价触底反弹，东方航空和中国国航由于其套期保值业务浮亏减少，计提亏损部分冲回，其业绩改善程度明显。到2009年中期，对东方航空、中国国航的收益出现显著的提振，其中东方航空在股本扩大的情况，取得与其过去经营业绩相比罕见的收益，同比增幅27.5倍，中国国航同比增幅也超过两倍。同期，基本上没有套期保值业务的南方航空、海南航空同比仍然是显著下降的。这一时期油价上升对套期保值公司的提振作用明显，股票价格反弹也更加明显。国内金融市场日益成熟的趋势是明显的，相信未来的A股市场可以更充分地反映出企业的经营状况，那时，用股价的相对变化，就可以直接地描述这些企业竞争地位的相应变化。

总之，在竞争的行业中，套期保值并不是简单地对某一要素进行锁定，营造相对稳定的经营环境，套期保值使影响企业经营的某一变量稳定，也造就了其他变量的不稳定。航空公司对航油套期保值，稳定了航油价格波动的影响，却加大了公司经营业绩的波动性，使其在行业中的竞争力随着套期保值的效果而随之波动。若是上市公司（特别是在成熟的资本市场中），其市值占行业的比重必然大幅波动，加大了股票的波动性，放大了股东投资风险，企业套期保值本质上是把企业不同经营环节、不同要素的风险进行了转换，在回避某些风险的同时，必须为面对新风险做充分准备。

第五节　竞争环境下企业基于弹性系统模型趋势分析基础的套期保值策略

一　竞争环境下基于趋势分析是取得竞争优势的基础

在竞争环境下，企业套期保值本质是风险转换。企业在套期保值活动时，必须识别不同的风险，这些风险对企业的影响程度，在不同的风险中有所取舍，并做好面对所选择风险的准备，这种做法无须考虑价格波动方向，是套期保值的保守策略。从以上分析可以看出，套期保值风险只有在价格向不利于期货交易方向波动时才会出现。企业套期保值交易与一般的投机交易一样，对价格波动方向高度敏感，价格波动方向决定了套期保值对企业经营业绩、行业竞争力的影响。因此，基于价格趋势的有效分析，在有利的趋势下进行套期保值，是化解套期保值风险的积极策略。

二　国际金融机构推广其套期保值业务基于趋势分析特征明显

事实上，反观中国航空公司套期保值的交易对手——国际金融机构，其推销产品明显基于对趋势的准确把握。2007 年年初到 2008 年 7 月，油价一直处于上升阶段，而且上涨幅度巨大，这个时期，他们并没有出现类似中国航空公司在油价下跌时的巨大损失，说明他们在价格上升时期，判断准确，推销的套期保值产品加入了价格上涨的预期，在合约设计和数量上也下足了功夫，避免出现明显损失。而在油价最后的疯狂上涨时期，他们不仅仅向东方航空等企业推销了套期保值产品，更令人惊讶的是，他们一次性推销了长达 3 年的合约，在不违背套保率目标的前提下，尽可能放大交易量，若没有强大的分析能力与推销水平，是绝对不可能实现的。中国企业若要通过套期保值提高竞争力，必须总结经验教训，学习国际金融机构决策经验，基于价格波动趋势分析进行决策。

三　企业套期保值者十分重视套期保值本身的盈亏

进行套期保值交易的企业中的很大比例，特别是有较长时期套期保值交易的企业，对期货市场损益非常重视。在新纪元期货公司调研中得到充分的验证分析市场调研（见附录2）问题11的分析发现：套期保值超过3年的企业中，超过七成的企业关注企业套期保值本身的损益。

实践中，基于价格波动趋势的套期保值行为改善了企业的经营环境。在项目评价专家组成员的协助下，在新纪元期货经纪公司进行了实证分析，通过在9名套期保值客户中介绍套期保值的风险转换特征，推介弹性系统模型进行趋势分析。在持续两年的实践中，取得了较好的效果，认为套期保值的本质是风险转换的比例达89%，通过弹性系统分析方法改善其套期保值目标的达78%。

第六节 套期保值策略及其效果评价汇总

根据以上章节分析，套期保值策略在不同的评价基准下效果差异较大，较为复杂，套期保值策略评价基准与效果关系对照。图10－4总结了不同策略在不同的评价基准下的效果。

假设：假设行业大部分企业不参与套期保值，其保值对象为企业产品。

中线左侧为企业产品价格变化情况，虚线代表未实施套期保值，实线代表实施套期保值，P_b为套期保值交易价格。

中线右侧是企业产品毛利率变化情况。

起始时间点为：中线左侧的时间起始时间与右侧的起始时间都是t_0，不同策略的坐标图是一样的，如图的最下方所示，其他图省略。

中线附近的方框代表套期保值策略，企业可选择的策略分为四类：策略1为不进行套期保值，策略2为稳定持续的套期保值，策略3为选择有利时机套期保值，策略4为被动听从推销者进行套期保值（通常为不利时机）。

不同的策略对应两个评价标准，即以主流套期保值理论为基础的企业盈利绝对值（并忽略市场竞争影响）和以行业的相对盈利水平为

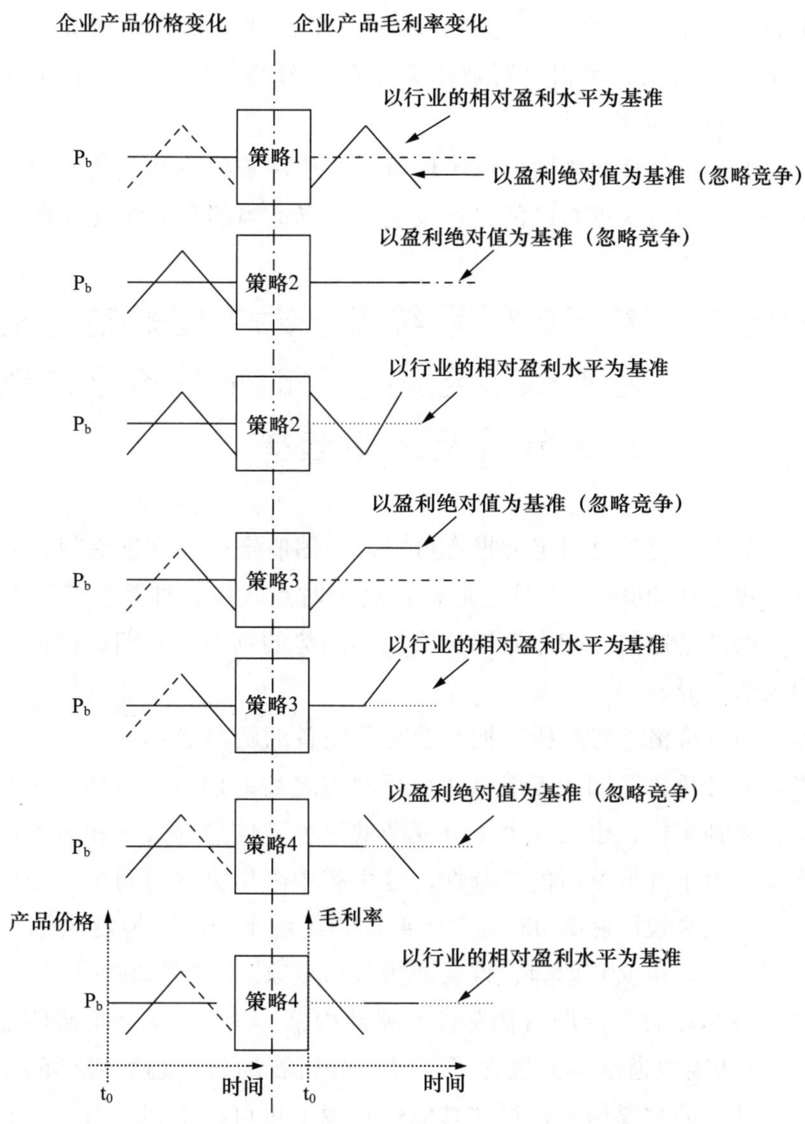

图 10－4 套期保值策略的评价基准与效果关系对照

评价基准，除策略 1 效果相同外，其他策略差异明显。例如，策略 2 中，企业不考虑价格波动情况，全程实施套期保值，企业产品毛利率将维持不变；若以行业相对盈利水平为评价基准，则价格上涨时，企业产品毛利率相对行业水平下降，价格下跌时，毛利企业产品率相对行业水平则上升。

在当今竞争日益激烈的市场环境下，相对于行业基准的风险越来越重要，企业应根据自己的目标及能力选择适当的套期保值策略。

第七节 基于弹性系统模型对中国航空企业套期保值合约签署时期的价格波动趋势分析及策略选择

从东方航空等公司定期报告可知，中国航空企业套期保值合约签署日期集中在 2008 年 7 月前后，若这个时点，以弹性系统模型分析原油价格波动趋势，基于石油价格波动趋势的判断，套期保值策略会有很大的差异。

对期货价格趋势分析，拥有较充分完备的资料必不可少，模拟重现当时的分析决策问题不能采用分析时点之后的内容。当然，获取资料途径多种多样，也是一个十分复杂的过程，信息的渠道和内容都十分丰富，为了降低分析的复杂性，这里集中采用央视的两个专题中的资料，一是央视国际 2008 年 7 月 4 日“经济半小时”专题《石油战争：美日俄印伊疯狂博弈，谁会成为最后赢家》；二是 2008 年 7 月 14 日“经济半小时”专题《国际油价暴涨内幕：800 只基金豪赌原油期货》，这两篇报道基本上包含了当时的分析石油价格趋势需要的主要信息，其中的主要信息资料在其他信息源上也可以得到，因此具有一定的代表性。

一 市场均衡价格的分析判断

对信息的收集和处理，也是准确分析的前提环节。对收集到的信息需要加工，提炼其对分析判断有价值的内容。首先看央视国际 2008

年7月4日"经济半小时"专题《石油战争：美日俄印伊疯狂博弈，谁会成为最后赢家》的信息：各路资本竞相豪赌油价，难怪美国民主党参议员卡尔·拉文曾在美国国会听证会上说，油价突破100美元没有正当理由，商品期货市场已经成为投机的天堂、贪欲的狂欢节。美国国会近期就高油价的问题展开了激烈的讨论，包括埃克森·美孚、壳牌石油，英国石油在内的石油巨头以及基金巨头都被叫去质询，6月3日，索罗斯在美国国会参议院回答关于能源价格投机的质询时说，大量投机资金进入商品期货市场吹大了油价"泡沫"。美国国会还委托美国商品期货交易委员会对市场不正常的交易进行调查，但是，调查已经进行了一段时间，迟迟没有结果。受访嘉宾德国经济学家《石油战争》作者威廉·恩道尔指出：不能指望美国政府采取措施来抑制高油价，目前美国国会内部争论非常激烈，美国现任财政部长是华尔街的代言人，保尔森上周曾经说，目前高油价不是因为炒作，主要还是供需缺口大。他这是在帮他的老东家高盛推卸责任，但这不是事实，所以，尽管目前美国国内和国际有很多压力，但是，美国不会采取什么有力措施来抑制油价上涨。① 从这些信息资料中，可以得出以下重要结论：美国国会、政府在原油价超过100美元/桶时，出现了争议和大讨论，不少人认为超过了供需平衡点。

再看7月14日的部分资料：受访嘉宾中国国际经济关系学会常务理事谭雅玲表示：美国主导国际石油价格因素是非常突出的，所有的石油价格，除了伊朗目前的石油交易所用欧元报价，所有的石油价格都是用美元来报价的，而我们能看到在美元高涨时，比方说布伦特，伦敦布伦特原油的价格基本上都低于美国纽约期货市场，或者现货市场的石油价格，那么从这一点来看，就是美国人，美元报价可以主导石油价格的走向。谭雅玲还认为，以美国的金融经验和美元这种特殊的货币地位和作用，美元完全可以左右世界的金融政策和货币

---

① 央视专题：《石油战争：美日俄印伊疯狂博弈，谁会成为最后赢家》，2008年7月4日，"经济半小时"，央视国际。

政策，而它的目标也是很明显的。尽管高油价给美国本国也带来影响，但谭雅玲认为，在美国的策略组合当中，美元贬值可以化解美国内石油价格上涨带来的负面压力，但是，对其他国家的影响则全然不同。2001 年，中国官方外汇储备达 2000 亿美元，国际石油价格在每桶 25 美元左右，中国可以购买 80 亿桶；2008 年 3 月，中国官方外汇储备是世界第一，达到 1.68 万亿美元，以石油价格 100 美元计算，中国可以购买 168 亿桶。也就是说，虽然中国外汇储备增长 7 倍多，但真实购买力只是原来的 1 倍。另一位受访嘉宾德国经济学家威廉·恩道尔在接受采访时直接指出：期货市场在美国政府监管之外。换句话说，美国政府纵容这些金融机构的炒作行为。我认为，美国某些利益团体希望看到高油价，比如，高油价会抑制许多国家的经济增长，比如中国，或者印度，尤其是中国，当然，高油价也给像埃克森·美孚、英国石油这样的石油巨头带来巨额利益，石油是一种政治力量，就像 1973 年和 1974 年那次石油危机一样，那时的油价也在飙升，就是为了支撑美元的地位。从这段资料中可以判断，美国是油价上涨的得利者，美国政府的态度是纵容的。①

结合这两段的结果，作为主要得利者的美国开始争议价格过高，可以肯定判断当时价格已经超过了市场理想的供需平衡点，那么市场上涨的动力主要来源于动能与博弈推动力量。

二 市场领导者及市场领导竞争者的策略及其产生的价格推动力分析

央视国际 2008 年 7 月 14 日的报道信息指出：高盛被称为“预言大师”，因为 2007 年年中，当国际原油期货价格涨到每桶 60 美元的时候，大家都认为达到了顶峰，一致看跌，但是，高盛却大胆放言，年底油价将达到 95 美元，而今年年初油价将涨到 105 美元，油价破百的预言当时引起轩然大波。但是，今年油价的走势和高盛的预言十

① 央视专题：《国际油价暴涨内幕：800 只基金豪赌原油期货》，2008 年 7 月 14 日，“经济半小时”，央视国际。

分吻合，难怪美国福四通期货经纪公司的资深分析师詹姆斯波尔说：高盛既是预测家，也是实际的参与者，他们正在“自导自演”一出高油价的行情。受访嘉宾美国福四通期货经纪公司资深分析师詹姆斯·波尔表示：有些基金，他们对油价的预测总是那么准，大型的基金像高盛，还有摩根士坦利总是做这样的预测，摩根士坦利不久前还说过油价飙升的预言，与其说他们预测得准，不如说是他们为了自身利益操纵了市场。不过，如果这样说，他们还会为自己辩解，预测油价的是他们的研究分部，和能源基金是两码事。除了四大投资银行，各种基金也在原油期货市场上推波助澜。一是对冲基金。领头的就是曾经在亚洲掀起金融风暴的乔治·索罗斯，被称为投资天才的索罗斯旗下经营5个风格各异的对冲基金，其中大量基金战斗在纽约商品交易市场。二是专门的石油基金。最具代表性的就是皮肯斯，从油井起家发迹的皮肯斯被誉为“油神”，他率领旗下的BP资金公司呼风唤雨，搏击油市，从2004年起，皮肯斯一直看高油价，是期货市场上典型的“做多派”。还有一种是退休基金和保险基金。自2002年以来，它们成为商品期货市场上的重要力量。此外，就是个人投资者，他们通过交易所交易的基金和商品个人储蓄账户进入市场，其中的个人储蓄账户还是英国金融机构专门面向个人投资者的金融产品。总之，“热钱”不分国别，来自世界各地。

从上段信息可以得出以下判断：市场以高盛为代表的四大金融机构（基金），集体成为市场领导者，欧美主流石油公司、众多基金一起加入做多阵营，几乎是全球实力最强的主力阵容，其策略就是凭借资金实力，不断推高价格，几大石油公司控制市场交割量，使推动期货市场价格上涨的博弈合力十分强劲。

三 前期市场运行特征与动能

从图10－5美原油07合约价格波动日线图可以看出，石油期货市场从2001年11月开始启动上升行情，2006—2007年，出现一段回调，然后重新进入上升趋势。整体来看是一波牛市行情的两个阶段，时间跨度长，影响深入人心，动能也得到较好的凝聚。

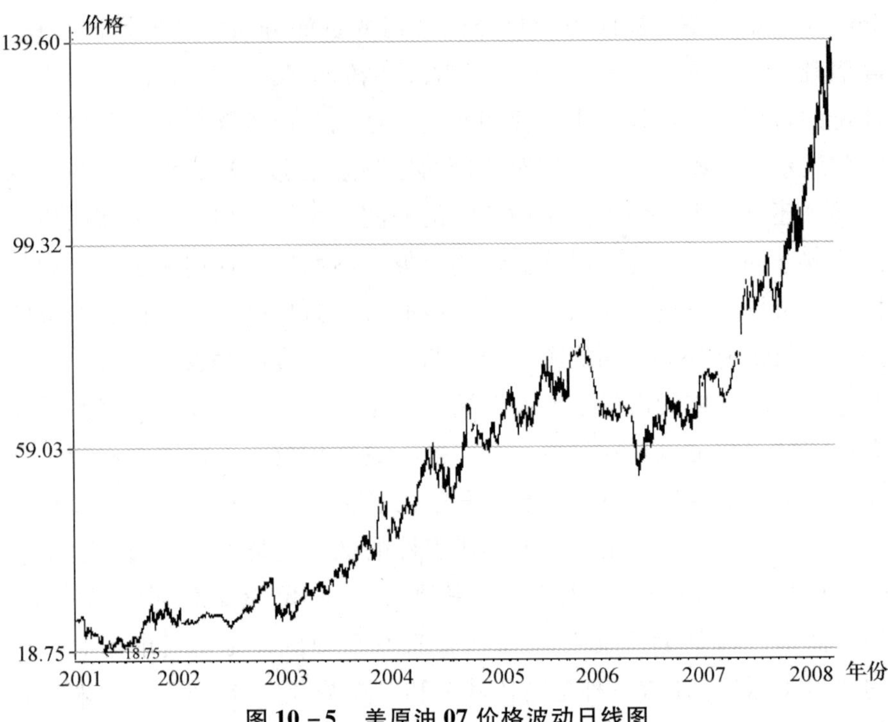

图 10－5 美原油 07 价格波动日线图

四 选择参照模版，定量分析

综合各因素特征分析，经大量筛选对比发现，石油期货与铜期货有很好的相似性。从图 7－6 伦敦 LME 铜价格波动走势看出：从 2001 年 11 月牛市启动到 2006 年 12 月，市场价格涨幅为：8790/1336 = 6.58 倍，持续时间五年多一点，这一波动的背景与石油极其相似，牛市启动时间两者同步，都是 2001 年 11 月，由于铜期货上出现了国际基金与中国国家物资储备局在 2005 年年末至 2006 年年初博弈对决的格局，使国际基金集中力量，战胜了中国国家物资储备局成为市场领导者，进而形成明显的博弈推动价格上涨的力量，促使铜价格迅速达到了其波动峰值，牛市周期至此结束，而同期石油价格进行了调整。从 2008 年年初开始，市场领导者及其竞争合作者一哄而上，各方力量出现共振，博弈力量强盛，欲补上铜期货博弈推动的环节，由于这两者存在时间差，铜期货领先石油期货一年半。因此，铜期货可成为石油期货价格波动趋势分析的参照模版。

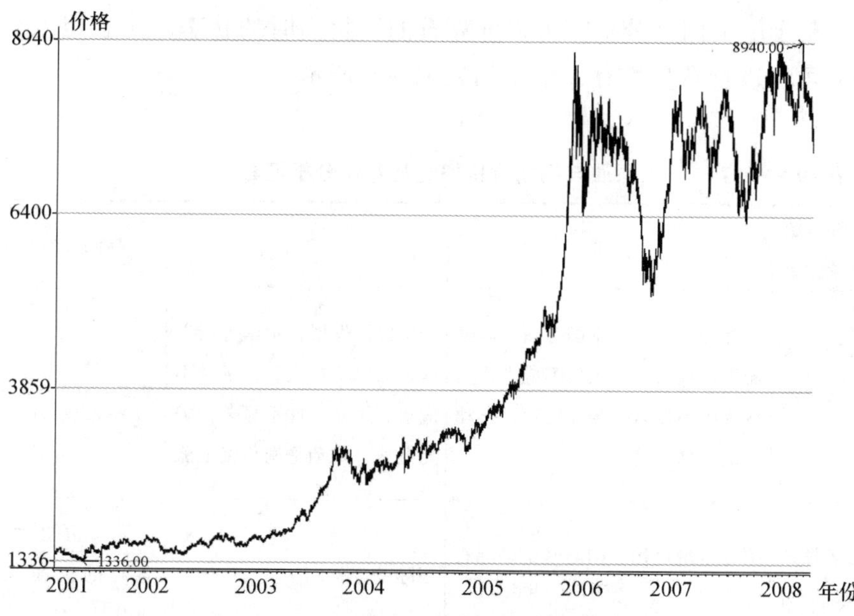

图 10－6　伦敦 LME 铜价格波动日线图

国际市场铜和石油以美元计价，由于时间间隔较长，所以，美元指数的变化是不可忽略的因素，这期间的美元指数波动如图 10－7 所示。

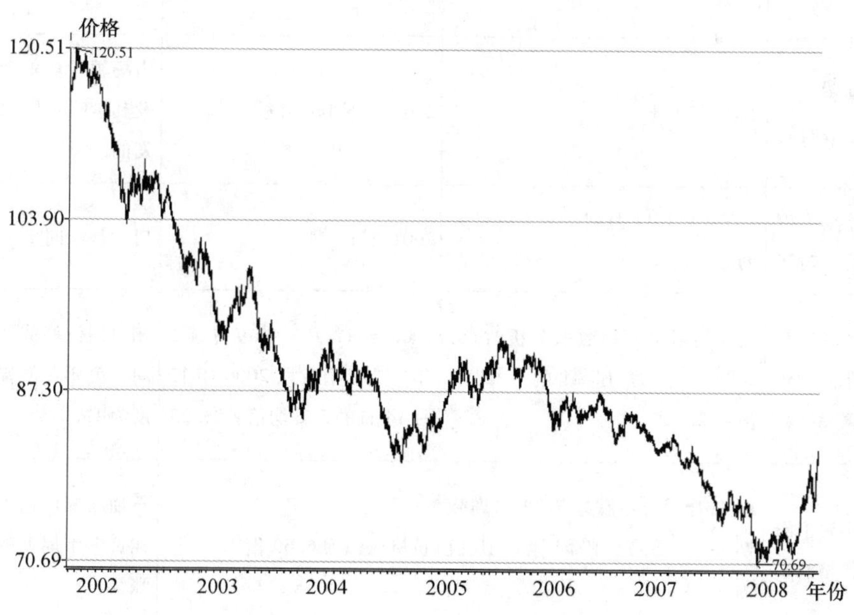

图 10－7　美元指数波动周线图

基于以上因素分析，可以推算石油期货当时的状态。综合以上分析，可以进行数量推算，结果如表 10－9 所示。

表 10－9　　原油与铜期货价格走势对照分析汇总

弹性系统模型参数	原油	铜	异同评价
决定平衡价格要素 As	全球经济发展，中国等新兴国家需求增幅大，市场供不应求，消费弹性不显著，美元贬值，推动平衡价格上涨	全球经济发展，中国等新兴国家需求增幅大，市场供不应求，消费弹性不显著，美元贬值，推动平衡价格上涨	基本一样
市场领导（竞争）者	国际金融机构、国际基金国际石油公司	国际基金	石油市值更大，参与的力量更强大
市场领导者博弈策略	金融机构、基金顺势大力推动价格上涨，国际石油公司控制期货交割	国际基金逼仓中国国家物资储备局等空头主力	多头策略基本相同
博弈力量形成时间	2008 年上半年开始	2005 年下半年开始	市场领导竞争者及其策略不同引发的
市场牛市启动时间	自 2001 年 11 月起，尚未有可靠的结束迹象	2001 年 11 月	启动基本同步
市场牛市结束时间，美元指数	尚未清晰美元指数取分析时点，2008 年 7 月 14 日的 5 日均值：72.42	2006 年 12 月，牛市持续 5 年，美元指数取 2006 年 12 月 14 日的 5 日均值：83.25	相对铜价峰值时间，美元贬值幅度为 13.01%
本轮上涨价格涨幅	14 日计，价格涨幅 7.38 倍剔除期间美元贬值因素，其值为 6.53	价格涨幅为 6.69 倍	石油涨幅已逼近铜价牛市周期的涨幅

续表

弹性系统模型参数	原油	铜	异同评价
其后走势	对照铜牛市结束特征，消费市场替代开发明显增加等类似迹象出现，当前涨幅目标已经超越铜价涨幅，考虑美元指数因素则已非常接近铜价涨幅，预测结论：本周期的牛市到了尾声，盛宴变剩宴，多头策略将十分危险	在新的平衡范围内，呈现短周期的趋势波动，长周期无明显趋势，供需方面出现变化，市场增加，消费替代增加，如空调铜管换成合金管等	牛市结束，市场将在新的平衡水平上波动
事后评价	考虑达到峰值时差，期间美元贬值因素，铜期货和石油期货在这一轮牛市周期中的波幅基本相同；过程因博弈力量等因素差异而不同		

注：模拟分析时间点：2008 年 7 月。

五　分析结论的佐证

从技术分析法角度来看，2008 年开始的原油价格上涨具有牛市最后阶段——消耗性的特征，媒体开始特别关注，油价成为讨论广泛的话题，部分市场参与者出现恐慌情绪，恐慌性跟风者涌出，部分媒体、评论人预测价格达 200 美元/桶以上，与批评泡沫声音形成巨大反差，等等，这些都是原油牛市市场行将结束的特征。

六　套期保值策略的选择

根据以上综合分析可以得出如下结论：在模拟分析时间点：2008 年 7 月，原油的牛市周期到了尾声，盛宴变剩宴。上涨趋势将随时可能消失，套期保值将处于损害企业行业竞争地位的状态，套期保值应该暂停。中国部分企业缺乏信息收集与处理能力，因此，进入了恐慌性跟风者行列，铸成重大失误。

第八节 专题讨论：基金管理公司基于股指期货的套期保值风险与对策

一 基金基于股指期货套期保值的风险识别

基金业是充分竞争的行业，因为投资者在不同基金之间转换的成本相对较低，投资与赎回也可以灵活操作，所以，投资者评价基金不仅是基金的净值变化，基金与其他基金的相对损益也是十分重要的因素。

关于基金通过期货市场操作的套期保值以规避股票价格下跌风险的功能广为人知，但对其可能的风险却知之甚少。若是基金管理公司出现类似情况，其管理的基金则会面临被大量赎回，甚至导致基金被迫清盘等风险。为揭示套期保值风险，针对中国股市2006—2008年牛市过程几个可能出现的套期保值交易时机模拟，把可能出现的结果进行投资者调研分析其可能出现的状态。

中国股市2006—2008年牛市过程几个可能出现的套期保值交易时机及时机选择如图10－8所示。典型的有案例1至案例4，这几个时机从技术分析角度来看，股指跌破30日均线，前期上涨幅度较大，出现政策调控等要素，很可能被认为是基金回避风险而进行套期保值的较好时机。

若以指数基金为例，若某指数型基金持有股票的比例为α，股票指数为I_i，单位基金初始净值为V_0，对应股指为I_0，ε_1为其他因素引起的价值变量，则单位基金市值为V_i：

$$V_i = V_0(1-\alpha) + \alpha V_0(I_i/I_0) + \varepsilon_1 \quad (10-6)$$

在进行套期保值时，若以套保率为1计算，则基金净值将维持不变。若取α＝0.8，ε_1忽略不计，套期保值周期为3个月，若在案例1至案例4时点进行交易，套期保值导致基金净值变化率与股指变化率不一致，相对未进行套期保值净值变化率也不一致。若其变化率差距分别为b_1和b_2，结果统计如表10－10所示。

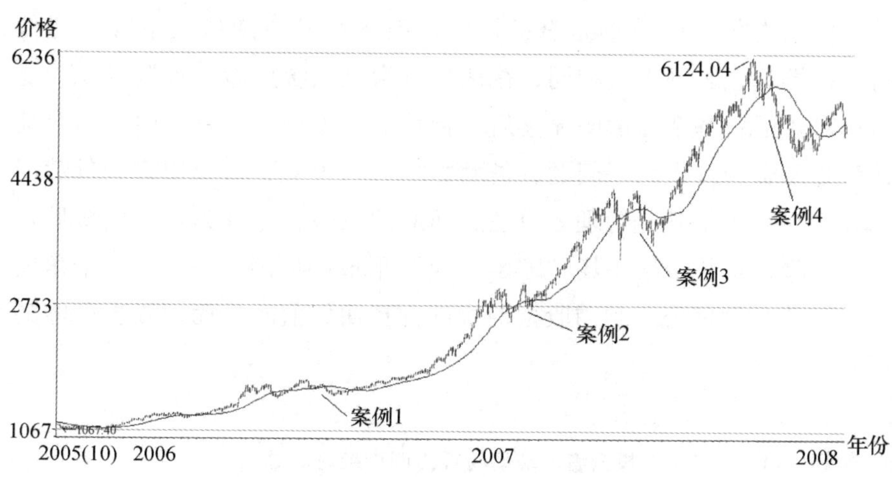

图 10-8　上证综指走势（2005—2008 年）

资料来源：大智慧信息港。

表 10-10　　2008 年金融危机中基金模拟套期保值亏损统计

序号	套期保值时点	b_1	b_2
1	案例 1	-11.5	-9.2
2	案例 2	-42.5	-34.0
3	案例 3	-48.2	-38.6
4	案例 4	51.6	41.3

从表 10-10 中的结果来看，不同套期保值时点的选择，3 个月净值变化率差距达 ±50% 之巨，基于这样的结果，设计调查问卷，以了解基金投资者的态度与行为。表 10-11 为在银行网点、证券营业部现场问卷调查 300 位基金的投资者相关问题的统计结果。

从表 10-11 中可以看出，当基金净值变化 3 个月内落后指数 50% 时，所有投资者都不再信任基金管理人，对现有投资高度关注（70%），另外，认赔赎回的比例上升到 29%，其风险显而易见。可见，这种套期保值回避价格下跌风险的同时，却产生了价格上升时收益远低于指数与同类型基金的风险。而基金净值随指数下降而降低时，同类基金表现大致相同，往往被认为是系统风险，投资者承受能力相对较强；基金净值明显落后于指数或同类型基金增幅时，则会被认为是基金管理人水平问题，进而影响公司声誉，可能招致大量赎回的风险。这正是基金管理者更注意回避的风险，这种为了避免落后众人的风险，也是金融市场“羊群效应”形成的原因之一。从这个角度来看，基金管理公司利用股指期货进行套期保值时反而面临更严峻的风险。

表 10-11　投资者的态度与行为调查结论汇总

序号	b_1（%）	当期策略分布（%）			后续策略分布（%）	
		理解	关注	赎回	保持信任	变更基金
1	-10	41.3	51.0	7.7	62.3	37.7
2	-20	29	61.7	9.3	32.7	67.3
3	-30	1.3	89	9.7	5.0	95.0
4	-50	1.0	69.3	29.7	0	100
5	50	72.0	5.3	22.7	98.7	1.3

二　基金基于股指期货套期保值的对策

在竞争环境中下，企业套期保值本质就是风险转换，企业在套期保值活动时，必须识别不同的风险，以及这些风险对企业的影响程度，在不同的风险中有所取舍，并做好面对所选择风险的准备，这种做法无须考虑价格波动方向，是套期保值的保守策略。从以上分析可以看出，套期保值风险只有在价格不利于期货交易时才会出现，对企业经营的影响与投机交易活动一样对价格波动方向高度敏感，价格波动方向决定了套期保值对企业经营业绩、行业竞争力的影响。因此，基于价格的趋势分析，在有利的趋势下进行套期保值，是化解套期保值分析的积极策略。

期货价格波动规律研究从基本的价格形成理论、市场有效性理论，到多样化的期货分析研究方法、流派，包括期货市场流动性研究、期货市场混沌分形研究、行为金融学的相关研究、金融物理研究、虚拟经济研究等，各流派都有大量国内外学者进行大量研究，取得了大量成果，为市场分析提供有效的工具。

第九节　结论与建议

在竞争环境下，企业套期保值的本质是风险转换，而不是以封闭环境为基础来简单地降低风险。企业利用套期保值对企业经营进行风险管理时，企业需要：

第一，风险识别。不同企业的竞争环境是不同的，其套期保值的风险也有明显的差异，对上游原材料进行套期保值时，可能带来经营业绩不利的风险；对下游产品进行套期保值时，相对于行业的盈利水平会出现波动的风险。

第二，要做到风险可控。套期保值必须在风险可控的前提下进行，对可能出现的风险要有应变策略，例如，适时止损，避免带来严重后果，虽然类似金融危机的经济剧烈波动几十年才出现一次，但如果企业不能安全地避免这样的危机冲击，企业的寿命就有短于金融危机的周期风险。

第三，套期保值应该在有利于自身竞争力提高的价格波动趋势环境下进行。通过套期保值，提高企业在行业中的竞争地位，在趋势不明朗或企业无法把握趋势时，不要参与套期保值操作；在价格波动趋势对企业经营有利时（套期保值交易将亏损），坚决回避套期保值行为。

第四，在交易场所选择上，企业要在流动性良好的市场进行套期保值。这样，企业可以根据市场的趋势特征及时地调整套期保值的策略与头寸，避免在信息不对称、信息处理能力不对称的背景下进行场外复杂的期权组合交易，即大家常说的“对赌游戏”，在风险管理能力上与对赌的对手有明显差距，胜负不言自明。

第五，加强专业人才的培养与引进。在重要决策岗位上，选择能力相匹配的人才，这是完成以上各目标的根本保证。中国大量企业套期保值的失利，不仅在封闭环境下的风险没有消除，竞争环境下的风险却充分体现，真是“非唯天时，抑亦人谋也!”总之，在交了高昂的学费后，中国企业应该总结经验，改善策略，把套期保值当作提高企业竞争力的有效工具，而不是企业经营的陷阱。

第十一章 弹性系统模型在定价权争夺中的应用

随着全球经济的繁荣与发展，定价权之争成为经济领域的重要课题，其不仅涉及如大宗商品等实物，也涉及各种金融产品及金融衍生品。当今世界，大宗商品价格与汇率之争尤其引人注目。

第一节 中国在大宗商品定价权的现状堪忧但前景值得期待

近年来，中国大宗商品定价权旁落与巨大消费量之间的反差刺痛了国人的心，铁矿石、有色金属、石油等无不如此。国内众多专家纷纷献计献策，近年来，也出现了大量探讨定价权之争的学术成果。例如，白明对我国大宗商品定价权争夺策略进行了细分，指出，尽管期货投机使中国参与国际大宗商品定价权面临很大风险，但不能因噎废食，应该在规避风险的基础上，利用各种金融衍生工具来强化中国的国际定价权。① 常清、喻猛国（2007）高度评价了国务院颁布《期货交易管理条例》并付诸实施，称为标志着我国的期货市场从治理整顿转到了积极发展阶段，对于我国金融市场的发展和完善具有划时代的深远意义。该条例规划的期货发展目标——建成亚洲时区的定价中心振奋人心，并预言我国期货市场必将快速地发展，成为国际商品定价

① 白明:《大宗商品定价权远离中国》,《世界知识》2008 年第 16 期。

中心，甚至成为金融资产定价中心的目标应该为时不远了。[①]《中国经济周刊》2006年第22期刊发封面文章[②]，文章介绍了“第三届上海衍生品市场论坛”上历届证券、期货掌门人的专题报告，重点介绍了刘鸿儒的《不发展期货市场的风险越来越大》、周道炯的《期货市场正面临前所未有的发展机遇》等报道，其中刘鸿儒指出，现在中国经济受国际因素的影响已经越来越大，不发展期货市场带来的风险也越来越大，缺乏本国期货市场，无异于自己放弃了国际贸易中价格谈判的主动权。他们的专题讲话都肯定了期货市场在定价权方面的重要作用，从一个侧面反映了中国政府已经开始重视期货市场在定价权方面的重要意义。

第二节 大宗商品的期货定价方式成为主流

事实上，期货市场因参与度广，充分反映了影响价格的因素，如基本供需关系、地缘政治、突发事件、投机炒作等，所以，完善的期货市场，其价格有很强的指导性，在国际市场上，大宗商品定价基本上是采用期货定价方式，也就是说，买卖双方谈判的不是价格，而仅仅是升贴水，升贴水主要包括品质升贴水和地区升贴水，即同种商品不同的品质等级，在不同的地点交货价格不一致，表现为高于或低于基准价格。买卖双方最终确定的价格是以期货价格为基准价格，另外加上升贴水。例如，从巴西进口铜，价格则是按照伦敦金属交易所（LME）离交货日较近月份的铜期货合约的价格，再加上升贴水。同样，中国企业从美国进口大豆，买卖价格则是按照美国芝加哥期货交易所与交货日接近期的大豆期货合约价格，再加上升贴水。由此可见，谁能影响或控制期货价格，一定程度上谁就拥有了定价权。因

① 常清、喻猛国：《定价权回归为期不远——从战略高度认识“期货交易管理条例”出台》，《资本市场》2007年第5期。

② 封面专题：《谁控制了期货市场，谁就拥有了定价权——不发展期货市场才是最大的风险》，《中国经济周刊》2006年第22期。

此，市场经济发达国家非常重视期货市场的发展，全球重要的大宗商品生产商、贸易商、主要消费者都密切关注并参与国际期货交易，国际投资基金更是将期货市场作为重要的投资和投机场所。

目前，大宗商品国际贸易中的价格分别参照或依据几家主要的商品交易所的期货价格，例如，原油贸易价格定价主要参照纽约商品交易所（NYMEX）的 WTI 原油期价和伦敦国际石油交易所（IPE）的布伦特（Brent）原油期价；美国芝加哥期货交易所（CBOT）的大豆期货价格是全球大豆生产商和经销商的定价标准；天然橡胶的定价主要参考日本东京工业品交易所（TOCOM）和上海期货交易所的天胶期价；伦敦金属交易所的铜期货则是国际铜市的主要定价基准，同时参考上海期货交易所和纽约商业交易所的期铜价格。

然而，拥有期货市场只是第一步，国内企业、机构利用期货市场争夺定价权尚无良好战绩；相反，重大失误频频出现。先有国家物资储备局铜风波，再到浙江华联三鑫石化为争夺 PTA 定价权，逆势做多，逼仓郑州商品交易所 PTA809 合约失败，濒临破产等，大量负面的案例比比皆是，值得反省。国家物资储备局铜期货风波是试图通过打压期货价格控制铜价上涨，三鑫石化则是拉抬郑交所 PTA0809 合约希望重振 PTA 市场价格低迷状态，最终都是事与愿违，颇具代表性。

第三节　争夺定价权的案例分析

一　国家物资储备局出击铜市场——中国企业（机构）定价权之争揭幕战

（一）国家物资储备局简介

国家物资储备局，为国家发改委的一个行政内设机构，国家工商行政管理总局的资料显示，国家物资储备调节中心成立于 1994 年 8 月，注册资本 16424 万元。作为一个独立运作的政府部门，国家物资储备局自成立起，就肩负着维持国家战略资源价格稳定、保障国家经济运行正常这样一个重要使命。① 国家物资储备局通过现货、期货市场进行调节的操作比较频繁，以期实现对物价进行有效调控的目标。在国内市场，其对价格的调控作用毁誉参半，特别是 2002 年以来大宗原材料涨价现象显现，刚开始涨的时候，我们的企业就开始持对抗的态度，政府有关部门也迫不及待进行宏观调节。例如，在 2004 年橡胶调控中，国家物资储备局通过抛库存“调节市场”，致使市场价格出现不正常的暴跌，给生产经营者发出了错误的信号，该订货的等待低价而没有订货，该套期保值的没有做套期保值，不久价格便出现暴涨，很多企业措手不及，毫无防备措施，给企业带来了显著的财务冲击。在相关市场调研中，问题 18 中正面评价答案 B 不足三成（见附录 2）。

（二）国家物资储备局出击铜市场诱因（2005 年）

自铜价从 2002 年上涨以来，中国深受铜高价之苦，特别是中国加入世界贸易组织后，进出口贸易迅速扩大，国内外市场联动加强，中国成为“世界工厂”，并成为世界上大宗能源、原材料等商品的最大需求增量。“中国因素”更是被国际基金利用，疯狂炒作、通过扩大“中国因素”，推高中国所需进口商品价格。2005 年，中国现已成为世界铜第一进口国。根据海关统计，2004 年，中国各类铜产品进口额高达 127 亿美元，逆差 105 多亿美元；仅 2005 年 1—9 月，进口额就已经达到 120 亿美元，逆差 103 亿美元，相当于 2004 年逆差总额，中国已成为高铜价的最大受害者，在高价原材料成本无法传递到下游产品的情况下，国内广大用铜企业处境艰难。此时即 2005 年 10 月，中国在伦敦 LME 铜期货市场上巨大空头头寸被挤造成巨亏，引出深藏幕后的国家物资储备局。其后，一反往昔的低调，国家物资储备局接连高调亮剑，对决国际对冲基金。随着事态的发展，国家物资储备局出手的意义便超越了事件的盈亏的表象，演绎为国际商品市场定价权的争夺战。国家物资储备局出手的背后或许体现出中国对掌控商品市场定价权的努力，中国或将此战改写在国际商品市场中作为国际基

① 相关资料来源于国家发改委网站，http：//cbj. ndrc. gov. cn/default. htm。

金眼中的猎物的角色，从而成为与之对决的对手。

（三）国家物资储备局被动出手

2005年年底，铜价创出历史新高，一举突破30年3000美元/吨的区间，已经接近4500美元/吨。期货市场上，中国高达30万吨的空头头寸在伦敦金属交易所（LME）铜市场被挤，并出现高达2亿美元的巨大亏损，一时引起国内外媒体纷纷关注，国家物资储备局成为这一事件的焦点。当时大量媒体报道，国家物资储备局员工刘其兵在LME市场擅自挪用额度，在价格继续上涨的过程中，私自大肆建立空头头寸，被国外基金盯梢，进而导致巨亏。国家物资调节中心2005年10月31日召开铜行业座谈会，邀请国内知名专家和政府宏观调控部门官员，对国际铜供求形势和期货走势进行分析，并提出相应对策。会议达成的共识，认为我国是铜进口大国，铜价居高不下，对我国的经济发展必然带来不利影响，政府应充分发挥物资储备的调节作用，适当释放部分库存，缓解国内供需矛盾。2005年11月10日，国储物资调节中心负责人王会民再次提到，国家物资储备局选择此时抛售铜主要目的有两个：一个是缓解铜供给紧张的局面，另一个是抑制铜产能的快速增长，配合国家实现对铜产业的宏观调控目标。此后，便展开了一系列抛铜及平抑铜价措施。① 国家物资储备局选择此时出手，显然与其期货巨亏的被动局面相连的，身处被动而出击，对争夺定价权来说，显然不占天时。

（四）国家物资储备局平抑价格策略

1. 国内现货市场拍卖

国家物资储备局通过在国内现货市场拍卖，表达对高铜价的不认同。2005年10月31日，国家物资储备局召开座谈会后，宣布要抛售商业库存铜平抑当前的铜价，继而分别在当年11月16日、11月23日、11月30日、12月7日连续四周周三拍卖库存铜，每次拍卖数量为2万吨，总数量达到8万吨。实际数量分别是20054吨、13385吨、

---

① 周一凡：《国家物资储备局vs国际基金：铜期货的巅峰对决》，《三联生活周刊》，新浪网，2005年11月2日，http：//www. sina. com. cn。

13960吨、3762吨，总计达到51161吨，流拍28839吨，第四次拍卖由于禁止贸易商参与（外国基金的身影），生产商面对高的拍卖底价，以及拍卖铜库存地点，成交非常不积极，大部分流拍。[①]

对手应对策略：国外基金通过国内企业参与国内外市场，在前两次拍卖就有来自西安这样的贸易公司高价拍得大量铜以囤积居奇，同时作为上海期货交易所多头主力，配合基金，国内外市场联动，狙击中国空头。

表11－1　2005年国家物资储备局拍卖铜汇总

日期	拍卖数（吨）	实际数量（吨）	拍卖底价（元/吨）	平均价（元/吨）
11月16日	20000	20054	37500	37987
11月23日	20000	13385	37300	37543
11月30日	20000	13960	37100	37759
12月7日	20000	3762	38300	38921

资料来源：根据国家物资储备局公告整理。

前三轮国家物资储备局铜拍卖并没有带来铜价的下滑，国家物资储备局2005年12月7日不得不进行了第四批2万吨储备铜拍卖。其流拍量高达16241吨。在第四轮国家物资储备局铜拍卖结束后，伦敦期铜不减上涨势头，2005年12月7日19时30分的价格为4397.5美元，较6日收盘价上涨了23.5美元。而沪铜0602合约则创造了历史新高，昨天收盘于38720元，而2005年12月6日的收盘价是38450元。拍卖的国家物资储备局铜在价格上失去了优势。据了解，国内最有代表性的铜现货价格——长江现货价格6日为39300—39800元/吨，上海期货交易所12月交割的铜收盘价为39010元，与竞拍底价相差不多。价格的孰高孰低在经过比较后，国家物资储备局铜自然遭遇了大面积流拍的命运。另外，国家物资储备局此次销售的铜很多位

① 喻猛国：《国储"舞剑"意在商品价格定价权》，2006年1月13日，http://www.stockstar.com/focus/QJ2006011310135834.shtml。

于陕西、河北、湖北以及东北等地的仓库内，而我国铜加工企业主要集中在江浙一带，运输成本太高也导致成交锐减。受到国家物资储备局铜高价拍卖刺激，沪铜 0602 合约价格随即创造了历史新高。① 在市场如此反应之下，国家物资储备局拍铜的真实用意变得难以揣测。

2. 国内上海期货交易所建仓交割

2005 年 10 月 28 日，上海期货交易所铜库存增加 14485 吨，被认为是国家物资储备局准备交货，11 月 4 日，再次增加 17490 吨，11 月 11 日，继续增加 8594 吨，至此，上海期货交易所库存较 10 月 21 日增加 40569 吨，超过伦敦 LME 库存量。一方面国家物资储备局向上海期货交易所的交割库运送铜做交割之用；另一方面在期货市场上做空准备交割，在 11 月 7 日，通过中粮期货席位建立空头头寸 3817 手和 4155 手，总计折合 39860 吨，基本可以推定上海交易所增加库存为国家物资储备局准备在国内交割之用。国家物资储备局同时向外界证实，中粮期货是国家物资储备局从事期货交易的通道之一。②

3. 国外出口实物交割

国家物资储备局一方面在国内上海期货交易所增加库存准备交割外，据报道，还积极在国外 LME 所在仓库运送铜，增加库存，准备交割。离中国最近的韩国釜山（Busan）库存持续增加可以佐证：韩国釜山库存从 10 月 19 日的 13875 吨增至 12 月 9 日的 38200 吨，增加上涨为 24325 吨，增幅达到 175%，而同期 LME 总库存从 70750 吨小幅增至 74625 吨，增加仅为 3875 吨，使釜山的库存量占 LME 总库存超过 50%。③

4. 国家物资储备局行动国内外市场效应迥异

国家物资储备局的一系列调控市场、平抑铜价的措施出台后，国

---

① 陈利华：《第四次国储铜拍卖八成流拍，底价过高用意难揣测》，《东方早报》2005 年 12 月 8 日。

② 中国网综合信息：《国家物资储备局期铜风波令世界铜市慌》，2005 年 11 月 21 日，http：//www. china. com. cn/chinese/FI－c/1037546. htm。

③ 黄嵘：《被迫交割现货　国储局认输》，2005 年 12 月 11 日，http：//finance. sina. com. cn/futuremarket/gjfinfo/20051211/15402189069. shtml。

内市场迅速做出反应，自拍卖储备铜消息传出后，国内上海期货交易所铜价明显滞涨，国内外市场比价持续下降。在前两次拍卖中，上海铜价格下跌了近2000多元/吨，收到了一定的效果。然而，随后的历次拍卖却没取得相同效果，由于拍卖底价和参与门槛的提高，使拍卖成交数量大幅减少，流拍数量增加，从而减小了拍卖对市场调控力度。第四次拍卖成交量只有3762吨，流拍数量高达16241吨，约占总拍卖数量的80%。前三次拍卖中，只有第一次全部成交，其余两次拍卖成交数量均不到14000吨。目前国家物资储备局进行拍卖的总量高达8万吨，实际流入市场中的数量为5万吨左右。由于国内外价格差异太大，进口铜数量受到了明显抑制。国家物资储备局铜拍卖在一定程度上满足了国内广大用铜企业的部分需求。然而，在国内铜价格滞涨的同时，伦敦LME铜在基金推动挤空下继续上涨，这一时期涨幅超过15%，由国家物资储备局拍卖前的不到3900美元/吨，涨至12月8日最高4474美元/吨。[①] 基金继续拉抬LME铜期货价格，并不理会国家物资储备局的抛售铜的行为。国家物资储备局抛售铜一方面在国内起到了相当的调控作用，但在世界铜市场上影响显得微不足道。

（五）国家物资储备局与国际基金定价权之争的弹性系统模型剖析

国家物资储备局高调抛售储备铜，其直接目标是对高铜价的平抑，改变其上涨趋势，背后隐含了商品定价权之争，具有争夺我国大量进口的大宗商品的定价权的色彩。国际市场上，国际基金策略很清晰，即通过夸大中国需求，挤兑空头，迫使中国在高价位上买单，而长期居高不下的铜及其他大宗商品价格蚕食我国加工工业微薄的利润。而国家物资储备局通过增加库存，并在期货、现货市场上同时操作，以达到平抑铜价、缓解国内铜供应紧张的目的，也是进行争夺商品定价权的尝试。此役国家物资储备局大败而归，经验教训值得总

---

① 金鹏期货：《国储舞剑意在商品价格定价权》，2006年1月11日，http://finance.sina.com.cn/futuremarket/fmnews/20060111/10592266471.shtml。

结。以下以弹性系统模型分析方法，对供求平衡、市场趋势、博弈与动能几个方面进行探讨。

1. 从市场均衡要素 A_s 看均衡价格的变化趋势

从基本供求关系看，2003—2006 年，市场处于供小于求的状况，通过网络搜索，当时主流分析预计 2006 上半年国内市场仍有近 30 万吨的缺口，市场将依然保持低库存的状况。[①] 而宏观环境仍可看好，全球经济保持高速增长，投资和消费需求的扩大令工业品价格持续上升，商品牛市周期没有结束迹象。预计 2006 年全球铜消费增长率在 5% 的幅度左右。[②] 此外，投资基金也对全球经济大环境看好，铜价在资金的推动下一季度依然会上扬。通过网上搜索发现，国内多数分析师对价格判断为继续上扬，可以判断，当时铜价格持续上扬受基本面支持而且被广泛认可，市场供不应求特征是市场共识。

国家发改委的整顿令市场供求关系雪上加霜，短期供给不会出现明显增长。2005 年 10 月 28 日，国家发改委公布铜冶炼行业盲目投资的调查与政策。调查指出，近年来，随着国内市场阶段性需求快速增长，我国铜冶炼行业发展迅速，产能不断扩张，同时也出现了违规建设、盲目发展势头，为了正确引导铜冶炼行业发展，国家有关部门将研究制定相应政策措施，抑制铜冶炼行业盲目投资，促进铜工业健康发展。11 月 3 日，国务院办公厅发布了《关于制止铜冶炼行业盲目投资的若干意见》，包括国家发改委、财政部、国土资源部、人民银行和环保总局五部委历数近几年来铜冶炼行业的重大问题，认为必须对该行业进行整顿。2005 年 12 月 9 日，国家发改委工业司对 2006 年铜铝工业提出政策建议，铜铝工业的工作重点应围绕控制总量、加快产业结构调整、加强进出口管理和发展循环经济。继续加强宏观调控，严格控制总量。完善铜工业产业发展政策，严格行业准入制度，引导行业有序发展。加快产业结构调整，提高竞争力。建立政府指

---

① 林煜晖：《有色金属铜市场分析》，2005 年 11 月 5 日，http://finance.sina.com.cn/stock/t/20080508/05472205229.shtml。

② 周枫：《2006 年铜市场走势预测分析》，2005 年 12 月 1 日，http://www.starfutures.com.cn/try/upload2/C89_zhoufeng.pdf。

导、行业协会组织协调、企业联合对外的谈判机制，增强我国铜精矿的对外议价能力。此举的主要目的在于对矿石价格的争夺，但对铜市场的供给造成伤害，在供不应求的情况下，显然，刺激铜价上涨。那么，铜价上涨，铜矿价格议价能力能提升吗？宏观政策顾此失彼，期望效果与实际效果必然背道而驰，最终助推了铜价、铜矿的价格上扬。

供给不足，必然通过涨价较低铜需求，涨价幅度多少主要取决于铜需求价格弹性。在铜需求细分研究发现，其主要消费在电力电缆、家用电器和房地产三大领域。电力电缆因电力需求的重要性而使其具有较低的价格弹性，而在家用电器与房地产中，铜在整个产品中所占的比例较小，其价格波动对整个产品影响较小，价格弹性也不显著。所以，铜消费价格弹性较小，供求关系矛盾可能导致价格较大幅度的波动。

2. 市场动能因素分析

考察其动能，首先从技术分析角度识别其趋势。从图 11 - 1 LME 铜期货日线图和图 11 - 2 沪铜日线图看，沪铜与 LME 铜基本保持同步，国家物资储备局与国际基金对决区域，处于明显的上升趋势中。

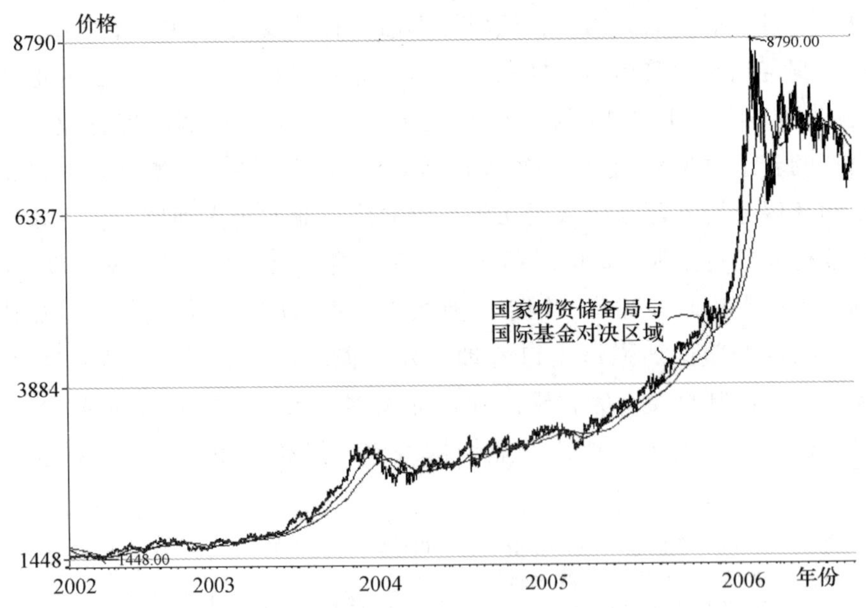

图 11 - 1　2002—2006 年 LME 铜期货日线图

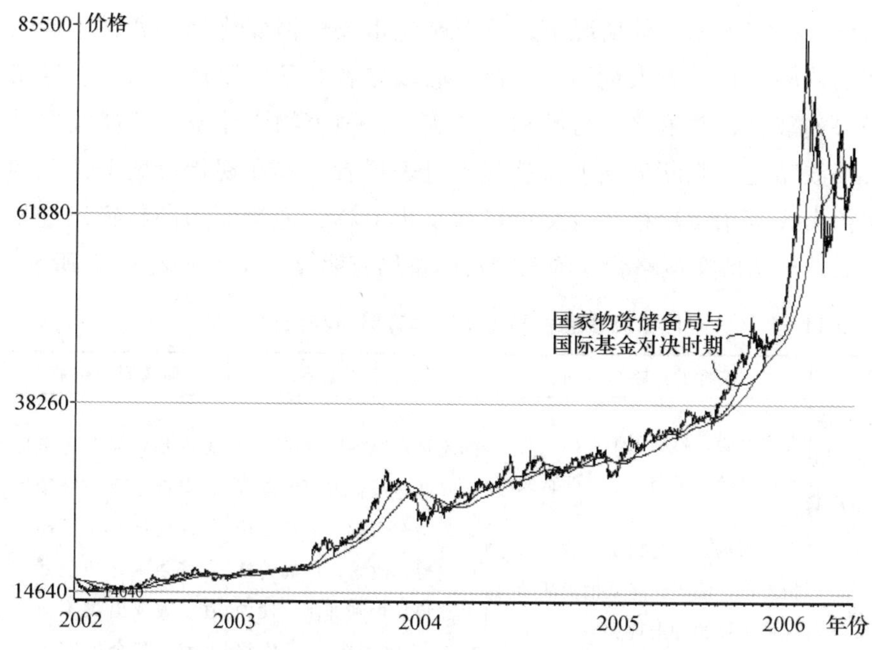

图 11－2　2002—2006 年沪铜日线图

沪铜日线图中，移动平均线呈现出完美的多头排列，没有反转的迹象，也没有动能释放引发的消耗性上升的特征。从 2002 年起的牛市，到 2005 年年末持续了近四年，市场动能必然积聚到较高水平，此前，市场并未出现动能释放的明显特征，市场动能处于待释放状态，预示价格伴随动能释放有较高大幅上涨的可能性。

3. 从市场领导竞争者博弈因素看，其博弈策略与市场趋势背离

国家物资储备局打压市场常见招数基本使用参与市场领导者的竞争。若在当时国内市场环境，市场领导者竞争者较少或实力较弱，则有可能成功，但在国际市场，与大量国际实力雄厚的基金竞争市场领导者，竞争失败，根本原因在于逆趋势而行。综观国家物资储备局与国际基金的对决，本质是市场领导者竞争，国家物资储备局拥有期货与现货两个市场的资源，期货市场上投入资金较大，现货市场拥有较大的库存，而国际基金依靠资金实力及其分散性与隐蔽性，在期货和现货市场与国家物资储备局针锋相对，应对自如。其实力和策略难分

伯仲，在实力相当的情况下，只有顺应市场价格变化趋势者，才能被市场认同，跟随者大量涌现，在市场领导者竞争中脱颖而出，引导市场势如破竹，并最终赢得胜利。事实上，国家物资储备局败就败在其价格波动趋势判断失误上，就其当时表现看，其在现货市场上连续四次拍卖，其拍卖价格与成交价格却步步上移，逆势而为的特征已经暴露无遗。从博弈策略看，国家物资储备局有明显失误，如表 8 -2 所示。

表 11 -2　　国家物资储备局拍卖铜博弈策略与结果分析

博弈方	选择的策略与行动	本轮博弈结果	后续博弈结果
国家物资储备局	现货市场：高调铜拍卖 期货市场：建空头仓，准备交割	国家物资储备局铜库存大幅降低，基金占用大量资金，持有现货，消费市场供给得到改善，市场价格上涨势头得到抑制，使国内市场比国际市场价格低。短期内国家物资储备局赢得了部分定价权。消费商和生产商无明显影响，政府调控对国家物资储备局不利，短期不显著	国家物资储备局铜库存降低，无法继续抛售，只能增加储存；市场供需矛盾仍然存在，表现出供不应求状态，基金持有大量铜待价而沽，可以在期货市场、现货市场灵活出售。基金完全掌握了市场定价权，价格将继续暴涨
基金	现货市场：参与拍卖，购入部分拍卖铜，囤积，降低拍卖活动对现货市场的冲击现货 期货市场：逼空头仓，准备交割		
消费商	消费商：利用拍卖机会，购买低价产品		
生产商	价格上涨，生产扩张		
中国政府	行业、整顿调控，产能压缩		

根据以上博弈分析，可以构建动态博弈树，若把收益简化为有利和不利，有利收益为 1，不利收益为 -1，中性为 0，则个策略对应收益如图 11 -3 所示。结果显示，无论国家物资储备局是否在现货市场抛售铜，因其都无法有效改变价格趋势，其结果都是不利的，牛市中任何形式的做空都是不利的。

从上述分析看，国家物资储备局大量抛出铜，短期博弈策略看似有效，但价格上涨趋势中，多头现货市场、期货市场同时逼空，没有风险，反而会得到收益。不仅没有平抑价格，价格反而出现上涨，化解期货空头筹码的损失的愿望化为泡影，损失并进一步扩大。而且导致其铜储备大幅下降，国家物资储备局调控功能丧失，后续对价格上

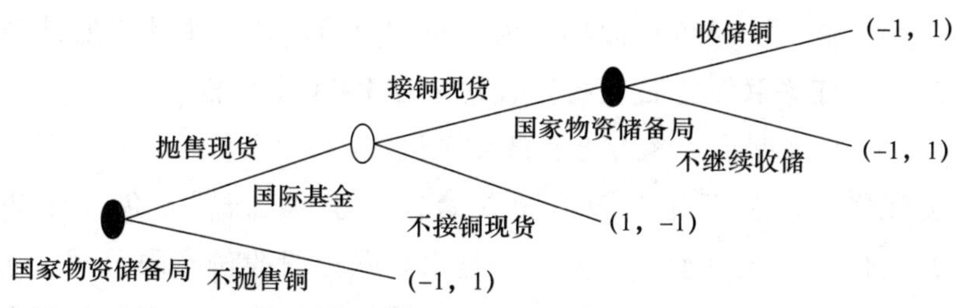

图 11－3　国家物资储备局现货市场拍卖铜动态博弈

涨无有效应对策略，调控功能恢复只能依靠以更高价从市场买入、储备。这导致全球需求方进一步恐慌，国家物资储备局间接地成为此后国内外铜价更大幅度上涨的推手。可见，期货市场平台固然重要，更重要的是市场的控制力。

（六）国家物资储备局争夺定价权的经验教训

国家物资储备局争夺定价权虽然失败了，但是，打响了国际市场争夺定价权的第一枪，有了参与国际市场竞争的意识，其多维度操作试图影响价格的策略的经验，博弈中，让国人更清晰地了解国际基金的操作策略和方法，也许这只是成长的代价。但国家物资储备局的失误也是非常明显的，在战略上，逆趋势而行，是严重的错误；在战术上，有些行为效果适得其反，如拍卖现货，价格越拍越高，自己承认了价格上涨的趋势，何以影响市场，促其价格下跌。

控制价格的策略是比较丰富的，其达到效果必须以相应的条件为基础，一般来说，控制价格上涨主要有以下三种策略：

策略一，直接增加供给，打压价格。实施者是市场领导者，而且市场缺乏明显的领导者竞争对手。

策略二，政策调控，抑制需求。如我国房地产调控，就是以税收、信贷等政策抑制需求的。适应于政府对产业需求的调控，但其缺陷是无法快速实现新的供求平衡，让需求与供给充分释放。

策略三，欲擒故纵法即推高价格，刺激供求双方快速实现调整，推动新市场供求平衡实现。实施主体可以是市场领导竞争者，通过顺应市场趋势，取得市场领导地位，推动价格上涨，并超越市场平衡区，等待市场价格趋势转变的时机，再进行价格打压，实现新的供求平衡。其负面效应是价格波幅较大，对部分市场相关主体有所冲击。

二 浙江华联三鑫石化有限公司争夺PTA定价权

（一）浙江华联三鑫石化有限公司概况

浙江华联三鑫石化有限公司（简称“华联三鑫”）创立于2003年3月，位于绍兴县滨海工业区，是由华联控股股份有限公司（股票代码：000036）、浙江展望控股集团有限公司和浙江加佰利控股集团有限公司合资组建的特大型石化企业，主要生产、加工、销售精对苯二甲酸及聚酯切片、化学纤维等相关的化工产品和原辅材料。公司成立之初，华联控股对华联三鑫的控股比例曾达51%，经几次增资扩股，其股权已稀释。2007年，华联控股以26.44%，列第二大股东，第一大股东让位于华西集团，占37.08%。这时，华联三鑫成为中国最大的精对苯二甲酸（PTA）生产企业。根据华联控股2007年报，截至2007年年底，华联三鑫总资产为109.87亿元。根据华联控股2007年半年报披露，华联三鑫资产负债率为86%，负债总额高达93亿元，公司生产经营流动资金十分紧张，报告期内实施了增资扩股方案，在一定程度上缓解了华联三鑫短期的资金问题，但在当时显著的高油价背景下，其经营形势十分严峻。华联控股年报显示，2007年华联三鑫亏损约9.60亿元，2008年上半年按权益法核算，公司应承担华联三鑫损失4555.35万元，录得华联三鑫上半年亏损共计1.72亿元。① 可见，到2008年中期，华联三鑫没有达到创立之初的目标，经营形势不容乐观。在这样被动的情况下，华联三鑫剑走偏锋的冒险行为诞生了。

（二）争夺PTA定价权，华联三鑫逆势做多，逼仓郑州商品交易所PTA809

PTA是石油的末端产品，由PX经过氧化结晶分离干燥生产而得，其主要用途是生产聚酯纤维（涤纶）、聚酯薄膜和聚酯瓶。2006年12月18日，在郑州商品交易所挂牌交易的苯二甲酸期货品种是全球首个PTA期货品种。作为PTA行业龙头的华联三鑫，面对连年亏损，

---

① 巨潮信息：《公司定期报告》，http://www.cninfo.com.cn/finalpage/2008-04-30/39303754.PDF。

试图改变这种被动局面是不难理解的，于是华联三鑫铤而走险，试图通过逼仓郑州商品交易所 PTA809，赢得市场领导者地位，一举扭转 PTA 价格颓势。最终逼仓失败，华联三鑫 11 亿元接货，连累其大股东上市企业华联控股戴上退市风险警示 ST 的帽子。

据郑州商品交易所公告信息，2008 年郑州商品交易所 PTA809 合约出现了巨量交割，9 月 12 日最后交易日过后，从交易所的交割配对表上看到了巨量交割现象：PTA809 合约共交割 43968 手即 21.984 万吨，交割金额 20.11 亿元。截至 9 月 12 日，PTA0809 合约最后交易日结束，期货合约价格仍然被封死在 9208 元/吨的涨停板上，高出现货价格约 2000 元/吨——逼空之凶悍可见一斑。棋至终盘，作为 PTA 的绝对多头主力，华联三鑫和那些多头同盟通过天马期货的交易席位，硬生生地接下了约 20 万吨 PTA 现货。多头主力华联三鑫通过浙江天马这一家席位 2008 年 9 月 12 日买方配对数量 2.3 万张，加上前期已经交割的 4000 张，浙江天马席位上的多头共接下现货 2.7 万张仓单合计 13.5 万吨。按平均交割价 9149 元/吨推算，华联三鑫至少付出了 11 亿元现金，超过了整个交割金额的 50%。《上海证券报》报道，华联三鑫于今年 9 月逆势做多，以高价接下巨量 15 万吨现货期货实盘，涉及资金至少 10 亿元。若按当前现货价计算，其面临的跌价损失接近 5 亿元。根据《21 世纪经济报道》（广州）报道，华联三鑫在 PTA0809 一役上的亏损多达 5 亿—6 亿元。除被迫接下约 20 万吨 PTA 现货导致的 3 亿—4 亿元亏损之外，华联三鑫还要承担资金成本、交割费用，以及根据“盟约”所约定的，支付给多头盟友的相关费用等。①

尽管如前所述，华联三鑫资金十分紧张，但是，还是大举介入了高风险的 PTA 期货交易。华联三鑫是今年夏季做多 PTA 期货 0809 合约的主力，其希望是以此造成现货紧张的局面，借机改变 PTA 价格走势，重塑市场信心，同时也期望通过期货交易本身获得利益。在其强力推动下，期货价格自 2008 年 5 月起便快速上涨，从当时的 8000

---

① 网易财经媒体报道：《华联三鑫神秘盟约曝光，浙江帮吞 6 亿巨亏苦果》，《21 世纪经济报道》2008 年 10 月 11 日。

元/吨始到6月中旬，价格逼近万元/吨，但这一时期上涨与基本面是矛盾的，市场分歧很大，导致成交量显著上升，与同年的PTA0811合约相比，其成交量高出1倍以上，其后，虽有华联三鑫扮演强有力的市场领导者角色，6月中旬以后价格仍然小幅振荡下行。

当时PTA期货价格上涨，得不到基本面的支持，根据中国化工资讯网的分析，自2007年12月，PTA价格开始下跌，其主要包括三个方面：一是聚酯工厂高库存，对PTA需求日益萎缩；二是聚酯企业的资金链受到考验，对原料的需求减少；三是PTA产能扩张过猛，负面效应开始全面释放。直至2008年9月底，虽然期货价格被推高，但现货价比期货价格仍然低2000元/吨以上，在其后2个月的0811合约，最终交割价仅为0809合约的一半，见图11－4和图11－5。华联

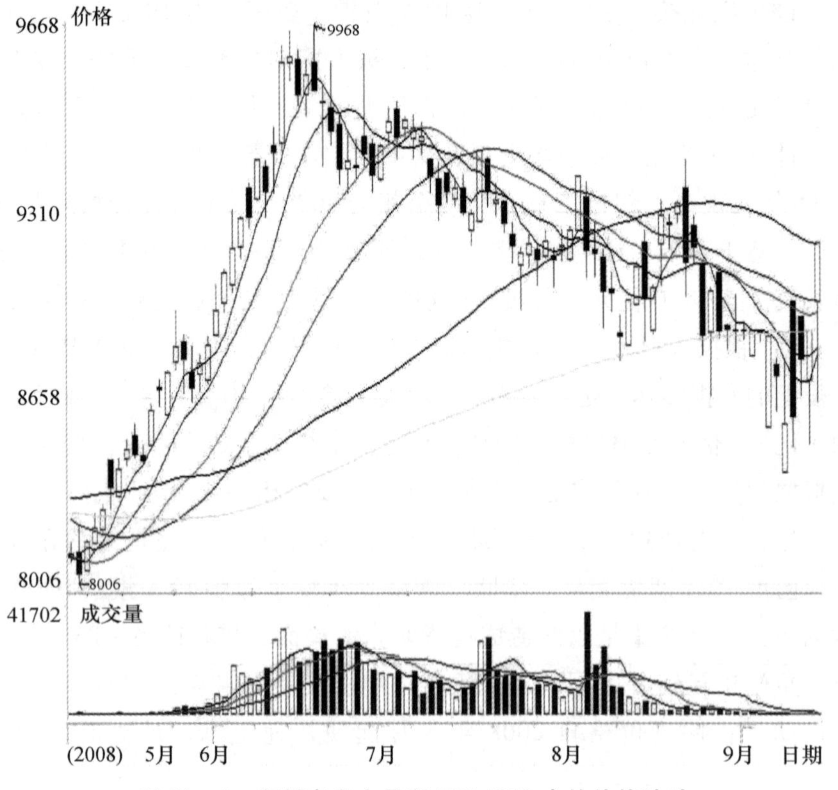

图11－4 郑州商品交易所PTA0809合约价格波动

资料来源：大智慧信息港。

三鑫逆势操纵期货市场价格，不能改变供求关系，因此，华联三鑫的做法并不能得到业内的认同，根据知情人士透露，作为华联三鑫的竞争者，翔鹭石化、扬子石化等公司更加冷静，在高位反手做空，反而成为 PTA0809 逼空一役的最终获利者。

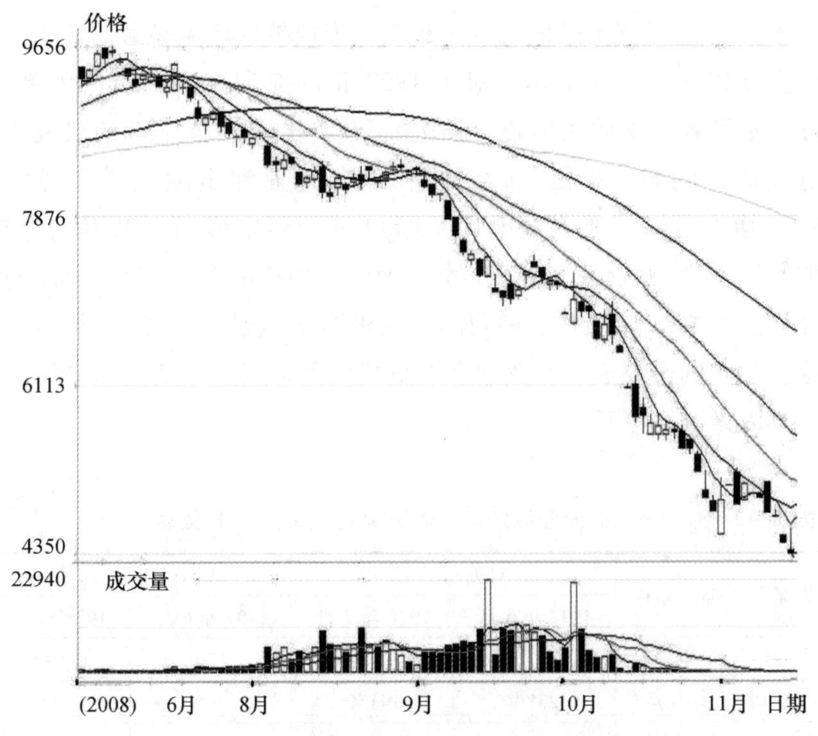

图 11 – 5　郑州商品交易所 PTA0811 合约价格波动

（三）华联三鑫争夺 PTA 定价权的结果与评价

华联三鑫争夺 PTA 定价权，在 PTA0809 合约逆势而为，其结果是直接亏损 5 亿元以上，导致了原本就极度紧绷的资金链更显得岌岌可危，几乎置华联三鑫于死地，逼仓的失败可以说直接造成了华联三鑫的停产和重组，其大股东华联控股也被迫在日后退出。其失败的本质也是逆趋势而行，以为行业龙头便可以夺得定价权，导致其与整个 PTA 市场抗衡，螳臂当车注定了其失败的结局。对应到弹性系统模型，华联三鑫全力做多并在交割期逼仓的博弈力量固然强大，但大量参与者通过实物交割，把不利局面重新转移到华联三鑫，这种逆趋势而行虽挟持一时的资金优势，若市场其他参与者因对得当，其最终必然以失败告终。

三 亚洲金融危机中国际基金争夺汇率定价权

（一）亚洲金融危机回顾

1997 年的亚洲金融危机，对相关国家或地区产生显著的冲击，其影响情况如表 11 – 3 所示。对于 1997 年的亚洲金融危机原因剖析，全球大量学者从不同角度进行研究，仅 1998 年中国学者的研究论文超过百篇，例如，张仁良、缪钧伟的《论亚洲金融风暴与经济危机》①，唐富藏的《亚洲金融风暴断想》②，吴宝峰的《智者的选择：吸取“亚洲金融风暴”的经验教训》③，李楚祥的《亚洲金融风暴对香港经济的影响》④，项兵、林莉的《亚洲金融风暴的再思考》⑤ 等，综合这些学者的研究成果，亚洲金融危机的原因可归纳为直接诱因、内部基本因素和全球环境几个方面。

表 11 – 3　1997 亚洲金融危机主要影响国汇率、GNP 数据

国家	货币名称	对美元汇率		GNP（10 亿美元）	
		1997 年 6 月	1998 年 7 月	1997 年 6 月	1998 年 7 月
泰国	泰铢	24.5	41	170	102
印度尼西亚	印尼盾	2380	14150	205	34
菲律宾	比索	36.3	42	75	47
马来西亚	林吉特	2.5	4.1	90	55
韩国	韩元	850	1290	430	283

资料来源：根据世界银行数据整理（data. worldbank. org）。

---

① 张仁良、缪钧伟：《论亚洲金融风暴与经济危机》，《世界经济文汇》1998 年第 3 期。

② 唐富藏：《亚洲金融风暴断想》，《经济学家》1998 年第 6 期。

③ 吴宝峰：《智者的选择：吸取“亚洲金融风暴”的经验教训》，《南方金融》1998 年第 3 期。

④ 李楚祥：《亚洲金融风暴对香港经济的影响》，《东南亚纵横》1998 年第 2 期。

⑤ 项兵、林莉：《亚洲金融风暴的再思考》，《证券市场导报》1998 年第 2 期。

直接诱因方面，以索罗斯的量子基金为代表的国际金融市场上游资的冲击是公认的首要因素。当时，全球范围内大约有 7 万亿美元的流动国际资本，以其敏锐的嗅觉，寻找可以炒作的对象，一旦发现在某些国家或地区有利可图，马上会通过炒作，冲击该国或地区的货币，以在短期内获取暴利。另外，还包括：

第一，一些亚洲国家的外汇政策不当。它们为了吸引外资，一方面保持固定汇率；另一方面又扩大金融自由化，给国际炒家提供了可乘之机。如泰国就在本国金融体系没有理顺之前，于 1992 年取消了对资本市场的管制，使短期资金的流动畅通无阻，为外国炒家炒作泰铢提供了条件。

第二，为了维持固定汇率制，这些国家长期动用外汇储备来弥补逆差，导致了外债的增加。

第三，这些国家的外债结构不合理。在中期、短期债务较多的情况下，一旦外资流出超过外资流入，而本国的外汇储备又不足以弥补其不足，这个国家的货币贬值便是不可避免的了。

内部基本因素方面，主要有：

第一，经济高增长的透支性和不良资产的快速膨胀。当高速增长的条件变得难以为继时，这些国家为了获得继续经济高速增长，他们便转向外举债。在经济发展的不顺利时，如到 20 世纪 90 年代中期，亚洲有些国家的还债能力受到怀疑。再加上房地产吹起的泡沫导致银行贷款的坏账和呆账，一旦企业状况不佳，不良资产便进一步膨胀。不良资产大量涌现，投资者的信心自然受到重创。

第二，市场体制尚未成熟。如政府在资源配置上干预过度，特别是在金融系统的贷款投向和项目上。另外，金融监管体制不完善也是明显缺陷。

第三，出口替代型模式的天然缺陷。出口替代型模式是亚洲一些国家经济成功的重要原因之一，但这种模式存在明显不足，比如，当经济发展到一定阶段时，生产成本必然提高，这时出口受到抑制，导致这些国家国际收支出现不平衡等。这些亚洲国家在实现了高速增长之后，却积累了上述问题。

全球环境方面，首先是经济全球化带来的挑战。经济全球化使世界各地的经济联系越来越密切，但由此而来的挑战也不可忽视，如民族国家间利益冲突加剧，资本流动能力增强，防范危机的难度加大等。其次是国际分工、贸易和货币体制不够合理，对后加入的第三世界国家明显不利。如在生产领域，发达国家生产高技术产品和高新技术研发，产品的技术含量逐级向欠发达、不发达国家下降，最不发达国家只能做装配工作和生产初级产品。另外，在交换领域，发达国家能用低价购买初级产品和垄断高价推销自己的产品。特别是在国际金融和货币领域，整个全球金融体系和制度都有利于已经取得优势的金融大国。

（二）亚洲金融危机的弹性系统模型分析与评价

从弹性系统模型角度来看，当时亚洲一些国家由于内部因素和外部因素影响，使其合理的平衡汇率已经悄悄变化，日积月累，实际汇率与理想的平衡汇率偏离明显，由于过去一直保持稳定，所以，市场表现出较大的静摩擦，加上政府的维护力量，使其汇率保持在偏离平衡的位置上，这时，国际基金发现了不平衡，加入了定价权争夺的市场领导竞争者行列，由于其实力相对强大，加上市场平衡本身的拉动力，打破了原有稳定状态，取得了市场领导地位，使这些国家货币出现了明显的贬值趋势，顺势而为的各种力量加盟后，形成势不可当之势，导致了1997年的亚洲金融危机。可以看到，市场领导者竞争中，国际基金有合理平衡汇率的内在拉动力相助，战胜了这些国家维稳的政府，取得了定价权。其取得胜利的关键在于发现了汇率的非平衡态并顺势而为。

四　美国在世界石油定价权争夺的案例

（一）美国的石油供需状况

美国仍是当今石油最大的净进口国，其石油净进口量占全球前十位国家或地区净进口量的37%，如表11－4所示。显然，石油价格越低，最受益的是美国。美国在原油控制权争夺上的动力是无可置疑的，美国在争夺石油定价权上从政治和军事方面做了大量布局。除此之外，经济上的成效更加显著。从2002年后全球原油价格波动中可以得到有益的启发。

表 11-4 金融海啸前（2006 年）国际石油净进口国家或地区排名（前十位）

进口排名	国家或地区	石油净进口量（千桶/日）	石油总消费量（千桶/日）	进口占比（%）
1	美国	12357	20687	60
2	日本	5031	5159	98
3	中国	3428	7273	47
4	德国	2514	2665	94
5	韩国	2156	2174	99
6	法国	1890	1961	96
7	印度	1733	2587	67
8	意大利	1568	1732	91
9	西班牙	1562	1591	98
10	中国台湾	940	950	99

资料来源：美国能源部。

（二）美国争夺原油定价权的策略与效果

在套期保值一章中已经对原有期货的上涨做了探讨，从央视两个专题的资料可以看出美国原油期货自 2002 年不足 20 美元/桶到 2008 年超过 140 美元/桶的巨幅上涨过程（见图 11-6）。以高盛为首的美国四大投资银行和美国的主流基金是石油价格上涨的领导者与推动者，是市场多头主力，在大幅推高原有期货过程中，由于持仓量比原油消费量大得多，所以，其在期货市场获得了丰厚的回报，其数值比美国消费原油需要支出的成本高得多，整体上这一波原油价格暴涨，美国原油最大进口国反而是受益的。在这个过程中，全球原油需求增长速度明显高于原油生产速度，市场出现供求矛盾，油价上涨趋势明显，他们推到价格上涨属于顺势而为，加之强大的资金实力，使原油价格不断地冲向新高。但油价长期处于高位，对美国是不利的，美国原油期货上的多头把原油价格推到了较高的水平，这时的高油价刺激了油田开发，也激活了替代能源的开发，其间，中国、美国等主要大国纷纷把新能源定位为国家未来战略产业，因此可以有效地增加原油及替代能源供给，遏制需求，最终改变供求关系。当价格泡沫跟随金融危机一起破灭后，国际油价出现了新的平衡区间，而这个区间，如果没有高油价阶段刺激出来的生产力，可能并不会在目前的水平上，理论上说，应该比当前的市场均衡要高。通过这样顺势推高价格的过程，美国投资者既获得了利益，又对实现原油在较低价位出现新的价格平衡做出了贡献。总之，从短期来看，发动、推动原油期货市场牛市让美国获利了；从长期来看，较低油价也符合美国的利益。可以说，这种原油价格定价权的把握是有成效的。

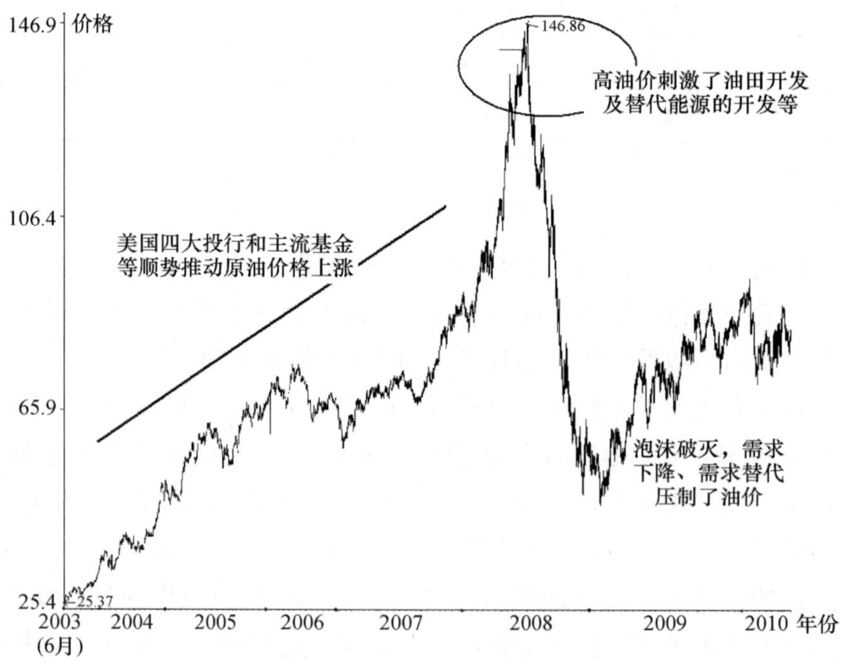

图 11－6　美国纽约原油期货价格波动分析

第四节　争夺定价权的基本策略

一　不具备显著实力优势条件下争夺定价权的基本策略

从上述两家中国企业争夺定价权失败及 1997 年亚洲金融危机和美国从经济角度争夺原油定价权的四个具代表性典型案例分析可以看出，争夺定价权本质就是市场领导者的竞争过程。当今国际市场，实力雄厚的机构、基金林立，在此环境下，只有竞争市场领导者的实力才可以参与竞争，争夺定价权。在实力相当的情况下，博弈策略更优者可以得到更多的认同，从而获得胜利，一般能够顺应趋势的策略才更具有感召力，容易取得竞争优势，成为市场的主导力量，并成为最终的胜利者。市场领导竞争者争夺定价权时，首先要判断价格波动趋势，顺势而为。市场领导者的推动加上价格内在的趋势引力和价格波动形成的动能，往往会导致价格波动幅度较大，这会对相关的生产者或消费者带来挑战，需要提高其应变能力以适应市场。具体而言，如从产品消费者角度竞争定价权，在价格上涨趋势时，顺应市场波动规律，进行套期保值或者选择多头仓位交易，成为价格上涨的推动者，当明显超越理想均衡位置时，市场供给会增加，形成价格下跌的内在动力，这时平仓原有合约，并建空仓打压价格，才能实现价格下跌的目标。市场供给方争夺定价权同样要顺应市场趋势，市场供给方希望价格定价在较高位置，在价格下跌趋势中，也不能盲目拉升价格，而应该顺势套期保值或直接建立空头仓位，在趋势末期平仓并建立多头仓位，在上涨趋势出现时才能推动价格上扬。如图 11 - 7 所示，在 S_{pu1}—S_{pu3} 区域采取推动价格上涨策略，在 S_{pd1}—S_{pd3} 区域采取推动价格下跌策略，S_{pu4} 与 S_{pd4} 采取酝酿趋势逆转策略。

二　争夺定价权的两个关键因素

在争夺定价权过程中，起着明显作用的是供求关系决定的价格波动内在趋势和市场领导竞争者博弈力量两个关键因素。它们的作用是不同的，供求关系是长期价格的最终决定者，最终需要通过相关产业的

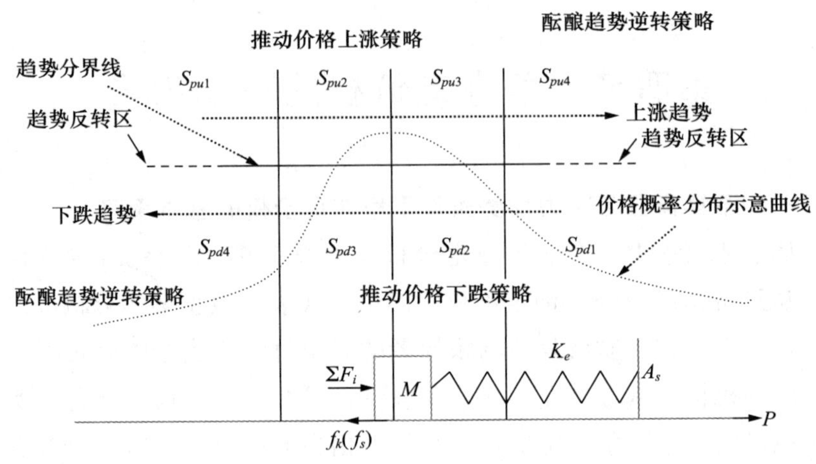

图 11－7 弹性系统模型与市场主要区域划分示意

发展来施加影响，博弈力量只能改变价格波动的方式与进程，通过刺激供求力量变化，促成新平衡的形成。

供求关系方面，当市场原有供求关系遭到破坏时，必然要通过价格因素体现出来，通过价格改变供求水平，达到新的平衡。例如，在原有的供求破坏状态下，需求增长快于供给增长时，必然打破这个平衡，价格出现上涨，价格上涨将刺激供给，抑制需求，以期达到新的平衡。但是，提高供给无非是两种方式：一种是原有企业扩大生产，另一种是新的企业加盟，这两种方式都受到资本投入、建设周期等因素的制约。一般来说，只有那些具有超额利润的行业，才能有效吸引投资，所以，在供不应求时，价格过度反应，才能有效刺激供给快速增加，从而有利于新的价格平衡。从市场需求来看，只有当价格明显上升并使需求方感受到明显压力时，才会有效刺激他们寻求降低消耗量、寻找替代品等措施，这也有利于新的价格平衡的形成。从弹性系统模型来看，博弈力量是有期限的、短暂的，市场动能、价格变动阻力都会最终被克服的，长期来看，供求关系最终决定平衡价格。博弈力量的作用只是改变了价格均衡实现的路径与进程。价格快速上涨对长期需求方不是坏事，有积极的成分，如我国近年非常关注的资源价格问题，中国在城市化进程中，资源的强劲需求打破了原有市场平衡，如铜价2002年后的快速上涨，如何争夺其定价权，最根本因素是刺激全球供给，最有效的办法就是顺势推高价格，而不是像国家物资储备局那样打压价格，通过高价格，刺激全球铜矿的勘探、开采，铜提炼企业扩产，这一过程没有足够的利润诱惑很难在短期内实现，若通过套期保值或者做多，快速推高价格，这个过程中期货盈利可以对现货需求的高成本给予有效补偿，同时刺激了全球的供给扩张，这样，才能有效地解决供应不足问题，促进新供给平衡的形成。

参与定价权争夺的博弈必须各方协调，自己先形成合力出击，才能达到良好效果。如果内部不协调，经过内耗之后，博弈合力就很弱了，在市场上难以产生显著的影响。这一方面，中国也要不断提高。从近期到美国施压人民币升值行为可以看到相关各方的协调性：2010下半年，美国开始发力威逼人民币升值，9月美众议院通过加征关税法案协助逼迫人民币升值①，2010年10月盖特纳再出招逼人民币升值②，同期，索罗斯携近90亿美元驻扎香港，狂赌人民币升值③，简单地从这几条信息就可以看到美国从立法机构、行政机构、到市场交易主体各环节在博弈策略上的高度协调性，是值得中国各方学习的。

市场领导者的博弈力量是决定市场完成价格趋势波动的时间与方式的重要力量，推动价格波动超越平衡价格，从反应不足到反应过度，其负面影响是市场价格波动幅度过大，积极因素是加速新价格均衡的形成，因为供给或需求的改变一般都需要较高的固定成本，这种价格较大幅度的偏离，是供给或需求方克服较高固定成本的扩展或替代的动力，有利于实现供求新的平衡。

---

① 黄颖川：《美众议院通过加征关税法案协助逼迫人民币升值》，《南方日报》2010年9月27日。

② 2010年10月24日新华国际，题为《盖特纳出招再逼人民币升值》的专题报道，介绍了盖特纳呼吁二十国集团（G20）一致同意限制各国的贸易顺差，施压人民币的行为及国际主要10家媒体的相关报道与评论。2010年10月24日，http：//news. xinhuanet. com/world/2010 - 10/24/c_ 12693774. htm。

③ 胡洁：《索罗斯携近90亿美元驻扎香港，狂赌人民币升值》，2010年10月23日，《经济观察报》，搜狐新闻（转），http：//business. sohu. com/20101023/n276298594. shtml。

第五节 中国面临的主要定价权争夺问题的思考

一 铁矿石定价权之争的启示

这一思路可以应用到铁矿石价格争夺策略探讨。在铁矿石价格争夺中，中国多年的实践证明通过谈判解决铁矿石定价问题是行不通的，中国铁矿石谈判几乎成了屈辱的谈判史，反过来也验证了供求力量的决定因素，消费第一大国没有话语权的根本在于供不应求的供求关系，这也是很多国人费解的。中国短期内必须在刺激供给方面做文章，不应该试图抑制价格，而应推高价格，推高价格只是短期代价，以此刺进供需扩张的快速形成。当前，中国热衷于通过高昂的股权收购对上游铁矿石资源的控制，不是有效手段，其阻力大、成本高，各国都非常警惕，像澳大利亚提高矿石开采税，让这些努力几乎化为泡影。真正的有效手段是在高利润背景下输出技术、资本帮助他国用于铁矿石的勘探、矿山建设，而不需要股权，降低敏感性，只要最终快速推进铁矿石产能的扩张，其结果必然出现新的供求平衡，为中国建设的大量需求提供保障，这种博弈策略才能有效地促进新的铁矿石供需平衡实现，而这个时间又是很重要的，全球很多国家也开始进入城市化进程，随着时间的推移，必将最终增加中国城市化的成本。

当然，有人认为，顺势推动的市场交易策略必然带来市场价格的更大幅度的波动，是一些人不习惯或不喜欢的市场现象，但必须认清，这是市场天性。相关市场主体必须正确认识，并提高适应、应变能力。经过市场洗礼的企业才能更具有生命力。事实上，美国在定价权争夺方面手法老道，在价格争夺中经常是最后的赢家，如汇率、石油等价格定价权博弈得心应手，其行为是符合这种主动、推动顺势而为特征的，而中国亟须提高这种水平。

二 关注人民币升值与自由浮动后出现的汇率定价权之争

虽然中国汇率没有市场化，但必须未雨绸缪，人民币汇率定价权之争是必须关注的课题。近年来，人民币升值与汇率自由浮动目标是广泛关注的议题，国内一些学者如向松祚，反对人民币升值与自由浮动，其担心的主要风险就是一旦升值、自由浮动，将造成汇率大幅波动。[①] 在这个金融竞争力与国外机构、基金有明显差距时，是非常危险的。只有当中国投资者具有国际竞争力的定价权争夺能力，国内各相关主体策略协调时，汇率自由浮动才能有保障。否则，主要经济大国便可以利用浮动汇率机制，倾泻其资产泡沫，推动汇率大幅波动寻机制造金融危机，让其坐享渔利的故技在中国上演，这样的风险是很严峻的。中国争夺定价权，任重道远，面临的挑战不可回避，争夺定价权必然会带来价格大幅波动，没经验的企业很难适应，唯一可行的办法是提高适应环境的能力。现在，大宗商品虽然影响较广，但比起汇率来，则是小巫见大巫了。随着人民币汇率改革不断推进，其最终市场化是必然结果，在市场化未到来之前，提高中国经济各个环节的适应能力将是十分重要的课题，避免出现类似国家物资储备局那样在定价权争夺中失败的情况。

第六节　结论与建议

定价权之争实质上是市场领导竞争者之争，在没有明显个体优势的情况下，取得市场领导者地位需要顺应市场趋势，这是取得成功的重要保证。若逆势而为，并受到激励的市场领导竞争者的挑战，则其市场风险极大，极有可能成为被猎杀者。为提高中国企业在定价权争夺的竞争能力，建议：

首先，以国际竞争力为目标，设置、管理国内期货市场，通过国内市场大练兵，为国际竞争做好准备。

其次，建立基金。以基金为载体，与国际基金成为旗鼓相当的竞争对手，通过基金方式可以与国际通行方式接轨，避免通过企业主体

---

① 向松祚：《汇率危局》，北京大学出版社 2007 年版。

具有某些特定色彩，在市场竞争中反而不利，例如，消费企业做空（或生产企业做多）和企业经营缺乏互补性，与企业经营行为本身相反，容易出现被动局面，不如中性的基金策略灵活。另外，基金数量不受限制，可以分散注意力，在应对市场监管方面也有优势。

最后，建立职业基金经理队伍，培养有竞争力的团队。通过市场竞争，让优秀人才脱颖而出，为参与国际竞争培养人才基础，国内证券投资基金的成功也证明了这种市场化人才培养方式的有效性，应该尽快推广到期货市场。

附　　录

附录1　期货弹性系统模型理论与应用专家调查问卷

调查说明：期货价格分析的弹性系统模型是经过多年实践与研究的成果，通过各位在理论探讨基础上进行实践应用，为了不断完善分析模型，并提高其实践应用的有效性，需要我们反复思考和实践检验。根据您对理论的理解及实践中的应用，请认真阅读以下问题，准确地选择您的答案。答卷仅作学术研究之用，通过大家的共同努力，提高研究分析应用水平。

1. 应用趋于有效市场假说理论观察、分析市场有多长时间？

A. 半年以内　B. 半年到一年　C. 一年到两年　D. 两年以上

2. 您应用趋于有效市场于哪个市场分析？

A. 股票市场　B. 期货市场　C. 其他市场________

3. 应用该理论期间，您的投资收益率表现如何？

A. 比过去上升　B. 影响不大　C. 比过去下降

4. 在下表中您认为正确的地方画“√”。

应用内容	有效	基本有效	有时有效	无效	误导
市场价格趋势判断					
市场价格短期波动判断					
突发事件对市场价格影响的判断					
与其他分析工具的兼容性					

5. 您应用弹性系统模型分析判断市场趋势时间：

A. 半年以内　B. 半年到一年　C. 一年到两年　D. 两年以上

6. 您应用弹性系统模型于哪个市场分析？

A. 股票市场　B. 期货市场　C. 其他市场

7. 应用该理论期间，您的投资收益率表现如何？

A. 比过去上升　B. 影响不大　C. 比过去下降

8. 您是否使用了模板比较法？

A. 是　B. 否

9. 最近的使用过程中，盈利能力变化如何？

A. 有明显提升　B. 有一定提升

C. 无明显影响　D. 影响负面

10. 您对以上理论与方法的质疑与建议：

11. 其他问题调查

11－1　您认为，牛市中，某日价格创一周新高概率为________。

11－2　熊市市场价格创一周新高概率为________。

11－3　牛市中价格创一周新高的概率为________。

附录2　期货投资相关问题调查问卷（汇总）

调查说明：随着期货业发展及其在全球竞争中的重要作用，期货相关研究在理论界和投资者中都十分活跃。为了更好地提高我们对市场的分析、判断水平，特组织此次交流。根据研究需要，请认真阅读以下问题，准确地选择您的答案。答卷仅作学术研究之用，不记名且对个人答案进行保密。希望通过大家的共同努力，对提高我们研究分析应用水平予以帮助。

第一部分　市场认知、投资行为与方法相关的调查问题

1. 您从事期货交易的目标是________

A. 获取暴利　B. 控制风险为主　C. 资产组合的需要

2. 您从事期货交易的时间：

A. 1 年以内　B. 1—3 年　C. 3 年以上

3. 期货投资年平均年收益率如何？

A. 100% 以上　B. 50%—100%　C. 10%—50%　D. 0—10%

E. 亏损

4. 最近 10 天内，您的交易成绩如何？

A. 大幅盈利　B. 小幅盈利　C. 持平　D. 亏损

5. 您是否进行股票投资

A. 是　B. 否

6. 股票投资分析方法与期货投资分析方法除定价原理不同外，替他分析方法是通用的吗？

A. 通用　B. 部分通用，有些有差距　C. 不通用

7. 您分析市场价格走势使用的分析方法是：

A. 技术分析法　B. 基本分析法

C. 技术分析法为主辅以基本分析法

D. 基本分析法为主辅以技术分析法

E. 其他

8－1 假如牛市持续一段时间后，您会优先选择哪个交易方向？

A. 多头　　B. 空头

C. 多头策略为主，适时做空　　D. 多头平仓，寻找做空时机

E. 其他

8－2 您的策略选择理由是：

A. 技术分析显示趋势未变

B. 前期多头策略盈利，继续多头策略，即使亏损，也是获利回吐，风险不大

C. 价格仍低估，没到位

D. 大家做多头盈利了，我也不能落后

E. 浮亏过大，避免出现更严峻后果，必须止损

F. 涨幅过大，寻机做空，卖个高点

9－1 您认为自己的交易风格为：

A. 等待市场趋势明朗，顺势操作

B. 根据预测提前进入，等别人抬轿

C. 通过集中交易，创造趋势

D. 其他

9－2 您认为导致交易亏损的主要行为方式是：

A. 盲目跟风　　B. 误中谣言

C. 心理承受能力不足　　D. 信息不足

10. 关于市场有效性，您认为我国期货市场：

A. 强势有效　　B. 半强势有效　　C. 弱势有效

D. 趋于有效——市场不是处于供需平衡点，只是有向平衡点回归的内在动力，市场状态由更多的其他因素共同决定的，如主力因素、交易者心理影响、市场惯性、信息不充分等

E. 市场非有效

11－1 您从事套期保值交易的时间是：

A. 0　　B. 1 年以下

C. 1—3 年　　D. 3 年以上

11 - 2 套期保值对企业经营业绩的影响是：

A. 能实现经营业绩的相对稳定

B. 期货交易亏损时，企业与竞争对手相比，在市场竞争中处于劣势，产生风险；期货交易盈利时，企业与竞争对手相比，在市场竞争中有优势

C. 盈利对期货套期保值也一样重要

12 - 1 您是否投资股票基金？

A. 是　　B. 否

12 - 2 若您投资的基金在一波行情中股指上涨 50%，而您投资基金价值没有明显变化，您会：

A. 赎回，不管任何理由

B. 根据基金经理说明，再做决定

C. 风水轮流转，继续持有吧。

13. 市场交易者无论采取何种策略，都不可忽略理想均衡价格

A. 是　　B. 否

14. 如何理解市场主力：

A. 市场主力拥有资金优势、信息优势及信息分析优势

B. 市场主力通过竞争，胜利者可以取得市场领导权，引导价格波动

C. 仅凭实力逆势而为，风险很大

D. 对市场影响不大

15. 市场主力可以通过哪些手段改变市场格局？

A. 改变仓单数量　　B. 加大市场交易份额

C. 散布虚假信息，混淆视听　　D. 互相结盟，操纵市场

E. 其他

16 - 1 您是否重视市场主力动向？

A. 非常重视　　B. 比较重视　　C. 不重视

16 - 2 您研判市场主力动向的方法是：

A. 通过会员成交及持仓排名表　B. 观察盘中交易中的大单

C. 媒体报道　D. 市场传言　E. 其他

16－3 您对交易所每天公布的前 20 名成交量与持仓量信息是否关注？

A. 关注　B. 不关注

16－4 如果前 20 名多空持仓量有明显差异，那么持仓量大的一方是否在短期内有更大的获胜机会？

A. 是　B. 不一定　C. 否

17－1 您觉得市场均衡应该是主观的还是客观的？

A. 主观的　B. 客观的

17－2 如果一个主观的（主观的是指大众的主观认识），一个客观的（客观的是指理想的经济条件下市场的均衡），哪个在市场价格分析中更有价值？

A. 主观的　B. 客观的

C. 短期主观的，长期客观的

18. 对国家物资储备局在期货市场的表现如何评价？

A. 国内市场呼风唤雨，屡战屡胜，在国际市场屡战屡败，总体作用负面

B. 有效调控市场非理性行为

C. 市场操纵者，小心提防

第二部分　市场波动阻力相关的调查问题

19. 当交易出现 50% 以上盈利时，您是否会不考虑市场价格波动趋势，而先落袋为安？

A. 会　B. 不会

20. 当交易出现 10%—50% 盈利时，您是否会不考虑市场价格波动趋势，而先落袋为安？

A. 会　B. 不会

21. 当交易出现小于 10% 盈利时，您是否会不考虑市场价格波动趋势，而先落袋为安？

A. 会　B. 不会

22. 在趋势不明，期货价格维持窄幅波动时，如果价格上涨到近期波动区域上限附近，您倾向选择哪种操作？

A. 加开空仓以摊薄空头成本

B. 多仓因出现小幅获利而获利了结，出局观望

C. 因出现向上突破可能性，空头止损

D. 保持不动，等趋势进一步明朗

23. 当价格出现一定幅度上涨时，您更倾向于哪种操作？

A. 由于价格出现上涨，那么价格高估可能性增加，而且这时卖出，比市场空头有优势（卖出价位较高），所以选择开空仓交易

B. 顺应趋势，开多仓交易　　C. 两种策略都有可能

24. 在趋势不明，期货价格维持窄幅波动时，如果价格下跌到近期波动区域下限附近时，您倾向选择哪种操作？

A. 加开多仓以摊薄多头成本

B. 空仓因出现小幅获利而获利了结，出局观望

C. 因出现向下突破可能性，多头止损

D. 保持不动，等趋势进一步明朗

25. 您在实际交易中，以下哪个策略使用频率高？

A. 落袋为安策略　　B. 止损策略

附录3　股票（期货）投资相关问题调查问卷

调查说明：股票（期货）市场是高风险、给付挑战性的投资场所，为了更好地提高我们对市场的分析、判断水平，特组织此次交流。根据研究需要，请认真阅读以下问题，准确地选择您的答案。答卷仅作学术研究之用，不记名且对个人答案进行保密。希望通过大家的共同努力，对提高我们研究分析应用水平予以帮助。

股票（期货）市场动能研究调查问卷表

1. 您从事股票（期货）交易的目标是：

A. 获取暴利　　B. 资产增值　　C. 资产保值　　D. 其他

2. 您从事股票（期货）交易的时间：

A. 1 年以内　　B. 1—3 年　　C. 3—7 年　　D. 8 年以上

3. 股票（期货）年平均年收益率是多少？

A. 30% 以上　　B. 10% —30%　　C. 10% 以内　　D. 轻度亏损

E. 亏损 10% 以上

4. 最近 30 天内，您的交易成绩如何？

A. 大幅盈利　　B. 小幅盈利　　C. 基本持平　　D. 亏损

5. 您是否有类似的交易记录：在牛市的末期，斩掉了空头仓位，或者在熊市的末期，斩掉了多头仓位？若有，原因是什么？

A. 例如，牛市中，做空反复失败，不断的错误，使心理越来越脆弱，信心最终崩溃，导致这样令人遗憾的交易

B. 其他________________

6 -1 当预测市场趋势反转反复失败后，您是否会改变这种策略，转为顺势操作？________。

A. 是　　　　　　　　　　　　B. 否

6－2 如果选择是，您一般在几次预测市场翻转后改变策略？

A. 1—2 次　　　B. 3—4 次　　　C. 4—5 次　　　D. 6 次以上

7. 股市中，您是否有买顶或者在底部斩仓的交易记录，若有，原因是什么？

A. 例如，牛市中，关注某个股票，等待买入时机，但越等，股票越涨，这样持续一段时间，终于忍不住不断上涨的诱惑，买入，却导致站在高岗上

B. 其他________________

8. 您是否了解巴菲特（不了解的不要做选择）？当巴菲特清仓某个股票时，您会买吗？

A. 不会买　　　　　　　　　　B. 会

9. 巴菲特旗下伯克希尔·哈萨维公司（Berkshire Hathaway）于2007 年 7 月 12 日开始分批减持中石油。巴菲特于 2007 年 10 月 19 日表示，他已悉数清仓所有中石油股份。此后股价却大幅上涨，对于这时购买者，您认为他们买入的原因是________

A. 人们太疯狂了，失去理智

B. 巴菲特也会犯错

C. 巴菲特的市场操作对市场影响有限

10－1 在 2007 年 6—7 月，监管部门出台了提高印花税等给股市降温的政策，这时您对市场涨跌的判断是什么？

A. 看跌　　　　　　　　　　　B. 看涨

10－2 若看跌，原因是：

A. 历史类似事件必然导致市场反转

B. 市场泡沫明显

C. 几年前的惨痛套牢让我谨慎

D. 追随管理层的意愿

11－1 您是否投资股票基金？

A. 是　　　　　　　　　　　　B. 否

11－2 若您投资的基金在一波行情中股指上涨 50%，而您投资基

金价值没明显变化，您会：

A. 赎回，不管任何理由

B. 根据基金经理说明，再做决定

C. 风水轮流转，继续持有吧

附录4　趋于有效市场假说相关评价分析

说明：为检验趋于有效市场假说的实践价值，请各位根据实践应用的体验，以10分制打分形式，其中，有效：7—10分，基本有效：5—6分，有时有效：2—4分，无效1分，误导0分。对相关各项给予评分。

表1　　趋于有效市场假说应用专家评价

应用内容	有效	基本有效	有时有效	无效	误导
市场价格趋势判断					
市场价格短期波动判断					
突发事件对市场价格影响的判断					
与其他分析工具的兼容性					

表2　　有效市场假说应用专家评价

应用内容	有效	基本有效	有时有效	无效	误导
市场价格趋势判断					
市场价格短期波动判断					
突发事件对市场价格影响的判断					
与其他分析工具的兼容性					

参考文献

1. 杨眉:《争夺国际定价权——中国做强期货的目标诉求》,深圳新闻网,http://www. sznews. com/news/content/2006 -06/12/content_150471. htm。

2. 曲德辉、尚福林:《拓宽期货公司业务范围促进期市值的提升》[2010 -09 -22],中国期货业协会,http://www. cfachina. org/news. php? id =46865。

3. 皮海洲:《高盛钻中国股市漏洞投资海普瑞三年赚218倍暴利》,《华西都市报》2010年5月6日。

4. 闫磊、张莫:《中投投资大摩两年亏9亿美元,投黑石浮亏达65%》,《经济参考报》2010年9月2日。

5. 许沂光:《风险投资实用分析技巧》,中华工商联合出版社1994年版。

6. Robert D. Edwards, John Magee, W. H. C. Basseti, *Technical Analysis of Stock Trend*, CRC Press LLC, 2001.

7. Paul A. Samulson, "Proof That Properly Anticipated Prices Fluctuate Randomly", *Industrial Management Review*, 1965 (6), pp. 41 -49

8. Fama, E. F., "Efficient Capital Market: A Review of Theory and Empirical Work", *Journal of Finance*, 1970 (25), pp. 383 -417.

9. Koppenhaver, G. D., "The Forward Pricing Efficiency of the Live Cattle Futures Market", *Journal of Futures Markets*, 1983 (3), pp. 307 -319.

10. Hansen, L. P., Hodrick, R. J., "Forward Exchange Rates as Optimal Predictors of Future Spot Rates: An Econometric Analysis", *Jour-*

nal of Political Economy, 1980 (88), pp. 829 – 853.

11. Hodrick, R. J., Srivastava, S., "An Investigation of Risk and Return in Forward Foreign", *Journal of International Money and Finance*, 1984 (3), pp. 5 – 29.
12. Bigman, D., Goldfarb, D., Schechtman, E., "Futures Market Efficiency and the Time Content of the Information Sets", *Journal of Futures Markets*, 1983 (3), pp. 321 – 334.
13. Maberly, E. D., "Testing Futures Market Efficiency, A Restatement", *Journal of Futures Markets*, 1985 (5), pp. 425 – 432.
14. Elam, E. and Dixon, B. L., "Examining the Validity of a Test of Futures Market Efficiency", *Journal of Futures Markets*, 1988 (8), pp. 365 – 372.
15. Granger, C., Newbold, P., "Spurious Regressions in Econometrics", *Journal of Econometrics*, 1974 (2), pp. 111 – 120.
16. 许业荣:《有效市场假说与信息充分披露》，厦门大学出版社 2004 年版。
17. 李文军:《资本市场的效率：理论与实证》，博士学位论文，中国社会科学院研究生院，2002 年。
18. 彭浩:《中国农产品期货市场效率问题的研究》，西南财经大学出版社 2004 年版。
19. 喻翠玲:《经济全球化下的中国大豆产业：价格、供给与贸易》，华中农业大学出版社 2006 年版。
20. 龚国光:《我国天然胶期货市场有效性实证分析及对策建议》，同济大学出版社 2006 年版。
21. 李勇:《不同市场有效性条件下的中国投资策略研究》，华东师范大学出版社 2006 年版。
22. Black, F., "Towards a Fully Automated Exchange: Part 1", *Financial Analyst Journal*, 1971 (27), pp. 29 – 34.
23. Kyle, A. S., "Continuous Auctions and Insider Trading", *Econometrica*, 1985 (6), pp. 1315 – 1336.

24. Amihud, Y., H. Mendelson, "The Effects of Beta, Bid - Ask Spread, Residual Risk and Size on Stock Returns", *Journal of Finance*, 1989 (44), pp. 479 -486.

25. Harris, Lawrence E., "Liquidity, Trading Rules, and Electronic Trading Systems", *New York University Monograph Series in Finance and Economics*, 1990 (4).

26. O'Hara, Maureen, *Market Microstructure Theory*, Cambridge: Blackwell Publishers Inc., 1995.

27. Massimb, M. N., B. D. Phelps, "Electronic Trading, Market Structure and Liquidity", *Financial Analysts Journal*, 1994 (1), pp. 39 -50.

28. 中唯正：《上海期货市场流动性实证研究》，2009 年 8 月 4 日，http://www.yafco.com/show.php?contentid=42396。

29. 吴利剑：《期货市场流动性与我国期货交易机制的选择》，《期货日报》2004 年 1 月 14 日。

30. 华仁海、仲伟俊：《对我国期货市场量价关系的实证分析》，《数量经济技术经济研究》2002 年第 6 期。

31. 叶舟、李忠民、叶楠：《期货市场交易量与收益率及其波动关系的实证研究》，《系统工程》2005 年第 4 期。

32. Mehre, R., Prescott, E. C., "The Equity Premium: A Puzzle", *Journal of Monetary Economics*, 1985, 15, pp. 145 -162.

33. Kahneman, D., Tversky, A., "Prospect Theory: An Analysis of Decision under Risk", *Econometrical*, 1979, 47 (2), pp. 263 -291.

34. Shefrin, H., Statman, M., "Behavioral Capital Asset Pricing Theory", *Journal of Financial and Quantitative Analysis*, 1994 (29), pp. 323 -349.

35. 周炜星：《金融物理学导论》，上海财经大学出版社 2007 年版。

36. 陈泽乾：《量子金融的意义》，《数学物理学报》2003 年第 1 期。

37. 马金龙、马非特：《复杂系统科学体系下金融市场非线性难题的求解——价格波动的投机方法》，《价值中国财经》2005 年 6 月 15 日，http://www.chinavalue.net/Article/Archive/2005/6/15/66

76. html。

38. 张本祥:《非线性动力学的理论及其应用——资本市场非线性分析》，吉林出版社 2001 年版。

39. 孙博文:《中国股市波动的混沌吸引子的测定与计算》，《哈尔滨理工大学学报》2001 年第 5 期。

40. H. E. Hurst, "Long - term Storage of Reservoirs: An Experimental Study", *Transactions of the American Society of Civil Engineers*, 1951 (116), pp. 770 - 799.

41. 王新宇、宋学锋、吴瑞明:《中国证券市场的分形分析》，《管理科学学报》2004 年第 10 期。

42. 叶中行:《Hurst 指数在股票市场有效性分析中的应用》，《系统工程》2001 年第 2 期。

43. 曹宏铎:《经济系统分形机制与股票市场 R/S 分析》，《系统工程理论与实践》2003 年第 3 期。

44. 魏宇:《中国股票市场多标度分形特征的实证研究》，《系统工程》2003 年第 3 期。

45. 姚忠诚:《分形市场假说在上海股票市场中的实证研究》，《统计观察》2004 年第 2 期。

46. P. Grassberger and I. Procaccia, "Measuring the Strangeness of Strange Attractors", *Physica D*, 1983 (9), pp. 189 - 208.

47. Peters, Edgar E., *Chaos and Order in the Capital Markets*, New York: John Willey & Sons, 1996.

48. Lim, K. P. and Liew, V. K. S., "Nonlinear Mean Reversion in Stock Prices: Evidence from Asian Markets", *Applied Financial Economic Letters*, 2007 (3), pp. 25 - 29.

49. 李建功:《中国期货市场混沌研究》，《重庆邮电学院学报》(社会科学版) 2004 年第 1 期。

50. 成思危:《虚拟经济探微》，《管理评论》2005 年第 1 期。

51. 宋学锋:《复杂性科学研究现状与展望》，《复杂系统与复杂性科学》2005 年第 1 期。

52. 尤晨、宋学锋：《复杂性及其在金融市场中的表征》，《太原大学学报》2002 年第 10 期。

53. 杨晓光、马超群：《金融系统的复杂性》，《系统工程》2003 年第 9 期。

54. 成思危：《深化金融改革、改善金融监管、推动金融和经济协调发展》，《中国流通经济》2006 年第 10 期。

55. 刘骏民、王国忠：《虚拟经济稳定性、系统风险与经济安全》，《南开经济研究》2004 年第 6 期。

56. 刘传哲、周莹莹、迟晨：《虚拟经济与实体经济协调发展研究》，《经济与管理》2010 年第 6 期。

57. 陈大恩、李英华：《国际原油期货价格与原油总储备量的协整分析及因果检验》，《改革与战略》2007 年第 2 期。

58. Bachelier, Louis, trans. James Boness, *Theory of Speculation*, in Cootner, 1964, pp. 17 – 78.

59. Cowles, "Alfred 3rd. Can Stock Market Forecasters Forecast?", *Econometrica*, 1933, 1, pp. 309 – 324.

60. Samuelson, Paul A., "Proof That Properly Anticipated Prices Fluctuate Randomly", *Industrial Management Review*, 1965, 6, pp. 41 – 49.

61. Fama, Eugene, "The Behavior of Stock Market Prices", *Journal of Business*, 1965, 38, pp. 34 – 105.

62. Roberts, Harry, "Statistical Versus Clinical Prediction of the Stock Market", *Unpublished Manuscript*, CRSP, University of Chicago, May, 1967.

63. Fama, Eugene, "Efficient Capital Markets: A Review of Theory and Empirical Work", *Journal of Finance*, 1970, 25, pp. 383 – 417.

64. Fama, Eugene, "Efficient Capital Markets Ⅱ", *Journal of Finance*, 1991 (46), pp. 1575 – 1617.

65. Banz, Rolf, "The Relationship between Return and Market Value of Common Stocks", *Journal of Financial Economics*, 1981, 9, pp. 3 – 18.

66. A. W. Lo and A. C. MacKinlay, "Stock Market Prices Do not Follow Random Walks: Evidence from a Simple Specification Test, Rev", *Financial Stüdies*, 1988, 1, pp. 41 – 66 .

67. Shiller, Robert, "Do Stock Prices Move Too Much to be Justified by Subsequent Changes in Dividends?" *American Economic Review*, 1981, 71, pp. 421 – 436.

68. DeBondt, Werner and Richard Thaler, "Does the Stock Market Overreact?" *Journal of Finance*, 1985, 40, pp. 793 – 805.

69. Smith, G., Jefferis, K., Ryoo, H. – J., "African Stock Markets: Multiple Variance Ratio Tests of Random Walks", *Applied Financial Economics*, 2002, 12, pp. 475 – 484 .

70. Graham – Higgs J., Rambaldi, A. and Davidson, B., "Is the Australian Wool Futures Market Efficient as a Predictor of Spot Prices?" *Journal of Futures Markets*, 1999, 19, pp. 565 – 582.

71. Bigman, D., Goldfarb, D., Schechtman, E., "Futures Market Efficiency and the Time Content of the Information Sets", *Journal of Futures Markets*, 1983, 3, pp. 321 – 334.

72. 戴晓凤、杨军、张清海:《中国股票市场的弱式有效性检验:基于单位根方法》,《系统工程》2005 年第 11 期。

73. 范龙振、张子刚:《深圳股票市场的弱有效性》,《管理工程学报》1998 年第 1 期。

74. 叶青、易丹辉、田今朝:《我国证券市场的效率分析》,《预测》1999 年第 4 期。

75. 吴世农:《我国证券市场效率的分析》,《经济研究》1996 年第 4 期。

76. 程可胜:《随机游走与期货市场有效性检验——以郑州棉花期货为例》,《华东经济管理》2009 年第 1 期。

77. 刘慧宏:《基于历史的期货市场有效性检验》,《系统工程理论方法应用》2005 年第 4 期。

78. Hersh Shefrin, "Meir Statman. Behavioral Capital Asset Pricing Theo-

ry", *The Journal of Financial and Quantitative Analysis*, 1994, 29 (9), pp. 323 – 349.

79. Hersh Shefrin, Meir Statman, "Behavioral Portfolio Theory", *The Journal of Financial and Quantitative Analysis*, 2000, 35 (6), pp. 127 – 165.

80. Peters, E. E., *Chaos and Orders in the Capital Market*, New York: John Wiley & Sons, 1991.

81. Peter Diamond, *Hannu Vartiainen*, *Behavioral Economics and Its Applications* [M]. Princeton University Press, 2007.

82. 科林·F. 凯莫勒:《行为经济学新进展》，中国人民大学出版社 2010 年版。

83. 周爱民、张荣亮:《行为金融学》，南开大学出版社 2005 年版。

84. 科林·F. 凯莫勒:《行为经济学新进展》，中国人民大学出版社 2010 年版。

85. 周爱民、张荣亮:《行为金融学》，南开大学出版社 2005 年版。

86. 徐智斌:《行为金融学的意义及其面临的问题》，《经济论坛》2006 年第 24 期。

87. 李春、许娜:《行为金融学理论的形成发展及研究困难》，《时代金融》2007 年第 11 期。

88. 易阳平:《行为金融论》，上海财经大学出版社 2005 年版。

89. 饶育蕾、刘达锋:《行为金融学》，上海财经大学出版社 2003 年版。

90. 周战强、李德峰:《个人投资者的行为金融学分析》，《中央财经大学学报》2006 年第 2 期。

91. 刘超:《基于行为金融学的中国证券分析师行为研究》，天津大学出版社 2006 年版。

92. 郭怀英:《行为金融学分析与证券市场风险控制》，博士学位论文，中国社会科学院研究生院，2002 年。

93. 邓升军、罗正明:《基于行为金融学的个体投资者行为分析》，《社会科学家》2005 年第 2 期。

94. 刘超:《基于行为金融学的中国证券分析师行为研究》, 天津大学出版社 2006 年版。

95. 冯素玲、曹家和:《行为金融理论视角下的投资者行为分析》,《山东社会科学》2009 年第 5 期。

96. Barberis, Nicholas, Andrei Shleifer and Robert Vishny, "A Model of Investor Sentiment", *Journal of Financial Economics*, 1998, 49, 307 - 343.

97. 曾康霖:《解读行为金融学》,《财经科学》2003 年第 2 期。

98. Daniel, Kent D., David Hirshleifer and Avanidhar Subrahmanyam, "Investor Psychology and Security Market under - and Over - reactions", *Journal of Finance*, 1998, 53, pp. 1839 - 1885.

99. 刘超:《基于行为金融学的中国证券分析师行为研究》, 天津大学出版社 2006 年版。

100. Hong, H., J. Stein, "A Unified Theory of Underreaction, Momentum Trading and Overreactionin in Asset Markets", *Journal of finance*, 1999, 54, pp. 2143 - 2184.

101. 波克、薛斐:《行为金融学的发展与探索》,《复旦学报》(社会科学版) 2004 年第 5 期。

102. 冯素玲、曹家和:《行为金融理论视角下的投资者行为分析》,《山东社会科学》2009 年第 5 期。

103. H. E. Stanley, V. Afanasyev, L. A. N. Amaral, S. V. Buldyrev, A. L. Goldberger, S. Havlin, H. Leschhorn, P. Maass, R. N. Mantegna, C. - K. Peng, P. A. Prince, M. A. Salinger, M. H. R. Stanley, G. M. Viswanathan, "Anomalous Fluctuations in the Dynamics of Complex Systems: From DNA and Physiology to Econophysics", *Physica A: Statistical and Theoretical Physics*, February, 1996, 224 (2), pp. 302 - 321.

104. Duffie Dynamic, *Asset Pricing Theory*, Princeton: Princeton University Press, 1993.

105. J. P. Bouchaud, M. Potters, *Theory of Financial Risk and Derivative*

Pricing, Cambridge: Cambridge University Press, 2003.

106. Wang, S. Y., Xia, Y. S., *Portfolio Selection and Asset Pricing*, Berlin: Springer - Verlag, 2002.

107. Xavier Gabaix, Parameswaran Gopikrishnan, Vasiliki Plerou, H. Eugene Stanley, "A Theory of Power - law Distributions in Financial Market Fluctuations", *Nature*, 2003, 423, pp. 267 - 270.

108. F. Lillo, J. D. Farmer and R. N. Mantegna, "Econophysics - Master Curve for Price - impact Function", *Nature*, 2003, 421, pp. 129 - 130.

109. Vasiliki Plerou, Parameswaran Gopikrishnan, H. Eugene Stanley, "Econophysics: Two - phase Behaviour of Financial Markets", *Nature*, 2003, 421, pp. 130.

110. C. Vamo, N. Suciu, W. Blaj, "Derivation of One - dimensional Hydrodynamic Model for Stock Price Evolution", *Physica A: Statistical Mechanics and its Applications*, 2000, 287 (12), pp. 461 - 467.

111. F. Castiglione, R. B. Pandey, D. Stauffer, "Effect of Trading Momentum and Price Resistance on Stock Market Dynamics: A Glauber Monte Carlo Simulation", *Physica A: Statistical Mechanics and its Applications*, 2001, 289 (1), pp. 223 - 228.

112. K. Ilinski, *Physics of Finance - Gauge Modelling in Non - equilibrium Pricing*, John Wiley & Sons, New York, 2001.

113. Schaden, M., "Quantum Finance: A Quantum Approach to Stock Price Fluctuations", *Physica A*, 2002, 316, pp. 511 - 538.

114. 陈泽乾:《量子金融的意义》,《数学物理学报》2003 年第 1 期。

115. 陈泽乾、汪寿阳:《量子金融的几个问题》,《自然科学进展》2004 年第 7 期。

116. 李平、汪秉宏、全宏俊:《金融物理的若干基本问题与研究进展(Ⅰ)——价格的统计分析与价格涨落的随机过程模型》,《物理》2004 年第 1 期。

117. 李平、汪秉宏、全宏俊:《金融物理的若干基本问题与研究进展

（Ⅱ）——基于经纪人的动力学模型的建模与分析》，《物理》2004 年第 3 期。

118. 马金龙、马非特：《金融市场价格波动数值预测的思考》，《管理科学》2006 年第 1 期。

119. Kaldor, N., "Speculation and Economic Stability", *Review of Economic Studies*, 1939 (7), pp. 1 – 27.

120. Working Holbrook, "Theory of the Inverse Carrying Charge in Futures Markets", *Journal of Farm Economics*, 1948 (30), pp. 1 – 28.

121. Working Holbrook, "The Theory of Price of Storage", *American Economic Review*, 1949 (39), pp. 1254 – 1262.

122. Brennan, Michael J., "The Supply of Storage", *The American Economic Review*, 1958 (48), pp. 50 – 72.

123. Teller, L. G., "Futures Trading and the Storage of Cotton and Wheat", *Journal of Political Economy*, 1958 (66), pp. 33 – 55.

124. John Maynard Keynes, *A Treatise on Money*: *Volume 2*: *The Applied Theory of Money*, London: Edition Macmillan and Co., Limited, 1930.

125. Cootner, Paul H., "Returns to Speculators: Telser vs. Keynes", *Journal of Political Economy*, 1960 (68), pp. 396 – 404.

126. Carter, C. A., Rausser, G. C., Schmitz, A., "Efficient Asset Portfolios and the Theory of Normal Backwardation", *Journal of Political Economy*, 1983 (91), pp. 319 – 331.

127. Marcus, A., "Efficient Asset Portfolios and the Theory of Normal Backwardation: A Comment", *Journal of Political Economy*, 1984 (92), pp. 162 – 164.

128. Katherine Dusak, "Futures Trading and Investor Returns: An Investigation of Commodity Market Risk Premium", *Journal of Political Economy*, 1973 (81), pp. 1387 – 1406.

129. Bodie, Z., Rosansky, V., "Risk and Return in Commodity Futures", *Financial Analysts Journal*, 1980 (4), pp. 27 – 39.

130. Hartzmark, M. L., "Returns to Individual Traders of Futures: Aggregate Results", *Journal of Political Economy*, 1987 (95), pp. 1292 – 1306.

131. Ehrhardt, M. C., Jordan, J. V. and Walkling, R. A., "An Application of Arbitrage Pricing Theory to Futures Markets: Tests of Normal Backwardation", *Journal of Futures Markets*, 1987 (7), pp. 21 – 34.

132. 中国期货业协会:《期货市场教程》(第六版), 中国财政经济出版社 2009 年版。

133. 李临宏:《浅议基本分析法在棉花期货业务中的运用》,《中国棉麻流通经济》2008 年第 3 期。

134. 陈永福、钱小平、罗万纯:《2005—2010 年中国大米供求预测》,《新疆农垦经济》2006 年第 9 期。

135. 丁声俊:《中国粮食供求平衡与市场价格分析》,《农业展望》2005 年第 3 期。

136. 张浩然:《我国稻米供求平衡分析及价格展望》,《粮食与食品工业》2005 年第 3 期。

137. 朱行:《2003 年度世界大米供求展望》,《粮食与油脂》2003 年第 2 期。

138. 习人:《"3·27" 事件》, 2010 年 6 月 20 日, http://www.china.com.cn/news/txt/2008 – 12/17/content_ 1696 0978_ 2. htm。

139. 高坚:《我国国债市场的回顾和展望》,《金融研究》1997 年第 3 期。

140. 高鸿业:《西方经济学》, 中国人民大学出版社 2001 年版。

141. 匡远配、胡秀琴:《我国粮食供求价格弹性实证分析》,《经济问题探索》2010 年第 2 期。

142. Glen, J., "An Introduction to the Microstructure of Emerging Markets", *International Finance Corporation Discussion Paper* No. 2 (1994), Washington D. C. IFC.

143. Joost M. E. Pennings, Raymond M. Leuthold, "Commodity futures

contract Viability：A Multidisciplinary Approach”, *Working Paper*, *Econ WPA Finance*, 99 – 02. 1999（5）.

144. Kyle, A.，“Continuous Auction and Insider Trading”，*Econometric* 1985（53），pp. 1315 – 1336.

145. 马瑾、陈伟：《期货市场的流动性测度探讨》，《证券市场导报》2010 年第 2 期。

146. Peter R. Locke，Asani Sarkar，“Volatility and Liquidity in Futures Market, Federal Reserve Bank of New York”，*Research Paper* No. 9612，1996.

147. Mark Coppejans，Ian Domowitz，Ananth Madhavan，“Liquidity in an Automated Auction”，AFA 2002 Atlanta Meetings，2001（12）.

148. Joel Hasbrouck，“Liquidity in the Futures Pits：Inferring Market Dynamics from Incomplete Data”，NYU Working Paper No. S – DRP – 03 – 15，2003（5）.

149. Richard Roll，Eduardo Schwartz，Avanidhar Subrahmanyam，“Liquidity and the Law of One Price：The Case of the Futures/Case Basis”，*JEL Working Paper*，2005（8）.

150. 鲁小东、游达明、曾蔚、申付兆：《中国期货市场流动性周内效应及其影响因素实证研究》，《湘潭大学学报》（哲学社会科学版）2009 年第 1 期。

151. 游达明、鲁小东、曾蔚、颜春燕、申付兆：《中国期货市场流动性协动现象实证研究》，《系统工程》2008 年第 9 期。

152. 韩小龙、曹奇：《中国期货市场流动性与波动性关系的实证研究》，《西南交通大学学报》（社会科学版）2007 年第 3 期。

153. 刘洋、胡坚：《中国期货市场流动性的实证研究》，《经济科学》2005 年第 3 期。

154. 王乃生：《上海期货市场流动性研究》，《证券市场导报》2004 年第 8 期。

155. 吴冲锋、王承炜、吴文锋：《交易量和交易量驱动的股价动力学分析方法》，《管理科学学报》2002 年第 2 期。

156. 马惠明:《英汉证券投资词典》,商务印书馆 2007 年版。
157. 华仁海、仲伟俊:《我国期货市场期货价格波动与成交量和空盘量动态关系的实证分析》,《数量经济技术经济研究》2004 年第 7 期。
158. 沈杰:《对上海期货交易所金属铝量价关系的实证分析》,《时代金融》2008 年第 4 期。
159. 文先明、梁琳、黄亚雄:《股指期货仿真交易与现货相互引导关系》,《系统工程》2010 年第 3 期。
160. Christos Douligeris, Dimitrios N. Serpanosa, *Network Security: Current Status and Future Directions*, Wiley – IEEE Press, 2007 (06).
161. 郎咸平:《产业链阴谋(Ⅱ)——一场没有硝烟的战争》,东方出版社 2008 年版。
162. 吕筱萍、程大涛:《期市逼仓的预测方法》,《数量经济技术经济研究》1999 年第 11 期。
163. 迟国泰、刘轶芳、余方平:《基于 SV 模型和 KLR 信号分析的期货逼仓风险预警模型》,《系统工程》2006 年第 7 期。
164. 缥缈:《上海国债期货 327 事件始末》,《新浪新闻——南风窗专题》:http://news.sina.com.cn/c/2010-05-10/165720241612.shtml。
165. 中国证券监督管理委员会稽查一局:《证券期货稽查典型案例分析》(2001 卷),首都经济贸易大学出版社 2004 年版。
166. 金士星:《CFTC 处置油价操纵案　美国第四大石油公司被罚》,《中国证券报》2007 年 8 月 3 日。
167. 刘洪、严锋:《美国证交会指控高盛集团欺诈投资者》,2010 年 4 月 16 日,新华网,http://news.xinhuanet.com/fortune/2010-04/17/c_1238830.htm。
168. 陈璐、黄玉蕾、熊颖:《美国证监会控告高盛的起诉书》,财新网,2010 年 4 月 25 日,新浪财经,http://finance.sina.com.cn/roll/20100425/14487821974.shtml。
169. 杨博、高健:《遭遇四面楚歌,亮丽财报难成高盛“遮羞布”》,

中国证券报中证网，http：//paper. cs. com. cn/html/2010 - 04/21/content_ 72093. htm? div = -1。

170. 新浪财经：《美证交会宣布与高盛达成 5. 5 亿美元和解》，http：//finance. sina. com. cn/stock/usstock/c/20100716/04478305056. shtml。

171. 闫磊：《高盛5. 5 亿美元化解欺诈门 华尔街多巨头待审判》，《经济参考报》2010 年 7 月 19 日。

172. 李德林：《干掉一切对手：看高盛如何算赢世界》，万卷出版公司2009 年版。

173. 朱益民：《高盛中国二十年：一直在掠夺从未被揭穿》，《21 世纪经济报道》2010 年 5 月 1 日。

174. 余丰慧：《高盛的中国阴谋与暗算何以能得逞》，2010 年 6 月 8 日，凤凰网财经，http：//finance. ifeng. com/stock/special/lkltn/20100608/2288817. shtml。

175. 杨颖桦：《国际投行坐庄港股揭秘：一边唱多一边出货》，《21 世纪经济报道》2007 年 7 月 24 日。

176. Edwards, L. N. and Edwards, F. R., "A Legal and Economic Analysis of Manipulation in Futures Markets", *The Journal of Futures Markets*, 1984, 4, pp. 333 -336.

177. Jarrow R., "Market Manipulation, Bubbles, Corners, and Short Squeezes", *Journal of Financial and Quantitative Analysis*, 1992, 27, pp. 311 -336.

178. Kumar, P., Seppi, D. J., "Futures Manipulation with Cash Settlement", *Journal of Finance*, 1992, 47 (4): 1485 -1502.

179. Pirrong, C., "Mixed Manipulation Strategies in Commodity Futures Markets", *The Journal of Futures Markets*, 1995, 15, pp. 13 -38.

180. Gilbert, C., "Manipulation of Metals Futures: Lessons from Sumitomo", *Discussion Paper* No. 1537, University of London, 1996.

181. Pirrong, S. C., Olin, J. M., "Detecting Manipulation in Futures Markets: The Ferruzzi Soybean Episode", *American Law and Eco-*

nomics Review, 2004, 6, pp. 28 –71.

182. Huberman, G. , Stanzl, W. , “Price Manipulation and Quasi – arbitrage”, *Econometrica*, 2004, 72 (4), pp. 1247 –1275 .

183. 崔晓健、邢精平、李一军：《期货市场操纵行为判别与预警》，《证券市场导报》2008 年第 9 期。

184. 马卫锋、黄运成：《期货市场操纵的认定：美国的经验及其启示》，《上海管理科学》2006 年第 2 期。

185. 刘庆富：《论中国期货市场价格操纵行为监控体系的构建》，《广东商学院学报》2006 年第 4 期。

186. 李中秋、王超：《调查传闻重挫商品市场，拖累股市走低》，《中国证券报》2010 年 9 月 10 日。

187. 刘永新：《对策分析法应用于期货市场分析的量化方法探讨》，《经济师》2004 年第 5 期。

188. Jegadeesh, N. , S. Titman, “Returns to Buying Winners and Selling Losers: Implications for Stock Market Efficiency”, *Journal of Finance*, 1993, 48, pp. 65 –91.

189. Jegadeesh, N. and S. Titman, “Profitability of Momentum Strategies: An Evaluation of Alternative Explanations”, *Nber* (National Bureau of Economic Research) *Working Paper*, w7159, 1999, pp. 1 –38.

190. Daniel, K. , D. Hirshleifer and A. Subrahmanyam, “A Theory of Overconfidence, Self – Attribution, and Security Market Under and Over – reactions”, *Journal of Finance*, 1998, 53, pp. 27 –64.

191. Nicholas Barberis, Andrei Shleifer, Robert Vishny, “A Model of Investor Sentiment”, *Journal of Financial Economics*, 1998 (49), pp. 307 –343.

192. Crombez J. Momentum, “Rational Agents and Efficient Markets”, *The Journal of Psychology and Financial Markets*, 2001 (2), pp. 190 –200.

193. Charles M. C. Lee and Huascaran Swaminathan, “Price Momentum and Trading Volume”, *The Journal of Finance* 2000, 5 (10), pp.

2017 – 2069.

194. N. Balsara, Lin Zheng, "Explaining Momentum Profits with an Epidemic Diffusion Model", *Journal of Economics and Finance*, 2006 (30), pp. 407 – 422.

195. Lakonishok, J., Shleifer, A. and R. W. Vishny, "The Impact of Institutional Trading on Stock Prices", *Journal of Financial Economics*, 1992, 32, pp. 23 – 43.

196. Scharfstein, David and Jeremy Stein, "Herd Behavior and Investment", *American Conomic Review*, 1990, Vol. 80, pp. 465 – 479.

197. Tversky, A., Kahneman, D., Judgment under Uncertainty: Heuristics and Biases", *Science*, 1974, 185, pp. 1124 – 1130.

198. Kahneman, D., Tversky, A., "Subjective Probability: Judgment to Representativeness", *Cognitive Psychology*, 1972, 3, pp. 430 – 454.

199. Tversky, A., Kahneman, D., "Availability: A Heuristic for Judging Frequency and Probability", *Cognitive Psychology*, 1973, 5, pp. 207 – 232.

200. 李薇薇：《"股市黄金十年"引发金融专业热》，《云南法制报》2007 年 6 月 14 日。

201. 王瞬：《死了也不卖是否合适》，《证券时报》2007 年 6 月 16 日。

202. 李宇：《巴菲特清仓中石油赚 277 亿，坦言出售"有点过早"》，《中国证券报》2007 年 10 月 22 日。

203. 章开尧：《巴菲特犯低级错误，没预测到中石油业绩持续增长》，《中国证券报》2007 年 10 月 27 日。

204. 杨勣：《巴菲特抛中石油套现百亿少赚 20 亿》，《上海证券报》2007 年 10 月 12 日。

205. 张艳：《巴菲特抛空中石油收益超两百亿，后悔抛得太快》，《京华时报》2007 年 10 月 20 日。

206. Rudiger Dornbush, Stanley Fischer, Richard Startz, *Macroecnomics*,

(tenth dition, chapter 18), The McGraw - Hill Companies, Inc., 2008.

207. Rudiger Dornbush, Stanley Fischer, Richard Startz, *Macroecnomics*, (8th edition, chapter 17), The McGraw - Hill Companies, Inc., 2001, 405 - 410.

208. 萧然:《巴菲特午餐拍卖拍出 263 万美元创纪录》，新浪科技，2010 年 6 月 12 日，http://tech.sina.com.cn/i/2010 - 06 - 12/10324305524.shtml。

209. Keynes, J. M., *A Treatise on Money*, London: Macmillan, 1930.

210. Mathews, K. H., Holthausen, D. M., "A Simple Multiperiod Minimum Risk Hedge Model", *American Journal of Agricultural Economics*, 1991 (73), pp. 1020 - 1026.

211. 林孝贵:《基于收益与风险比率的期货套期保值策略》，《系统工程》2004 年第 1 期。

212. 黄长征:《期货套期保值决策模型研究》，《数量经济技术经济研究》2004 年第 7 期。

213. Mao, J., "Models of Capital Budgeting, E - V vs E - S", *Journal of Financial and Quantitative Analysis*, 1970 (4), pp. 657 - 675.

214. 孙中元:《国资委重申央企套保红线 东航仍与高盛"对赌"》，《证券日报》2009 年 10 月 19 日。

215. 白明:《大宗商品定价权远离中国》，《世界知识》2008 年第 16 期。

216. 常清、喻猛国:《定价权回归为期不远——从战略高度认识〈期货交易管理条例〉出台》，《资本市场》2007 年第 5 期。

217. 周一凡:《国家物资储备局 vs 国际基金: 铜期货的巅峰对决》，《三联生活周刊》，2005 年 11 月 2 日，新浪网，2005 年 11 月 24 日，http://www.sina.com.cn。

218. 喻猛国:《国储"舞剑"意在商品价格定价权》，http://www.stockstar.com/focus/QJ2006011310135834.shtml

219. 陈利华:《第四次国储铜拍卖八成流拍，底价过高用意难揣测》，

《东方早报》2005 年 12 月 8 日。

220. 黄嵘：《被迫交割现货　国家物资储备局认输》，http：//finance. sina. com. cn/futuremarket/gjfinfo/20051211/15402189069. shtml。

221. 林煜晖：《有色金属铜市场分析》，http：//finance. sina. com. cn/stock/t/20080508/05472205229. shtml。

222. 周枫：《2006 年铜市场走势预测分析》，http：//www. starfutures. com. cn/try/upload2/C89_ zhoufeng. pdf。

223. 张仁良、缪钧伟：《论亚洲金融风暴与经济危机》，《世界经济文汇》1998 年第 3 期。

224. 唐富藏：《亚洲金融风暴断想》，《经济学家》1998 年第 6 期。

225. 吴宝峰：《智者的选择吸取“亚洲金融风暴”的经验教训》，《南方金融》1998 年第 3 期。

226. 李楚祥：《亚洲金融风暴对香港经济的影响》，《东南亚纵横》1998 年第 2 期。

227. 项兵、林莉：《亚洲金融风暴的再思考》，《证券市场导报》1998 年第 2 期。

228. 黄颖川：《美众议院通过加征关税法案协助逼迫人民币升值》，《南方日报》，搜狐新闻，http：//news. sohu. com/20100927/n27528 6203. shtml。

229. 胡洁：《索罗斯携近 90 亿美元驻扎香港，狂赌人民币升值》，《经济观察报》，搜狐新闻（转），http：//business. sohu. com/201010 23/n276298594. shtml。

230. 向松祚：《汇率危局》，北京大学出版社 2007 年版。